Piano Para Leigos
Tradução da 2ª Edição

Folha de Cola

Aprender a tocar piano exige muita prática; porém, para que essa prática seja produtiva, você precisa ter certeza de que suas mãos estão no lugar certo para tocar as notas desejadas e de que você entende corretamente os termos e símbolos musicais.

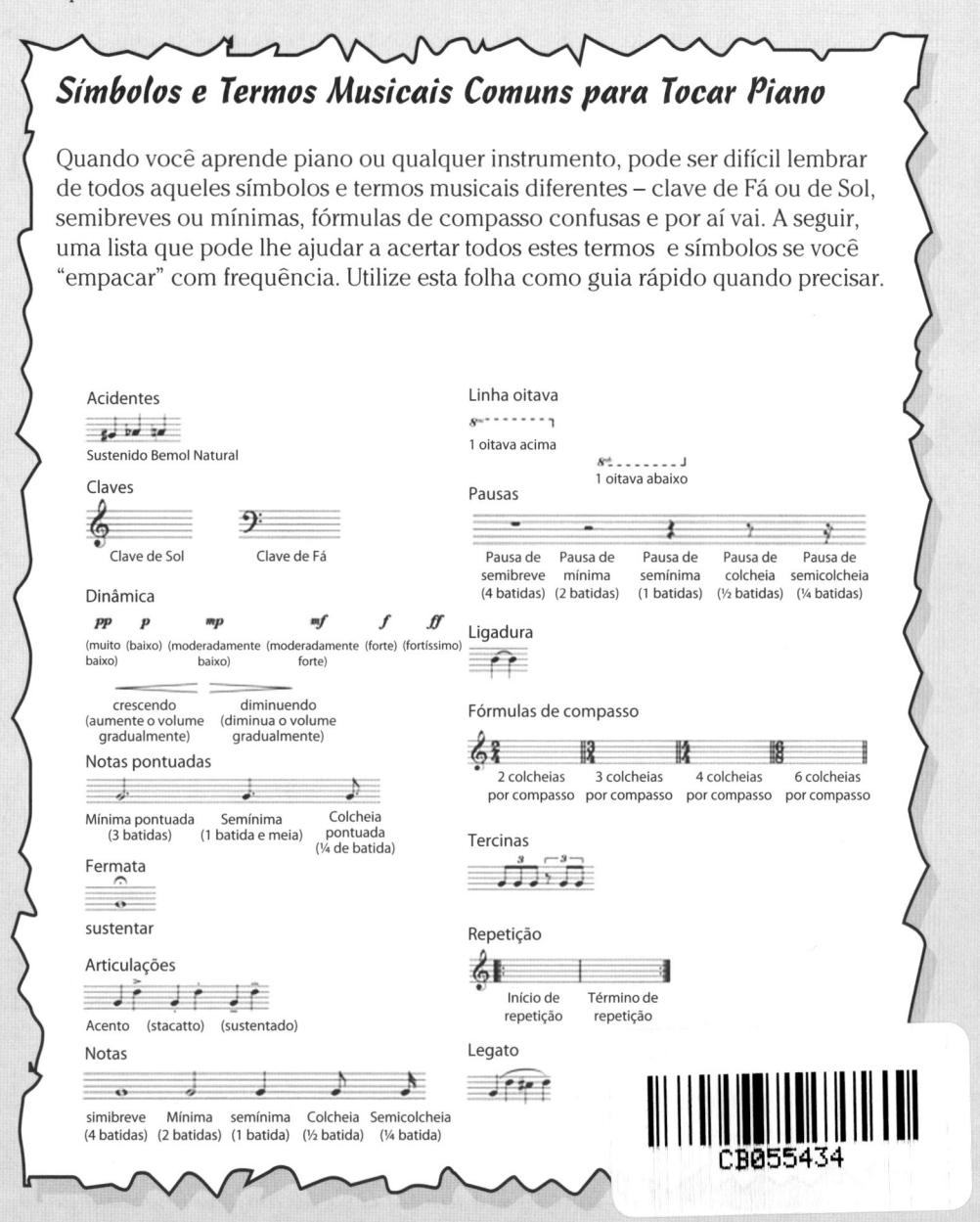

Símbolos e Termos Musicais Comuns para Tocar Piano

Quando você aprende piano ou qualquer instrumento, pode ser difícil lembrar de todos aqueles símbolos e termos musicais diferentes – clave de Fá ou de Sol, semibreves ou mínimas, fórmulas de compasso confusas e por aí vai. A seguir, uma lista que pode lhe ajudar a acertar todos estes termos e símbolos se você "empacar" com frequência. Utilize esta folha como guia rápido quando precisar.

Acidentes
Sustenido Bemol Natural

Claves
Clave de Sol   Clave de Fá

Dinâmica
pp *p* *mp* *mf* *f* *ff*
(muito baixo) (baixo) (moderadamente baixo) (moderadamente forte) (forte) (fortíssimo)

crescendo (aumente o volume gradualmente)   diminuendo (diminua o volume gradualmente)

Notas pontuadas
Mínima pontuada (3 batidas)   Semínima (1 batida e meia)   Colcheia pontuada (¼ de batida)

Fermata
sustentar

Articulações
Acento   (stacatto)   (sustentado)

Notas
simibreve (4 batidas)   Mínima (2 batidas)   semínima (1 batida)   Colcheia (½ batida)   Semicolcheia (¼ batida)

Linha oitava
1 oitava acima

1 oitava abaixo

Pausas
Pausa de semibreve (4 batidas)   Pausa de mínima (2 batidas)   Pausa de semínima (1 batidas)   Pausa de colcheia (½ batidas)   Pausa de semicolcheia (¼ batidas)

Ligadura

Fórmulas de compasso
2 colcheias por compasso   3 colcheias por compasso   4 colcheias por compasso   6 colcheias por compasso

Tercinas

Repetição
Início de repetição   Término de repetição

Legato

Para Leigos: A série de livros para iniciantes que mais vende no mundo.

Piano Para Leigos
Tradução da 2ª Edição

Folha de Cola

Teclas do Piano e suas Notas Correspondentes

O nome de cada tecla do piano e sua respectiva localização no teclado podem ser difíceis de lembrar quando se está começando a tocar. Utilize esta página (as notas são suficientemente grandes para serem vistas à distância) e ponha-as acima das teclas do seu piano ou teclado para ajudá-lo a recordar-se imediatamente do nome da nota de cada tecla.

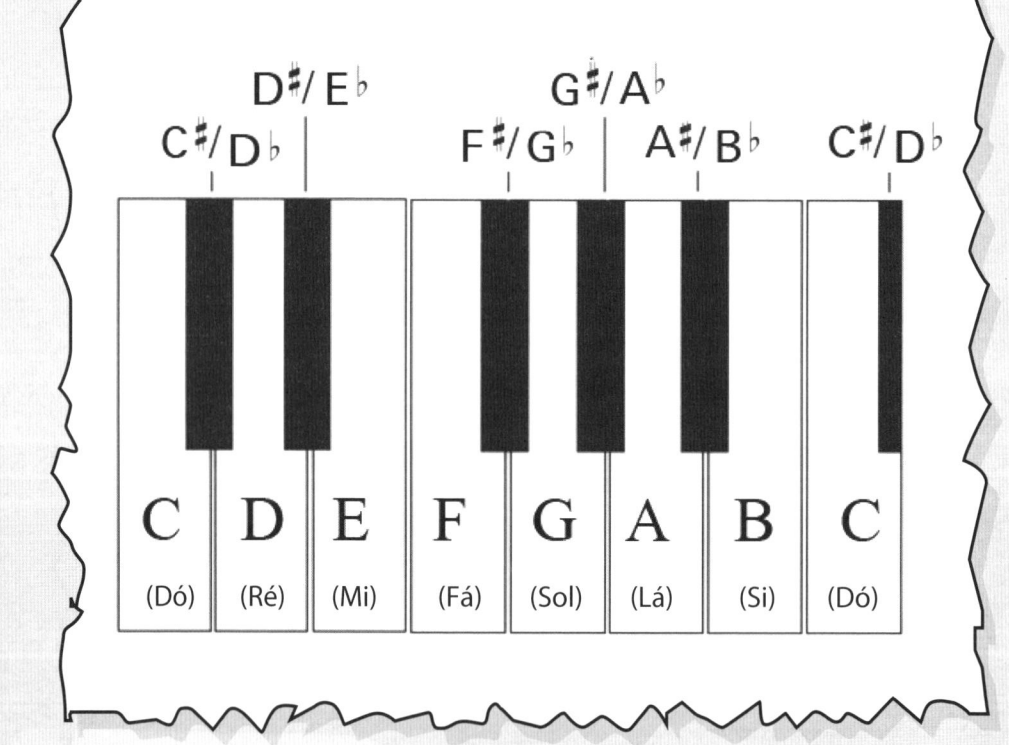

| C#/Db | D#/Eb | | F#/Gb | G#/Ab | A#/Bb | | C#/Db |

C	D	E	F	G	A	B	C
(Dó)	(Ré)	(Mi)	(Fá)	(Sol)	(Lá)	(Si)	(Dó)

Para Leigos: A série de livros para iniciantes que mais vende no mundo.

Piano
PARA LEIGOS®
Tradução da 2ª Edição

Piano PARA LEIGOS

Tradução da 2ª Edição

por Blake Neely, revisado por David Pearl

ALTA BOOKS
EDITORA
Rio de Janeiro, 2013

Piano Para Leigos Copyright © 2013 da Starlin Alta Editora e Consultoria Eireli.
ISBN: 978-85-7608-670-3

Translated From Original: Piano For Dummies ISBN: 978-0-470-49644-2. Original English language edition Copyright © 2009 by Wiley Publishing, Inc. All rights reserved including the right of reproduction in whole or in part in any form. This translation published by arrangement with Wiley Publishing, Inc. Portuguese language edition Copyright © 2013 by Starlin Alta Editora e Consultoria Eireli. All rights reserved including the right of reproduction in whole or in part in any form.

"Willey, the Wiley Publishing Logo, for Dummies, the Dummies Man and related trad dress are trademarks or registered trademarks of John Wiley and Sons, Inc. and/or its affiliates in the United States and/or other countries. Used under license.

Todos os direitos reservados e protegidos por Lei. Nenhuma parte deste livro, sem autorização prévia por escrito da editora, poderá ser reproduzida ou transmitida.

Erratas: No site da editora relatamos, com a devida correção, qualquer erro encontrado em nossos livros.

Marcas Registradas: Todos os termos mencionados e reconhecidos como Marca Registrada e/ou Comercial são de responsabilidade de seus proprietários. A Editora informa não estar associada a nenhum produto e/ou fornecedor apresentado no livro.

Impresso no Brasil

Vedada, nos termos da lei, a reprodução total ou parcial deste livro

Produção Editorial
Editora Alta Books

Gerência Editorial
Anderson Vieira

Supervisão Editorial & Gráfica
Angel Cabeza

Supervisão de Qualidade Editorial
Sergio Luiz de Souza

Conselho de Qualidade Editorial
Adalberto Taconi
Anderson Vieira
Angel Cabeza
Pedro Sá
Sergio Luiz de Souza

Editoria Para Leigos
Daniel Siqueira
Evellyn Pacheco
Paulo Camerino

Equipe de Design
Adalberto Taconi
Bruna Serrano
Iuri Santos
Marco Aurélio Silva

Equipe Editorial
Ana Lucia
Brenda Ramalho
Camila Werhahn
Claudia Braga
Cristiane Santos
Jaciara Lima
Juliana de Paulo
Licia Oliveira
Marcelo Vieira
Milena Souza
Natália Gonçalves
Rafael Surgek
Thiê Alves
Vanessa Gomes
Vinicius Damasceno

Tradução
Maria Rosário

Copidesque
Maria Cecília Alves dos Santos

Revisão Gramatical
Rafael Surgek
Eva Rocha

Revisão Técnica
Giulio Draghi
Pianista, prof da Escola de Música da UFRJ.

Diagramação
Claudio Frota

Marketing e Promoção
Daniel Schilklaper
marketing@altabooks.com.br

1ª Edição, 2013

Dados Internacionais de Catalogação na Publicação (CIP)

N379p   Neely, Blake.
       Piano para leigos / por Blake Neely ; revisado por David Pearl. – Rio de Janeiro, RJ : Alta Books, 2012.
       376 p. : il. ; 24 cm. + 1 disco sonoro : digital, estereo. ; 4 ¾ pol. – (Para leigos)

       Inclui índice e apêndice.
       Tradução de: Piano for dummies (2. ed.).
       ISBN 978-85-7608-670-3

1   1. Piano - Instrução e estudo. 2. Piano - Estudo e ensino. I. Pearl, David. II. Título. III. Série.

                                                     CDU 786.2
                                                     CDD 786.2

Índice para catálogo sistemático:
1. Piano : Instrução e estudo   786.2
(Bibliotecária responsável: Sabrina Leal Araujo – CRB 10/1507)

ALTA BOOKS
EDITORA

Rua Viúva Cláudio, 291 – Bairro Industrial do Jacaré
CEP: 20970-031 – Rio de Janeiro – Tels.: 21 3278-8069/8419 Fax: 21 3277-1253
www.altabooks.com.br – e-mail: altabooks@altabooks.com.br
www.facebook.com/altabooks – www.twitter.com/alta_books

Sobre o Autor

Blake Neely toca piano desde os quatro anos de idade, embora tenha levado certo tempo para que a música real e audível que tocava fosse, de fato, detectada. Sua fascinação pela música o levou a experimentar outros instrumentos, tais como a trompa, o violão e a bateria, mas o teclado permaneceu como seu preferido.

Após graduar-se na Universidade do Texas, em 1991, mudou-se para Los Angeles para se aventurar no mundo da música. Licenciou músicas na Hollywood Records e, mais tarde, trabalhou para a Disney Music Publishing como editor de todas as publicações musicais impressas.

Autor e compositor premiado, Blake compôs sinfonias, um concerto para piano e inúmeras obras para orquestras e orquestras de câmara. É coautor da aclamada série FastTrack[1], publicada pela Hal Leonard Corporation.

Blake tem trabalhado como compositor, orquestrador, arranjador, copista musical, gravador, musicólogo e consultor para empresas de grande renome, como Disney, Hal Leonard Corporation, Decca Records, Hyperion Books; para compositores como Michael Kamen e Alan Menken e para a Cincinnati Pops Orchestra.

Atualmente morando em Austin, Texas, Blake passa seu tempo sintonizado com a família: vive com a esposa Elizabeth, a filha Jordan e o filho Jacob. Blake é o feliz proprietário de um piano de cauda Kawai e de sintetizadores e samplers Kurzweil, Ensoniq e E-Mu. Contate Blake no e-mail: BlakeNeely@aol.com.

---

1 N.T.: *FastTrack* é uma série de apostilas de música, sem título em português.

Dedicatória

Dedico este livro a toda e qualquer pessoa que sempre sonhou em ser músico, mas não tinha a menor ideia de como começar. Se um garoto de Paris, Texas consegue fazê-lo, você também consegue.

Agradecimentos

Um agradecimento especial a Cherry Lane Music, Ted Piechocinski e John Cerullo, por se lembrarem de mim; a Keith Mardak, por ser Keith Mardak (falei seu nome duas vezes!); a Brad Smith, por todos os contatos; a Richard Slater e Tom Johns, pelas fotos; a Rick Walters, por reorganizar sua agenda; a Jason Frankhouser da Digital Lane, por masterizar as faixas de áudio e a Susan Boreson, por me iniciar no mundo da música.

Agradecimentos adicionais a Sandy Morgenthal, da E-Mu; Joe Kramer, da Ensoniq; Brian Chung, da Kawai; Larry Harms, da Roland, e Ray Reuter, da Yamaha, por toda a consultoria e informações fornecidas sobre seus brinquedos.

Um agradecimento super especial a Mary Goodwin, minha bondosa e paciente editora da Hungry Minds; a Stacey Mickelbart, por compreender todos aqueles benditos verbos na voz passiva; a Paul Kuzmic, por baixar todos aqueles arquivos; a Mark Butler, por dar uma chance a este livro; a Jonathan Malysiak, pela ajuda com a capa e ao inspirador Jeff Sultanof, meu editor técnico/pesquisador/amigo/terapeuta, por sua riqueza de ideias, conhecimento, encorajamento e bom humor.

Um agradecimento pessoal aos meus professores de piano, por me deixarem menos leigo; aos meus pais, por aturarem minhas longas horas de prática e atrasos para o jantar; à minha irmã, por me acompanhar nos duetos para piano; ao meu irmão, por ter finalmente aberto meus ouvidos para o jazz; aos meus sogros, por terem permitido que sua filha se casasse com um músico maluco, e a J.S. Bach, pelo gênio que foi e pela inspiração que ainda é.

Um agradecimento eterno à minha esposa Elizabeth, por seu amor e apoio constantes, e aos meus filhos, Jordan e Jacob, por fazerem o sol brilhar todos os dias.

Sumário Resumido

Introdução 1

Parte I: Familiarize-se com o Teclado 7
Capítulo 1: Eu Amo um Piano 9
Capítulo 2: Conheça a Família dos Teclados 19
Capítulo 3: Encontre o Instrumento Perfeito 31
Capítulo 4: Como Cuidar do Seu Teclado 53
Capítulo 5: Oitenta e Oito Teclas, Três Pedais, Dez Dedos e Dois Pés 61

Parte II: O Som no Papel 77
Capítulo 6: Leia Linhas e Espaços 79
Capítulo 7: Junte-se à Nação do Ritmo 93
Capítulo 8: Saia do Lugar Comum 115

Parte III: Uma Mão de Cada Vez 133
Capítulo 9: Toque uma Melodia 135
Capítulo 10: Escale Novas Alturas 153
Capítulo 11: Ei! Não Esqueça a Esquerda! 169

Parte IV: Vivendo em Perfeita Harmonia 191
Capítulo 12: Os Blocos Que Constroem a Harmonia 193
Capítulo 13: Compreendendo os Tons 213
Capítulo 14: Preencha os Sons com Acordes 225

Parte V: Técnica É Essencial 245
Capítulo 15: Ornamente Sua Música 247
Capítulo 16: Grandes Grooves 269
Capítulo 17: Percorrendo a Trilha do Estilo 289

Parte VI: A Parte dos Dez 311
Capítulo 18: Dez Maneiras de Melhorar Sua Prática e Apresentação 313
Capítulo 19: Dez Maneiras de Ir Além Deste Livro 317
Capítulo 20: Dez Perguntas do Autor para Escolher Seu Futuro Professor 331

Apêndice: Sobre o CD 337
Índice 341

Sumário

Introdução *1*
   Sobre Este Livro...1
   Convenções Usadas Neste Livro 2
   Penso que... 2
   Só um Detalhe 3
   Como Este Livro Está Organizado...3
      Parte I: Familiarize-se com o Teclado 3
      Parte II: O Som no Papel 4
      Parte III: Uma Mão de Cada Vez 4
      Parte IV: Vivendo em Perfeita Harmonia 4
      Parte V: Técnica É Essencial 4
      Parte VI: A Parte dos Dez 4
   Ícones Usados Neste Livro 5
   De Lá para Cá, Daqui para Lá 5

Parte I: Familiarize-se com o Teclado *7*

Capítulo 1: Eu Amo um Piano 9
   O Que Há de Tão Especial No Piano?..9
      As vantagens de tocar piano...10
      As vantagens de aprender música com o piano.............................10
      Uma habilidade e uma arte...11
      Por Que as Pessoas Aprendem a Tocar Piano
      (e Por Que Normalmente Desistem) 11
   Conheça o Seu Instrumento 13
   Compreenda a Linguagem da Música 14
      Desenvolva o ouvido para música horizontal e vertical 15
      Conheça formas e estilos musicais 15
   A Melhor Maneira de Tocar 16
   O Que Você Já Sabe sobre Tocar Piano..16

Capítulo 2: Conheça a Família dos Teclados 19
   Os Acústicos..19
      O piano 20
      O cravo...23
      O órgão de tubos 25
   Os Elétricos 27
      As porcas e os parafusos do som eletrônico...................................27
      Os sintetizadores 27
      Os teclados digitais 28

Capítulo 3: Encontre o Instrumento Perfeito 31
Com ou Sem Zumbido: Elétrico ou Acústico (ou Ambos)? 31
    Comprando um teclado acústico 32
    Comprando um teclado digital 33
    Comprando um teclado híbrido 35
Escolha o Piano Acústico Perfeito...36
    Leve o local em consideração...36
    Seja legal com seu pedal 37
    Encontre barganhas (e evite trambiques).................................37
    Se já ouviu um, não ouviu a todos..38
    Analisando marcas específicas de pianos.................................38
Escolhendo um Teclado Digital Que Dure..40
    Órgãos e pianos digitais 41
    Arranjadores 41
    Pianos de palco 41
    Workstations 42
    Sintetizadores 42
    Como evitar a obsolescência 42
    Saiba quais recursos digitais você precisa 43
    Procurando por Marcas Específicas de Teclados.....................44
    Outros teclados elétricos 46
Antes de Retirá-lo da Loja: Fechando a Compra 46
    Faça um test drive 47
    Ame-o e deixe-o...48
    Nunca pague o preço da etiqueta...48
    Comprando online 49
Os MIDIadores da música..49
    Definindo MIDI...50
    Do teclado para o computador 51
    De teclado para teclado 52
    MIDI e notação musical..52

Capítulo 4: Como Cuidar do Seu Teclado 53
Providencie um Bom Lugar para Ele Morar...53
Faça Seu Teclado Brilhar..54
Contatando um Profissional para um Check-up Geral e
  Reparos Mais Complexos 56
    Afinando os acústicos 56
    Mantenha os teclados digitais felizes 57
    Como lidar com problemas graves do instrumento 58
Não se Preocupe ao Mover um Piano Acústico..59

Capítulo 5: Oitenta e Oito Teclas, Três Pedais, Dez Dedos e Dois Pés.....61
O "Jeito Blake de Achar as Teclas" 61
    As teclas brancas..62

As teclas pretas	63
O Que Seus Pais Nunca Lhe Disseram sobre Postura	65
Sentar-se ou não, eis a questão	65
Cadeiras versus banquetas	66
Suportes e racks	69
Está Tudo em Suas Mãos	70
Flexione as mãos e os dedos	70
Dedilhando	71
A hora certa de descansar mãos e dedos	72
O Poder do Pedal: Ponha Seus Pés para Trabalhar	73
Os pedais do piano	73
Os pedais do teclado digital	74

Parte II: O Som no Papel 77

Capítulo 6: Leia Linhas e Espaços 79

O Seu Guia para uma Partitura de Piano	79
Utilizando uma pauta de cinco linhas	81
Clave bem as suas mãos	82
Duplique a Pauta, Duplique a Diversão	86
Sistema e linhas suplementares	87
Escale a pauta e vá além	89
Uma oitava acima, uma oitava abaixo	89
Pontuação Musical: Barras de Compasso	90
Não Pare de Ler	91

Capítulo 7: Junte-se à Nação do Ritmo 93

À Procura da Batida Perfeita	93
Meça o ritmo com o andamento	94
Agrupando as batidas em compassos	95
Valores Básicos das Notas: Servindo uma "Torta" Musical	96
Semínimas: um pedaço de cada vez	97
Mínimas: metade da torta	97
Semibreves: a torta inteira	98
Contando todos os pedaços	99
Ritmos Mais Velozes, Mesmo Andamento	99
As colcheias	100
As semicolcheias e outras	101
Pausas: Ouça o Som do Silêncio	102
Pausas de semibreves e de mínimas	103
Pausas de semínimas e outras	104
Contando as Fórmulas de Compasso Mais Comuns	105
Tempo comum: métrica 4/4	106
Tempo de valsa: métrica 3/4	107
Tempo de Marcha: 2/4	107

Tempo 6/8...108
Toque Músicas com Fórmulas de Compasso Conhecidas 109

Capítulo 8: Saia do Lugar Comum 115

Antes de Tudo: as Anacruses 115
Aumente a Duração de Suas Notas com Ligaduras e Pontos 117
    Unindo notas com ligaduras 117
    Estendendo notas com pontos 117
Tocando Ritmos Fora da Batida 120
    As tercinas adoram chocolate 121
    Suingue e improvisação 122
    Síncope 124
Toque Músicas com Ritmos Desafiadores 125

Parte III: Uma Mão de Cada Vez 133

Capítulo 9: Toque uma Melodia 135

Deixe Seus Dedos Caminharem 136
Em Suas Posições! 137
    Posição de Dó 137
    Posição de Sol 142
    Mudando a mão de posição enquanto toca 144
Cruze os Dedos e Torça Para Que Dê Certo 144
    Passando por cima do polegar 145
    Passando o polegar por baixo 146
Toque Melodias com a Mão Direita 147

Capítulo 10: Escale Novas Alturas 153

Construa uma Escala, Intervalo a Intervalo 154
Escalando as Maiores 155
    Compreendendo as escalas maiores 155
    Vamos tentar um exercício de escala maior 158
Explore as Variações Menores 158
    Escalas menores naturais 159
    Escalas menores harmônicas 160
    Escalas menores melódicas 161
    Vamos praticar alguns exercícios de escala menor 162
Escalas de Blues 163
Toque Músicas Feitas de Escalas 165

Capítulo 11: Ei! Não Esqueça a Esquerda! 169

Explore o Lado Oeste do Teclado 169
    Coloque-se em posição 170
    Acostumando-se à nova vizinhança 170
Melodias para a Mão Esquerda 172

Escalas "Canhotas" 174
    Dó, Sol e Fá maiores 174
    Lá, Mi e Ré menores naturais 175
    Lá menor harmônica e melódica 175
Padrões de Acompanhamento 176
    Padrões de três notas 176
    Padrões de quatro notas 178
Combine Mão Esquerda e Direita 181
    Partilhando a melodia com as duas mãos 181
    Melodia e acompanhamento de uma nota 181
    Melodia e acompanhamento de três notas 183
    Melodia e oitavas em uníssono 184
Toque Músicas com as Duas Mãos 185

Parte IV: Vivendo em Perfeita Harmonia 191

Capítulo 12: Os Blocos Que Constroem a Harmonia 193

Meça os Intervalos Melódicos 193
    Resumo dos intervalos 195
    Segundas 196
    Terceiras 197
    Quartas e Quintas 198
    Sextas e sétimas 201
    Oitavas 201
Combine as Notas para Intervalos Harmônicos 202
    Toque duas notas juntas 202
    Adicione intervalos às melodias 203
    Harmonize com a mão esquerda 204
Toque Músicas com Mais Harmonia 207

Capítulo 13: Compreendendo os Tons 213

Tom Doce Tom 213
    Um arco-íris de tons 214
    Aplique os tons na música 215
    Leia as armaduras de clave 216
    Saindo e retornando ao tom inicial 221
Toque Músicas com Armaduras de Clave 222

Capítulo 14: Preencha os Sons com Acordes 225

O Poder dos Acordes 225
A Anatomia de uma Tríade 226
Comece com Acordes Maiores 227
Progrida com Acordes Menores 228
Explorando Outros Tipos de Acordes 229

　　　　Quebrando a quinta: acordes aumentados e diminutos 229
　　　　Aguarde a conclusão: acordes suspensos...231
　　Adicionando a Sétima a Acordes de Quatro Notas 232
　　Leia Símbolos de Acordes 233
　　Toque com Inversões de Acordes 236
　　　　Coloque as inversões para trabalhar...236
　　　　Inverta as notas com excelência..237
　　Toque Músicas com Acordes 239

Parte V: Técnica É Essencial.. 245

Capítulo 15: Ornamente Sua Música 247

　　Dinamicamente Falando 247
　　　　Comece com mudanças básicas de volume..248
　　　　Aumente a variedade 248
　　　　Efetue mudanças graduais no volume 249
　　Articule Positivamente..250
　　　　Interpretando símbolos de articulação 250
　　　　O poder da articulação 252
　　Controle o Andamento...252
　　O Poder do Pedal..253
　　　　Utilizando o pedal sustain 254
　　　　Fatos concretos sobre o pedal una corda 255
　　　　O pedal central..256
　　Falando sobre Apogiaturas 256
　　Treinando o Trinado 257
　　Analisando o Glissando 259
　　Tremolos Trêmulos..261
　　Ornamente Suas Canções 263

Capítulo 16: Grandes Grooves...269

　　Grandes Padrões de Acompanhamento para a Mão Esquerda.......................269
　　　　Um concerto de acordes quebrados 270
　　　　Quebrando um acorde 272
　　　　Martelando as oitavas 272
　　　　Padrões animados para rock 275
　　　　Linhas para baixo melódicas 278
　　Aplicando Fantásticas Introduções e Finalizações 279
　　　　A entrada triunfal..281
　　　　Saída, pela esquerda do palco 284
　　Toque Músicas com Grooves para a Mão Esquerda.......................................286

Capítulo 17: Percorrendo a Trilha do Estilo 289

　　Classicamente Treinado 289
　　Tocando Blues 291

      Dicas para o blues 292
      Melodias de doze compassos 292
      Para variar 294
  Rock and Roll com o Teclado 295
      Ingredientes que sacodem 295
      Botando para quebrar...295
  Um Pouco de Country 296
      Culinária country..296
      Ingredientes escolhidos a dedo..297
  O Piano é Pop!..298
      Escolhas populares 298
      No topo das paradas 298
  Em Busca do Soul 299
      Salve o seu soul..299
      O som da Motown..300
      Sons "sinistros" que estão por aí...301
  O Jazz Não Pode Parar 301
      Dando uma animada 301
      Agora é com você 302
      Substituindo acordes 303
  Toque Melodias em Seus Estilos Favoritos..305

Parte VI: A Parte dos Dez... 311

Capítulo 18: Dez Maneiras de Melhorar Sua Prática e Apresentação ...313

  Sinta-se Confortável em Todos os Momentos 313
  Livre-se de Todas as Distrações..314
  Organize um Cronograma e uma Lista...314
  Mergulhe na Desconstrução 314
  Use um Metrônomo 315
  Ensaie os Seus Ensaios 315
  Conheça o Piano da Sua Apresentação 315
  Se Você Memorizar...316
  Antecipe Sua Síndrome Pós-Apresentação 316
  Sorria e Cumprimente a Plateia 316

Capítulo 19: Dez Maneiras de Ir Além Deste Livro 317

  Trabalhando com Livros de Métodos...317
  Utilizando Livros de Referência...318
  Adquirindo Música Impressa 319
      Tipos de música impressa..319
      Arranjos e transcrições 320
      Livros de improvisação ou fake books 320
      Onde comprar música impressa...321
  Apresentando-se com Terceiros 322

Duetos para piano 322
Orquestras de câmara...322
Bandas...323
Aprenda com os Grandes Mestres 323
Johann Sebastian Bach 323
Ludwig van Beethoven 324
Johannes Brahms 324
Frederic Chopin 324
Franz Liszt 324
Wolfgang Amadeus Mozart..325
Sergei Rachmaninoff..325
Assistindo a Concertos ao Vivo..325
Ouvindo Gravações..326
Percorrendo lojas de discos 326
Comprando online..326
Visitando a biblioteca 327
Trocando músicas com amigos 327
Explorando Sites Sobre Piano...327
Curtindo o Piano na Telona...328
Percebendo Que Você Não Está Só..329

Capítulo 20: Dez Perguntas do Autor para Escolher Seu Futuro Professor ..331
A Quem Mais Você Já Deu Aulas?..331
Há Quanto Tempo Você Toca e Leciona?..332
O Quanto Você Espera Que Eu Pratique?...332
Você Se Importaria de Tocar Algo para Mim? 333
Que Repertório Você Ensina? 334
Como Você Lida com Notas Erradas, Erros e Aprendizes Lentos?.............334
Quais Métodos Você Usa para Ensinar Piano? 335
Onde Serão as Aulas?..335
Quanto Você Cobra? 336
Você Promove Recitais de Alunos?...336

Apêndice: Sobre o CD 337
O Que Você Vai Encontrar no CD 337

Índice.. 341

Introdução

Seja bem-vindo a *Piano Para Leigos,* Tradução da 2ª Edição. Não se assuste com o piano, pois ele não passa de uma peça grande de mobília, com um monte de teclas pretas e brancas. No entanto, ao optar por este livro, você está tomando a atitude correta para impedir que o seu piano se torne um grande coletor de poeira.

Se você nunca viu, ou jamais tocou num piano ou teclado, não há problema. Este livro parte do início mais simples e guia você ao longo de tudo o que precisa saber para domesticar essa fera e fazê-la entoar a mais bela música. Sem contar que você vai se divertir muito ao longo do caminho – prometo.

Sobre Este Livro

Como você é agora o feliz proprietário de um piano ou teclado (ou pelo menos pretende ser), talvez precise deste livro para descobrir como tocar este instrumento. Talvez queira aprender a ler música ou, quem sabe, já saiba tocar e só queira aperfeiçoar suas técnicas ou até desenvolver um estilo só seu. Pode ser que esteja interessado em saber mais sobre pianos e seus intérpretes ou, quem sabe ainda, esteja precisando de ajuda para comprar um teclado ou encontrar um professor. Seja qual for o seu motivo, este é o livro certo para você.

Você pode utilizar o livro *Piano Para Leigos,* Tradução da 2ª Edição, como um tutorial ou como um livro de referência. Mesmo se já souber tocar música, poderá deparar-se com alguma técnica ou truque novo nestas páginas. Se ler todas as páginas deste livro, e se dispuser a tocar todos os exemplos e ouvir as faixas de áudio que podem ser encontradas no site www.altabooks.com.br ao buscar pelo título dessa obra, você conseguirá ler música para piano; saberá os nomes das notas, escalas e acordes; aprenderá muito sobre os diferentes estilos musicais e, de maneira geral, terá uma base sólida nas habilidades fundamentais do piano.

Se você possui perguntas específicas sobre a arte de tocar piano, ou prefere ir direto ao que está desesperado para saber, verá que o Sumário e o Índice, com os títulos das seções, são bastante úteis. Eles facilitam a navegação neste livro e lhe ajudarão a encontrar o que precisa.

Nota: Verdade seja dita, ler música e coordenar suas mãos e dedos para tocar algo musical no piano não são habilidades que se aprendem num só dia. Isso demanda tempo e dedicação. Embora você já deva ter visto ou ouvido sobre métodos de se tocar piano sem ler música, este livro não é um deles. *Piano Para Leigos,* Tradução da 2ª Edição, segue o método testado e aprovado de ensinar os princípios básicos de ler as notas desde o início. E seu objetivo é fazer isso de uma maneira simples e divertida.

Convenções Usadas Neste Livro

Você vai ficar muito feliz em saber que há bastante música a ser tocada nestas páginas. Eu utilizo todas as convenções-padrão de leitura e escrita de música, portanto, você conseguirá ler e tocar qualquer outra obra musical depois que deixar este livro para trás. Além disso, à medida que se aproxima do nível dos pianistas mais experientes, poderá adotar as formas mais específicas – mas igualmente práticas – que uso quando me refiro às suas mãos e dedos.

Veja abaixo algumas outras convenções utilizadas neste livro, e que você deve estar atento:

- Sempre que um novo termo musical for apresentado, ele aparecerá em *itálico*;

- Palavras-chave ou expressões-chave em listagens aparecerão em **negrito**;

- Sites de Internet ou endereços de e-mail aparecerão em fonte Courier New, para que se destaquem. Lembre-se de que alguns endereços de sites poderão não caber numa só linha. Nesses casos, não serão utilizados hifens para indicar uma quebra de linha. Assim, se você digitar exatamente o que vir – como se a quebra de linha não existisse – você conseguirá acessá-lo.

Penso que...

Enquanto escrevia este livro, fiz algumas suposições sobre você, leitor:

- Você gosta de ouvir música e, especialmente, vinda de um piano.

- Quando ouve alguém tocar piano, alguma coisa se move em você e o faz dizer algo como: "Nossa, eu adoraria saber tocar piano".

- Você nunca teve aulas de piano em sua vida, e mesmo se já o fez, ainda se vê basicamente como um iniciante. De qualquer forma, gostaria de ver tudo explicado de uma maneira fácil e simples de compreender.

- Se tiver um piano ou teclado, não toca tão bem quanto gostaria e precisa de ajuda para conseguir resultados.

- Se não possui um piano ou teclado, está considerando a ideia de adquirir um e gostaria de obter alguma ajuda com o processo. Muito provavelmente, o seu teclado terá no mínimo vinte e cinco teclas pretas e brancas, será ligado – ou não – à parede, e vai lhe custar tanto quanto está disposto a pagar.

- Você gosta de descobrir as coisas por si mesmo.

Se qualquer uma dessas suposições for verdadeira, você está lendo o livro certo.

Só um Detalhe

Não pense que deverá ler este livro desde o início. Isto aqui não é *E o Vento Levou*. Não há reviravoltas de enredo no Capítulo 4 ou um final inesperado no Capítulo 20. Você pode abrir o livro e começar a ler em qualquer página ou capítulo que lhe interesse. Se precisar de algo que está num capítulo que pulou, volte naquele ponto, leia o que precisa saber e volte novamente para onde estava.

Uma das coisas mais divertidas da série *Para Leigos* é encontrar todas aquelas informações extras que aparecem no livro: os boxes (quadros cinzas que aparecem ao longo do livro) e qualquer coisa que apareça marcada com o ícone Papo de Especialista são incluídos para adicionar informações e ampliar a sua compreensão sobre o assunto. Mas se você está interessado apenas no "arroz com feijão", poderá pular esses elementos sem se preocupar em perder algo essencial.

Como Este Livro Está Organizado

Piano Para Leigos, Tradução da 2ª Edição, está dividido em seis partes. Dê uma olhada na descrição de cada uma delas, e depois fique à vontade para ir à qualquer parte ou capítulo que tenha lhe parecido mais interessante.

Tenha em mente que dispus referências úteis ao longo do livro. Assim, se você iniciou sua leitura num capítulo que menciona, digamos, a parte fundamental do acorde, e você não tem muita certeza do que isso significa, é bem provável que também esteja escrito onde essa informação poderá ser encontrada.

Parte I: Familiarize-se com o Teclado

A Parte I serve como a sua apresentação oficial à família dos teclados.

Começo apresentando tudo sobre os teclados acústicos e elétricos (ou digitais), ou seja, explicando semelhanças e diferenças. Logo em seguida, você terá informações sobre como escolher o teclado correto para você. Informo o que existe no mercado, o que cada um deles faz, e qual é a escolha certa para você. Além disso, dou dicas para a compra.

A Parte I é finalizada com capítulos sobre a manutenção de um teclado (você deve cuidar de sua paixão) e, deixando o melhor por último, sobre como sentar-se ao piano e aprender tudo a respeito daquelas teclas brancas e pretas, como usar as mãos corretamente e como operar aqueles pedais.

Parte II: O Som no Papel

Esta parte serve como o seu guia para os muitos símbolos, linhas e pontos que constituem a música por escrito. Mostro também como "traduzir" esses símbolos, linhas e pontos em melodias de verdade.

Uma característica importante da Parte II é o foco no ritmo: como ele é representado por escrito, como se conta o ritmo na música, e como tocar canções conhecidas em ritmos diferentes.

Parte III: Uma Mão de Cada Vez

Tudo se une, agora, na Parte III, que o convida a tocar as melodias de inúmeras canções populares, começando com a sua mão direita. Falo também da importância das escalas e de como elas podem ajudá-lo a dominar o piano. Ao final desta parte, a mão esquerda se junta à diversão.

Parte IV: Vivendo em Perfeita Harmonia

Nesta parte, você explora o mundo da harmonia: o que é, como é feita e como poderá usá-la para rechear o som das canções. Você compreenderá as armaduras de clave e acordes e terá muitas oportunidades de unir a harmonia à melodia.

Parte V: Técnica É Essencial

Leia esta parte para ajudá-lo a ornamentar a música que já toca, com truques interessantes, técnicas e floreios elegantes. Mas cuidado: depois que a notícia de que você já leu esta parte do livro se espalhar, seus amigos irão pedir que você toque piano nas festas.

Parte VI: A Parte dos Dez

Esta parte traz algumas listas para ajudá-lo a se divertir mais com o piano. Inclui dicas de como tirar o melhor proveito das suas horas de prática e conselhos para você mostrar seu talento em recitais. Mostro também alguns caminhos a seguir, caso queira expandir o seu interesse no piano para além das páginas deste livro. E como provavelmente você terá dificuldades em fazer isso sozinho, finalizo esta parte com uma lista de dicas que poderão ajudá-lo a encontrar um professor adequado.

Por fim, coloquei um apêndice que o ensinará como utilizar as faixas de áudio que acompanham este livro e as listará. Preste atenção nas referências de CD no decorrer do livro; se tratam de **faixas de áudio** que poderão ser encontradas no site da editora (www.altabooks.com.br) ao buscar pelo título da obra. As faixas de áudio trazem gravações de todas as canções contidas no livro, assim como outros exemplos divertidos de áudio.

Ícones Usados Neste Livro

Enquanto explora os capítulos deste livro, você irá deparar-se por diversas vezes com alguns destes ícones, feitos para chamar sua atenção para diferentes tipos de informação, de orientações úteis a distrações agradáveis.

Não aguenta esperar? Precisa tocar algo que acabou de ler? Este ícone levará você diretamente à música real, que o ajudará a fundir a teoria com a prática.

Leia atentamente toda informação marcada com este ícone. Como deve ter percebido, trata-se de algo importante, que você não deve esquecer.

Quando você vir este ícone, saberá que ele vem seguido de informação muito útil que o ajudará a poupar tempo, dinheiro, energia e muito mais.

Quando eu quiser me embrenhar nos pântanos do jargão técnico, eu lhe avisarei antes com este ícone. Só não rasgue a página ao virá-la rapidamente para evitar os crocodilos, se você os teme.

Preste muita atenção ao texto que acompanha este ícone. Você vai me agradecer depois por ele ter lhe mostrado como evitar erros e problemas.

De Lá para Cá, Daqui para Lá

Se você não conhece muito sobre o piano como um instrumento musical, eu sugiro que você comece com a Parte I e familiarize-se com os diferentes tipos de pianos. Pianos são maravilhas do mundo.

Se você está considerando a possibilidade de comprar um piano ou teclado, vá direto aos Capítulos 3 e 4. Você vai se sentir muito mais preparado para as tarefas de pesquisar e comprar. Eu mesmo aprendi muito só em escrevê-los!

Verifique o guia para ler música no início do Capítulo 6 e teste-se tentando identificar os elementos de notação musical, na página de música para piano: (não se preocupe, há uma legenda com informações sobre onde encontrar algum lembrete ou explicação de cada um dos elementos).

Recomendo a leitura dos Capítulos 7 e 8 com muita calma, pois eles falam sobre os ritmos. Ler e responder suavemente ao ritmo são elementos importantíssimos quando se trata de ler música. Se você conseguir encontrar o seu ritmo, isso fará todos os outros elementos se encaixarem com maior facilidade.

Se você já sabe como ler música, experimente as Partes III e IV com as escalas, melodias, acordes e outros que se encaixem em seu gosto e técnica. Percorra as páginas e toque as músicas, enquanto expande seu conhecimento. Se tiver problemas ao tocar algumas delas, volte até o trecho onde possa melhorar a técnica necessária.

E para ter uma ideia sobre a música que você toca enquanto lê este livro ouça algumas das faixas de áudio. Use a tabela no final do livro para se guiar entre a música ouvida e a escrita.

Parte I
Familiarize-se com o Teclado

A 5ª Onda Por Rich Tennant

"Sinto muito, só vendemos pianos verticais."

Nesta parte...

Antes de tocar um teclado ou piano, você precisa saber o que ele é, como funciona, onde colocar suas mãos e pés e para que servem todas aquelas teclas. Não, não é preciso passar por nenhum teste ou obter algum tipo de licença – qualquer um pode aprender.

Nesta parte, você terá uma visão geral do piano e dos passos principais a serem dados quando está aprendendo a tocá-lo. Vou levá-lo a um passeio por dentro do piano e apresentá-lo a seus parentes de teclas. Você obterá ajuda sobre como pesquisar, comprar e cuidar do seu próprio piano e esta parte será finalizada com você, em frente ao teclado, dando os nomes a cada uma de suas teclas pretas e brancas.

Capítulo 1
Eu Amo um Piano

Neste Capítulo

▶ Compreenda por que o piano é um instrumento único
▶ Familiarize-se com o instrumento e com a leitura de música
▶ Veja o que já pode saber sobre tocar piano

"I love to run my fingers o'er the keys, the ivories."

Este trecho[1] da música de Irving Berlin, chamada "I Love a Piano" de 1915 era, sem dúvida, verdadeira para muitas pessoas quando foi escrita há quase cem anos. O piano estava em seu auge e qualquer pessoa de classe média considerava esse instrumento tão importante quanto ter um teto acima da cabeça. Mas nem a canção, nem mesmo o sentimento perderam seu charme; a letra com certeza ainda é verdadeira tanto para mim quanto para um monte de gente. O piano permanece como um instrumento extremamente popular, seu número de adeptos continua crescendo e sua popularidade se espalhou por todo o mundo. Mesmo sendo valorizado por sua qualidade de instrumento musical, o piano tem a capacidade de se adaptar às mudanças dos tempos através de avanços tecnológicos.

Este capítulo vai ajudá-lo a compreender o que faz do piano algo tão único e o que está envolvido quando se aprende a tocá-lo. Você vai descobrir que já sabe muito mais sobre música do que julgava saber, mesmo sendo um iniciante.

O Que Há de Tão Especial No Piano?

Tocar um piano envolve as seguintes tarefas musicais fundamentais:

✔ Tocar tons e melodias diferentes;
✔ Controlar o golpe da tecla e a liberação de uma nota;
✔ Tocar dinâmicas diferentes (relativas à altura e suavidade).

---

1   *"Eu adoro correr meus dedos pelas teclas, sentir-lhes o marfim."*

Mas tocar piano é diferente de tocar outros instrumentos em alguns aspectos importantes, pois o piano possui diversos atributos que fazem dele a ferramenta ideal para aprender e entender música.

As vantagens de tocar piano

O piano ocupa uma posição central no mundo da música. É o menino de ouro dos instrumentos musicais. Utilizado por compositores e arranjadores está inserido normalmente em quase todos os estilos musicais, de orquestras de câmara a grupos de rock e trios de jazz (bem, exceto talvez em bandas marciais). As características abaixo fazem do piano um instrumento único e fantástico:

- **Pode-se tocar várias notas ao mesmo tempo.** A palavra chique para isso é *polifonia*.
- **É um instrumento completamente solo.** Pode-se tocar uma canção completa ou outra obra musical sem a necessidade de nenhum outro tipo de acompanhamento ou ajuda de amigos ligados à música. Isso faz com que o piano seja altamente prazeroso e autossuficiente.
- **É o acompanhamento perfeito.** Você pode acompanhar um cantor, um coral, uma aula de dança, um filme mudo ou sua própria ópera, além de acompanhar qualquer outro instrumento.
- **Pode-se tocar praticamente qualquer coisa ao piano.** O piano tem um repertório inigualável. Imagine qualquer canção e haverá uma versão de piano para ela.

As vantagens de aprender música com o piano

O piano é o instrumento musical ideal para se aprender tudo sobre música, começando pelo design do teclado. Ao sentar-se em frente a ele, verá que todas as notas estão dispostas diante de seus olhos de maneira clara, organizada e ordenada. Compreender e tocar os tons musicais torna-se muito fácil, pois o teclado apresenta uma imagem clara para que o seu cérebro processe a forma em que as notas musicais sobem (tons mais altos), descem (tons mais baixos) ou permanecem inalteradas.

Cada tecla produz um som único e distinto, e não há nada mais simples do que isso. Não é preciso grande habilidade para produzir um som agradável. Comparado com outros instrumentos musicais que prefiro não mencionar (está bem, eu dou o braço a torcer: violino, clarinete, trombone, trompete, fagote, oboé e tuba), tocar uma tecla, não importa se o tom for alto ou baixo, é tão fácil quanto tocar qualquer outra.

Outra vantagem do piano é que você pode tocar acordes e camadas de sons. O teclado torna mais fácil tocar harmonias e imediatamente ouvir como soa uma combinação de notas. Para mim isto é um pacote completo.

Uma habilidade e uma arte

Diante do exposto, o motivo pelo qual tocar piano é tão especial pode ser porque trata-se de uma atividade que requer sua participação completa e lhe dá retorno da mesma maneira. Tem seu lado mental e seu lado físico. Requer tanto criatividade quanto disciplina e o fato de envolver tanto o corpo quanto a mente é altamente prazeroso.

Enquanto aprendemos a ler música e a tocar as notas no piano, criamos "pulsos" de informação do cérebro para todo o corpo. O primeiro deles envolve os olhos e o cérebro, quando vemos as notas no papel e processamos essa informação. No segundo pulso, o cérebro envia impulsos às mãos e dedos, dizendo a eles como e para onde se moverem. Os dedos começam a desenvolver uma ideia da sensação de se moverem sobre o teclado e a usar diferentes tipos de toque para produzir diferentes resultados no piano. Um terceiro pulso é feito quando nossos ouvidos percebem o som emitido pelo piano e enviam essa informação de volta ao cérebro para que seja processada: As notas e ritmos estão corretos? Será que essa nota está alta ou baixa? O que tocamos pode ser chamado de música? Toda essa informação irá ajudar a modificar os sinais que enviamos ao corpo e a melhorar os resultados.

Essa experiência totalmente sensorial está combinada com um elemento interpretativo, enquanto seu artista interior está trabalhando. O máximo onde as notas e as instruções na página conseguem chegar é na descrição de como a música ali impressa deveria ser, motivo pelo qual dois pianistas executando a mesma obra produzirão duas performances bastante diferentes. Mesmo duas performances executadas pelo mesmo pianista serão diferentes entre si! Tocar piano permite que você decida como se "faz" música: mais rápida, mais lenta, o quanto aceleramos, o quanto diminuímos e quantos "bis" damos à plateia.

A combinação dessas habilidades de execução e interpretação da música é algo que acontece todas as vezes em que você toca. Mesmo quando simplesmente toca o que está escrito, sua interpretação pessoal transparecerá. Com o piano, você é um músico desde o início.

Por Que as Pessoas Aprendem a Tocar Piano (e Por Que Normalmente Desistem)

Muitas pessoas começam a tocar piano ainda criança, quando ainda não possuem uma opinião formada sobre o assunto. Mas os adultos vêm ao piano por diversos motivos, principalmente por desejarem retomar o hobby pelo qual não pegaram gosto na primeira vez, quando eram crianças. Veja abaixo algumas razões que podem mostrar por que você quer aprender ou reaprender a tocar piano:

✓ **Você quer recriar as suas canções e composições favoritas.** Quando toca uma peça ao piano, você dá vida à música. A partitura é como um desenho técnico: um conjunto de instruções que dizem quais notas deve tocar, quando e como tocá-las. É necessário um intérprete para terminar o processo que teve início na mente do compositor e está incompleto até que a música chegue aos ouvidos do espectador.

✓ **Você gosta de um desafio.** Sem dúvida, atingir os níveis intermediário e avançado do piano requer tempo, paciência e prática. Há quem adore esse desafio. Mas qualquer que seja sua ambição, aprender a tocar piano é um desafio infinito, pois há grande riqueza de material para todos os níveis de aprendizado. Algumas pessoas gostam de estabelecer metas para si mesmas: uma determinada peça que querem aprender, ou poder se apresentar para amigos em festas ou reuniões de família. Há inúmeras recompensas ao longo do caminho e elas surgem quando você começa a tocar suas canções favoritas ou quando você tem a oportunidade de tocar com outras pessoas. Não há nada como poder dizer "Eu estou com a banda".

✓ **Você quer tocar músicas de qualquer estilo.** Uma canção popular ou uma sonata clássica não exige um grupo diferente de notas musicais. Quando souber ler e tocar música para piano, saberá tocar música clássica, jazz, rock, country, folk, cabaré, musicais da Broadway e muito mais. Se você sabe tocar piano, sabe falar a linguagem universal da música.

✓ **Você acha que vai melhorar sua matemática.** É fato que a matemática tem um grande papel na música. Ela está presente desde a própria natureza do som, passando pela fórmula das notas numa escala até a estrutura simétrica de 32 compassos de uma canção. Professores de piano sabem, por experiência, que tocar requer foco e concentração. Eles também sabem que seus alunos acabam melhorando nessas áreas à medida que fazem progressos ao piano e ganham mais experiência. Mas alguns experts (como, por exemplo, meu professor de álgebra da oitava série) se recusam terminantemente a aceitar a ideia de que um instrumento ajuda a melhorar o pensamento matemático.

Infelizmente, a impossibilidade de se atingir qualquer uma dessas metas leva muitos alunos a jogarem a toalha. Quando começar a aprender a tocar é muito importante ser realista em relação ao seu cronograma e às suas expectativas. Tendo isso em mente, aqui vão os principais motivos que fazem as pessoas desistirem de tocar piano. Não se deixe vencer por nenhum deles:

✓ **Frustração:** aprender a tocar piano requer paciência. Coordenar mãos e dedos, ler música e se comprometer a praticar, praticar e praticar são os mantras de todo e qualquer músico, e fazer tudo isso de uma forma divertida é o objetivo deste livro.

✓ **Falta de tempo:** chegar ao nível de iniciante no piano não requer horas e horas de prática diária. Sessões regulares de prática, nas quais você consegue se concentrar e aprender de forma confortável, podem fazer maravilhas para o seu progresso.

> ✔ **Autocrítica:** obviamente você é o seu crítico mais exigente e ninguém gosta de tocar as notas erradas. Mate esse crítico interior de raiva, celebrando as pequenas conquistas (são conquistas de qualquer forma) e apresente-se aos seus amigos e familiares ao longo do processo, pois assim eles o apoiarão ainda mais.

Para ter acesso a dicas de como tirar o máximo de proveito das suas sessões de prática, leia o Capítulo 18.

Conheça o Seu Instrumento

O primeiro passo quando se aprende a tocar piano é familiarizar-se com o instrumento. O piano é uma engenhoca complexa, mas ao mesmo tempo fascinante. O piano moderno é o resultado de centenas de anos de aprimoramentos e melhorias feitas no seu som e design. No Capítulo 2, falarei tudo sobre a estrutura do piano: os nomes de seus componentes e como ele, através de você, produz sons. Falarei também sobre o moderno desenvolvimento de pianos digitais, que produzem som eletronicamente, e no que eles se diferem de seus irmãos acústicos.

Um comprador em potencial encontrará inúmeras opções de teclados no mercado de hoje. Só os dois estilos de piano acústico – de cauda e vertical – vêm numa variedade de tamanhos e preços, e tanto um quanto outro, produzem sons de maneira similar. O design da ação dos martelos permite controlar o volume e o tom através da velocidade e da agressividade seu toque quando pressiona uma tecla e faz com que um pequeno martelo de madeira revestido de feltro golpeie uma corda, ou conjunto de cordas, dentro do piano. A ressonância da vibração dessa corda é amplificada por uma placa de madeira paralela às cordas, chamada de *tampo harmônico*.

A enorme variedade de teclados digitais disponíveis hoje no mercado oferece alternativas atraentes aos pianos acústicos, mesmo que alguns pequem em não capturar o som e a sensação de se estar ouvindo um piano acústico. Como explicarei no Capítulo 2, esses teclados usam amostras de sons – de pianos, pianos eletrônicos, cravos e órgãos –, assim como outros instrumentos e efeitos sonoros – que são armazenados na forma de informações digitais. Consegue-se tocar esses sons pressionando uma tecla e ouvindo-os amplificados eletronicamente. Os teclados digitais colocam uma biblioteca extensa de sons à disposição dos seus dedos. Outras vantagens incluem a grande portabilidade e a possibilidade de prática "silenciosa" com o uso de fones de ouvido.

O piano híbrido, abordado no Capítulo 3, combina a tecnologia acústica e digital, e é outra opção sedutora disponível atualmente. Apesar de serem caros, esses pianos cumprem com excelência a promessa de combinar o melhor dos dois mundos.

Leia os Capítulos 2, 3 e 4, e encontre mais informações sobre todos os instrumentos de teclado; compare estilos e designs; prepare-se para a compra de um teclado e descubra como cuidar dele em casa.

Se alguém previu, nos últimos 50 anos, que o piano se tornaria peça de museu com o surgimento dos instrumentos eletrônicos, se enganou redondamente (e espero que esteja feliz ao ver que ele ficou ainda melhor). O piano continua popular tanto em sua antiga versão acústica, quanto nas novas versões digitais: recursos de execução automática, gravação, edição e tecnologia de integração com a Internet. Em outras palavras, os pianos são hoje o melhor dos dois mundos e ninguém precisa concordar se não quiser. O piano se adaptou e mudou com o tempo, e mesmo assim, ainda é valorizado por suas qualidades fundamentais, que não mudaram. É ainda um instrumento de solo ideal para se ter em casa, pois está pronto para ser tocado quando lhe der vontade, e seu design intuitivo satisfaz tanto aos dedos quanto aos ouvidos.

Compreenda a Linguagem da Música

Tocar piano significa ler música. A melhor coisa é manter em mente que, de certa forma, você já sabe a linguagem musical. Durante toda sua vida, você já a ouviu, cantou, dançou e foi "mimir" ao som dela. Se você nunca leu música antes, encare isso como dar nomes e conceitos novos às coisas que você já conhece, fazendo conexões dessa nova linguagem com a linguagem que já aprendeu de ouvido.

Ler música significa ler tons, ritmos e outros símbolos de notação inventados para comunicar a música do compositor ao intérprete. Notas (veja o Capítulo 6) e ritmos (veja os Capítulos 7 e 8) simplesmente dizem que tom tocar e se ele deve ser longo ou breve. O sistema, que une a Clave de Sol e a Clave de Fá (veja o Capítulo 6), combina as teclas do teclado com as notas da página e dizem quais mãos utilizar para tocá-las. As pausas musicais (veja o Capítulo 7) dizem quando *não* tocar (e por quanto tempo). As fórmulas de compasso (veja o Capítulo 7) e as armaduras de clave (veja o Capítulo 13) ajudam a organizar a música em padrões rítmicos e áreas tonais, respectivamente, que se aplicam

---

Coordenando corpo e mente

O cerne de se tocar piano é o movimento. Os movimentos sutis requeridos para se tocar piano não são grandiosos como aqueles necessários para balé ou natação, mas são numerosos. Como resultado, tocar piano envolve muita coordenação e é aí que a prática entra em cena.

Tocar enquanto lê envolve não somente leitura, mas contagem e reação rápida. Você adquire uma suave coreografia enquanto coordena corpo e mente, e continuamente isola e integra suas mãos e dedos à melodia e à harmonia. Uma melodia pode ser iniciada com a mão direita, sendo que a mão esquerda entra somente quando a outra mão já estiver bastante segura, o que facilita o seu percurso. Tenha em mente que é normal e necessário ao progresso dar um passo para trás, para que depois você possa dar dois passos para frente.

ao longo de uma canção. Os elementos expressivos (veja o Capítulo 15) são a parte final de notação musical que você vai aprender: quanta força empregar ou a qual altura deverá tocar as notas, com que tipo de toque pressionar as teclas, o andamento geral e sentimento da música e assim por diante.

Quando você souber como ler música, poderá tocar praticamente qualquer canção ou composição musical escrita em nível iniciante, não importa o estilo.

Desenvolva o ouvido para música horizontal e vertical

Dentre os desafios e recompensas de se aprender piano estão a compreensão e a combinação dos elementos melódicos e harmônicos da música. De certa forma, uma partitura musical é como um mapa sonoro; caminhar da esquerda para a direita representa o fluxo horizontal da música ao longo de um determinado tempo. Mas se analisarmos a partitura, veremos a combinação vertical das notas que, de cima a baixo soam juntas naquele momento. Um pianista, assim como o maestro numa orquestra, controla esses elementos verticais e horizontais bem como seu conteúdo total na música, e expressa a imagem musical completa, não somente um único componente.

Você aprenderá mais sobre esses componentes individuais neste livro e irá combiná-los naturalmente. A Parte III se concentra em melodias e escalas (as partes horizontais), e a Parte IV se concentra na harmonia (a parte vertical).

Conheça formas e estilos musicais

Mesmo a melodia mais simples, como por exemplo, uma cantiga de ninar ou uma canção folclórica, traz consigo uma forma e um estilo musical. Descrever suas qualidades é o mesmo que definir sua forma e estilo. Tomemos o exemplo de "Frère Jacques", uma cantiga que você tocará no Capítulo 9, que obtém sua forma na maneira em que cada um de seus quatro versos são repetidos. A simplicidade da melodia e a repetição definem o estilo como uma cantiga infantil, perfeita para se ensinar a uma criança.

Quando começar a tocar as outras canções deste livro, você compreenderá que a forma e o estilo descrevem como o material musical é utilizado. Por exemplo, quando tocar "Worried Man Blues" no Capítulo 13, verá que a frase da abertura é repetida com notas diferentes, mas com o mesmo ritmo da segunda. A terceira frase é a mesma da abertura, mas leva a uma nova frase, quarta e última. Esses quatro elementos compõem a melodia da canção e têm uma forma que pode ser expressa como ABAC, com cada letra representando uma frase.

O ritmo tem um papel fundamental ao definir um estilo musical. Tanto a sonata de Mozart quanto o riff de música country no Capítulo 17 usam ornamentos musicais (abordados no Capítulo 15), mas as canções os usam de maneiras completamente diferentes. A diferença mais notável está na forma como os ornamentos afetam o ritmo. A música popular foi se tornando progressivamente mais rítmica no século XX, e continua a se desenvolver mais ritmicamente do que melódica ou harmonicamente. O jazz, ritmo completamente diferente de qualquer outro que o antecedeu, desenvolveu sua própria linguagem rítmica.

A Melhor Maneira de Tocar

Você aprenderá muitas habilidades novas enquanto lê *Piano Para Leigos*, Tradução da 2ª Edição, mas espero poder enfatizar um ponto muito importante sobre *como* você aprende a tocar piano. Você só conseguirá bons resultados se estiver confortável e se divertindo, portanto, mantenha as sugestões a seguir sempre em mente:

- **Sinta-se confortável.** Conforto começa com liberdade de movimentos. Assegure-se de que está física e mentalmente à vontade quando for praticar, e fique atento a sinais de fadiga e de tensão. Faça intervalos quando sentir que precisa.

- **Toque músicas que lhe interessem.** Encontre canções e seções que utilizem material que você acha interessante, útil e que vá ao encontro de suas metas para o piano.

- **Aprecie os pequenos passos.** Lembre-se que as recompensas virão em todos os níveis de aprendizado, mas não necessariamente todos os dias.

- **Mesmo um iniciante pode tocar boa música.** Existe muita música de boa qualidade publicada para pianistas de todos os níveis, incluindo os iniciantes. Se quiser tocar alguma música ou estilo que não esteja descrito neste livro, as fontes no Capítulo 19 poderão ajudá-lo a encontrar uma versão simplificada que você poderá apreciar enquanto continua a aprender e a praticar.

O Que Você Já Sabe sobre Tocar Piano

Mesmo se você nunca encostou um dedo num piano antes, ficará surpreso com a quantidade de coisas que pode fazer logo de início. Talvez até já saiba de alguns fatos musicais pertinentes, e se não sabe, vai aprendê-los agora:

- **Você sabe tocar uma escala pentatônica.**

  Vá agora ao seu piano ou teclado e toque uma sequência de teclas pretas, subindo e descendo as notas, ou ambos. Pronto! Você acabou de tocar uma escala de cinco notas com nome chique: *pentatônica*. Na próxima vez que seus amigos lhe perguntarem o que você tem feito, diga-lhes que tem praticado escalas pentatônicas.

✔ **Você sabe os nomes das notas utilizadas na música.**

As sete notas musicais seguem a sequência: C (Dó), D (Ré), E (Mi), F (Fá), G (Sol), A (Lá), B (Si). Quando toca as teclas brancas, você toca notas como C (Dó), F (Fá), A (Lá) e D (Ré). Como descobrirá no Capítulo 2, adicionará as expressões "sustenido" ou "bemol" a essas notas para dar nome às teclas pretas.

✔ **Você sabe o nome das duas claves utilizadas na leitura de música para piano.**

A música para piano é interpretada utilizando-se a Clave de Sol ou a Clave de Fá. Na maioria das vezes a mão direita toca na clave de sol e a esquerda toca na Clave de Fá.

✔ **Você sabe o número total de teclas num piano padrão.**

Elas não foram chamadas de "As 88" à toa. Pode contá-las e conferir. Ou verifique as pretas e as brancas: há um conjunto de 12 teclas pretas e brancas consecutivas de uma ponta até a outra. Procure por 7 desses grupos e pelas primeiras quatro teclas que iniciam um grupo, até que não haja mais teclas para contar. 7 x 12 = 84, mais as quatro extras: 88.

✔ **Você sabe identificar diferentes estilos musicais.**

Ouça a faixa 1 do CD que acompanha este livro. Você ouvirá exemplos breves de quatro diferentes peças para piano (e, por coincidência, sou eu ao piano!). Combine cada trecho com um dos estilos musicais listados abaixo. Mesmo se não conhecer todas as peças, você possui experiência auditiva o suficiente para saber que blues é diferente de uma peça Barroca de Bach (você poderá encontrar os nomes dessas peças no Capítulo 2).

Compositor	*Estilo*
Scott Joplin	Ragtime
J.S. Bach	Barroco
Erik Satie	Valsa Pós-Impressionista, lenta
W.C. Handy	Blues

Capítulo 2
Conheça a Família dos Teclados

Neste Capítulo

▶ Descubra o que acontece quando se pressiona uma tecla
▶ Compare as versões acústica e digital

Vou deixar algo bem claro: quando digo "teclado", estou me referindo ao tipo que produz sons musicais. Não estou falando daquele teclado que contém as letras QWERTY e está em um computador, máquina de escrever, ou um foguete da NASA. Então, comprou o livro certo para o seu teclado? Ótimo.

O seu teclado – seja ele um piano, órgão ou teclado digital – é um instrumento maravilhoso. Você fez uma boa escolha.

Os pianos vêm em várias formas e tamanhos. Podem ter muitas teclas ou poucas; podem vir na forma de peças enormes de mobília ou em pequenas caixas. Qualquer que seja o tamanho, forma ou acabamento, o instrumento muito provavelmente será um piano, se qualquer uma das situações seguintes acontecer:

- ✔ Um som musical é produzido quando se pressiona uma tecla ou botão;
- ✔ Assoprar, inclinar, batucar ou palhetar a peça não surtiu efeito algum;
- ✔ Alguém entra na sua casa e, ao vê-lo, diz: "Cara, que piano legal!".

Se você ainda não comprou o seu, leia este capítulo para ter uma boa ideia de quais são suas opções; decidir que tipo lhe interessa mais, e depois siga para o Capítulo 3, para ler dicas sobre como comprar o seu equipamento.

Os Acústicos

Acústico significa "não elétrico". Sendo assim, são ótimos para aqueles pianistas pobres, porque mesmo se não conseguirem pagar a conta de luz, ainda poderão tocar.

A diferença básica entre cada teclado acústico é o tipo de mecanismo utilizado para produzir o som musical. As seções a seguir tratam da ação do martelo, que é exclusiva do piano acústico; da forma como as cordas são tocadas num cravo e dos tubos que emitem o som do órgão. *Piano Para Leigos,* Tradução da 2ª Edição, não irá ensiná-lo a tocar o cravo nem o órgão de tubos, mas mesmo assim é divertido saber como eles funcionam.

O piano

O piano é um dos instrumentos mais populares de todos os tempos. Com um histórico comprovado de mais de 300 anos, possui um tom incomparável e um mecanismo de produção sonora que foi refinado de forma a responder às inúmeras variações no seu toque. O piano acústico tem basicamente duas formas:

- **Piano de Cauda:** uma sala de estar do tamanho de um salão de festas não seria má ideia para o piano de concertos de 2,74 m. Mas se você não mora num castelo, talvez deva considerar outras medidas, de um piano de ¼ de cauda (cerca de 1,52 m), a outros com até 2,13 m. Veja um exemplo de um piano de cauda na Figura 2-1.

- **Piano Vertical:** este instrumento relativamente pequeno, também chamado de *piano de armário*, tem esse nome justamente por ficar encostado à parede, verticalmente, como um armário. Sua altura pode variar de 0,9 m (espineta) a 1,50 m. Veja um exemplo de piano vertical na Figura 2-2.

Figura 2-1:
É grandioso ter um piano de cauda.

Figura 2-2: Sinta a música verter de um piano vertical.

Faixa 1

Você pode ouvir os sons maravilhosos de um piano na Faixa 1 do CD. Primeiro, um trecho da obra clássica de Erik Satie, "3 Gymnopédies", seguido de "Maple Leaf Rag", de Scott Joplin, depois uma amostra da Gavota de Bach na "Suíte Francesa nº. 4" e, por fim, "Yellow Dog Blues" de W.C. Handy.

Existem milhares de outras peças para piano. Para uma pequena amostra dos vários estilos para piano, eu recomendo as seguintes gravações:

- *A to Z of Pianists* (Naxos);
- *Now Playing: Movie Themes – Solo Piano*, Dave Grusin (GRP Records)
- *Alfred Brendel Plays Schubert* (Philips)
- *Piano Starts Here*, Art Tatum (Sony)

Teclados: mestres de todos os instrumentos

Muitos veem os teclados como os mais versáteis dos instrumentos musicais. Eu posso defender esse argumento (admito, sendo ligeiramente tendencioso) com os seguintes fatos:

- São capazes de produzir uma grande variedade de volume, do mais suave ao mais alto;
- Podem produzir mais de uma nota de cada vez;
- São instrumentos *afinados*, ou *tonalizados*, o que significa que são capazes de produzir diversas notas musicais (diferentemente da bateria e dos címbalos);
- Teclados têm maior *variedade de tons* do que qualquer outro instrumento, do mais grave ao mais agudo;
- Podem ser instrumentos solo ou de acompanhamento;
- São capazes de tocar sozinhos – lembre-se das pianolas de um século atrás ou dos modelos computadorizados de hoje.

Claro, o seu vizinho até pode (infelizmente) tocar o clarinete muito alto ou muito baixo, mas ele só conseguirá tocar uma nota de cada vez. O seu amigo, com o violino, conseguirá duas, no máximo três notas de cada vez, e mesmo assim, ele só poderá tocar metade das notas que um piano é capaz. Tudo bem, o show de rock da semana passada *teve* um solo de bateria, mas... dava para cantarolar a percussão?

Tampas

O piano de cauda tem uma tampa enorme, que pode ficar aberta com o suporte que o acompanha. Deixando-o aberto, é possível ver as cordas de metal e outros componentes mecânicos... e talvez até as chaves do carro, que você perdeu no mês passado. Como o som do piano começa com as cordas dentro do instrumento, você terá uma ressonância melhor e mais alta se deixá-lo aberto, permitindo que o som se projete para fora do tampo harmônico.

O piano vertical também tem tampa – e talvez algum suporte para mantê-lo aberto – mas somente os afinadores de piano usam o suporte para auxiliá-los enquanto afinam as cordas. O som ligeiramente abafado de um piano vertical não fica amplificado demais ao se abrir o tampo, mas se afastá-lo um pouco da parede, obterá uma melhor qualidade de som.

A disposição das cordas

No piano de cauda, as cordas ficam na posição horizontal. No piano vertical, as cordas são dispostas vertical ou diagonalmente (também chamado de cordas cruzadas) – com as agudas cruzando com as graves, para que caibam dentro do espaço mais limitado da caixa.

A diferença na disposição das cordas afeta o resultado final do som nos dois modelos. Num piano vertical, as cordas estão perpendiculares ao chão, assim, o som viaja mais perto dele. Em contrapartida, as cordas num piano de cauda são paralelas ao chão, o que significa que o som viaja por cima e se espalha pelo recinto.

Teclas, martelos e cordas

Os pianos acústicos têm hoje uma sequência de 88 teclas brancas e pretas. Se o seu tiver 87, 89 ou 32, você foi enganado! Cada uma das 88 teclas é ligada a um pequenino *martelo* revestido com feltro (veja Figura 2-3). Quando pressionar uma tecla, o martelo correspondente irá golpear uma corda ou conjunto de cordas afinadas para aquela determinada nota. A corda então começará a vibrar muito rapidamente. Seus ouvidos captarão esse som e você ouvirá música. Todo esse processo de vibração ocorre numa fração de segundo.

Experimente: pressione uma tecla e observe o martelo golpear a corda, ou peça para alguém fazer isso enquanto você observa o que acontece dentro da caixa ou gabinete do seu piano.

Para cessar a vibração das cordas, uma outra peça no mecanismo, chamada *abafador*, está posicionada acima das cordas dentro do piano. Os abafadores são feitos de pano ou feltro que silenciam as cordas, impedindo qualquer vibração. Ao se pressionar uma tecla, além de acionar o mecanismo que faz a corda vibrar, faz-se com que a tecla do piano erga o abafador. Quando se solta a tecla (contanto que não esteja pressionando um pedal), o abafador volta para emudecer a corda (para saber mais sobre os diferentes pedais e o que fazem, veja o Capítulo 5).

Figura 2-3: Os martelos fazem as cordas do piano vibrarem para produzir música para os seus ouvidos.

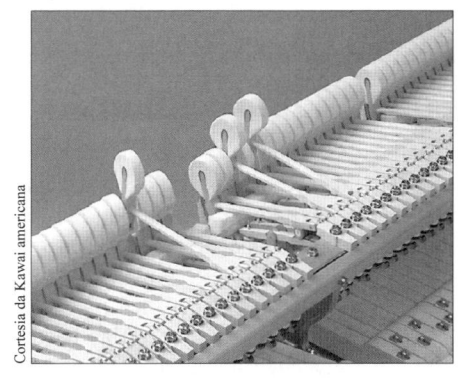

Cortesia da Kawai americana

O cravo

O número de lares nos EUA que têm um cravo hoje, é basicamente o mesmo que o número de casas que têm um retrato de Beethoven na porta da frente. Os cravos são tão raros nos dias de hoje, que se torna difícil acreditar que já foram uma febre na Europa.

Se por acaso você se deparar com algum deles – talvez numa universidade, ou num salão de bingo – perceberá de imediato que ele se parece muito com um piano (veja Figura 2-4). Mas observe também o seu tampo ornamentado.

Figura 2-4: O cravo e sua ornamentação.

O vovô Bartô queria mais volume

Ao contrário da crença popular, o inventor do piano não se chamava Steinway e nem mesmo Alec, Billy, Stephen ou qualquer outro irmão Baldwin. O piano foi inventado por um fabricante italiano de cravos do século 18 chamado Bartolommeo Cristofori (1655–1731).

Diz a lenda que num belo dia do ano de 1709, depois de um longo dia polindo o enésimo cravo, o senhor Cristofori pensou com seus botões: "Hum... e se cada tecla não *palhetasse* uma corda, mas *percutisse* nela" Poético, não? (Obviamente estou parafraseando, porque eu não estava lá e não sei italiano.)

Hiperativo que só, vovô Bartô decidiu ampliar seus negócios com o novo "cravo de martelos". Como foi feita a divulgação? Diferente do cravo, que tinha sempre o mesmo volume, não importando a surra dada nas benditas teclas, o novo instrumento podia tocar em todos os volumes. Assim, a nova invenção foi batizada *pianoforte* – que em italiano significa "suave e forte". A palavra "*forte*" caiu, provavelmente pelo mesmo motivo que nós reduzimos o nome Roberto para "Beto". Mas basta dizer que os italianos do século 18 eram bem estilosos. Hoje, com as mensagens de texto, talvez acabamos chamando-o de "*pf*".

No entanto, o piano não foi um sucesso imediato. As festas da época, regadas a vinho e queijo, eram animadas pelos debates acalorados sobre a "falta de escapamentos" e da "monotonia do tom" do novo piano (meu reino por uma máquina do tempo!). Mas depois de muitos anos e melhorias, compositores proeminentes como Haydn, Mozart e Beethoven abandonaram toda a lógica e escreveram peças para esse instrumento maluco.

Alguns cravos, assim como alguns pianos antigos possuem as cores das teclas invertidas. Tenho certeza de que deve ter havido algum motivo para se ter mais teclas brancas do que pretas, talvez a abundância de marfim.

O cravo pode ser semelhante ao piano de várias maneiras, mas toque uma única tecla de um cravo que você imediatamente notará a diferença entre os dois.

O cravo obtém seu som diferenciado devido à maneira com que as cordas são acionadas dentro do instrumento. Em vez de um martelo, as cordas do cravo estão conectadas a pequenos *ganchos*, que ficam posicionados bem próximos às cordas. Pressionar uma tecla faz com que o gancho correspondente (também chamado de *palheta* ou *plectro*) puxe a corda ajustada para determinada nota musical.

Muitos cravos possuem mais de um teclado, que também recebe o nome de *manual*. Esse arranjo foi uma solução fácil e rápida para o grande problema do instrumento: não importava a força empregada para acionar as teclas, o volume era sempre o mesmo. Mas ao se adicionar um segundo teclado e alguns outros mecanismos, o intérprete poderia tocar um segundo conjunto de cordas, ou às vezes agrupar esse "coral" de cordas de cada manual para variar a qualidade do tom e volume.

Faixa 2

A faixa 2 do CD, um trecho da obra de Bach "*O Cravo Bem-Temperado*", nos permite ouvir o diferente som do cravo. Recomendo ainda que ouça música de cravo da maneira que ela foi feita para ser ouvida. Veja os exemplos abaixo:

- Domenico Scarlatti, *Sonatas*, Trevor Pinnock (Archiv Produktion)

- *As Quatro Estações*, de Antonio Vivaldi, com Nigel Kennedy e a Orquestra de Câmara Inglesa (EMI)

    Esta peça não valoriza o cravo tanto quanto o violino, mas ainda se pode ouvir o cravo sendo executado ao fundo.

- *Bach: Concertos Completos para Cravo*, de Johann Sebastian Bach, English Concert & Trevor Pinnock (Archiv Produktion)

O órgão de tubos

Como expliquei anteriormente neste capítulo, *acústico* significa "não elétrico", não quer dizer "possuir cordas". Assim sendo, devo adicionar rapidamente – pode me chamar de mentiroso se eu não o fizer – que um órgão de tubos é um teclado acústico. No entanto, não possui nenhuma corda. Em vez disso, ele possui... *tubos*.

> ## Um pouco de jargão clássico
>
> Um *concerto* é uma obra composta para uma orquestra e para um ou mais instrumentos. Por esse motivo, num concerto, primeiro se ouve a orquestra tocar freneticamente, seguida por um solo de piano, de cravo ou até mesmo de um kazoo.
>
> Uma *sonata* é uma composição escrita em uma forma específica para um instrumento de solo. Podem-se encontrar sonatas para os mais diversos instrumentos: piano, cravo, violino – qualquer um.
>
> Outros termos como *fuga, passacaglia, mazurca, bagatela* e muitos outros podem aparecer nos títulos de obras para piano. O livro *Classical Music For Dummies*, de David Pogue e Scott Peck (Wiley), poderá ajudá-lo a compreender melhor esses e outros termos de música clássica.

Será difícil encontrar um órgão de tubos na sua vizinhança, a não ser que você more perto de uma grande catedral, o lugar mais provável de se encontrar um.

Órgãos são os maiores e mais complexos instrumentos acústicos do mundo. São monstros enormes com muitos, *muitos* tubos de diferentes tamanhos. Cada um possui um som único, e vários tubos tocados em combinação podem produzir outros sons que não se parecem com os de um órgão – um trompete, uma flauta ou um violino, por exemplo.

O som é criado quando o ar é soprado através desses tubos de diversos tamanhos. Quanto mais longo o tubo, mais grave o som. A menos que o organista tenha à disposição uma centena de músicos entusiastas cheios de fôlego, será necessária uma bolsa de ar chamada *fole* debaixo do gabinete do órgão – longe dos olhos do público e de crianças com objetos pontiagudos. O fole empurra o ar através dos tubos.

A maioria dos órgãos tem duas ou mais fileiras de teclados. Qualquer tecla nesse teclado pode ativar de 1 a 100 tubos. Pequenos controles chamados *registros*, localizados num painel perto das teclas, controlam qual ou quais tubos a tecla acionará.

Se tiver a chance, coloque suas mãos num órgão de tubos e – como se diz nos cartórios – puxe todos os registros. Qualquer nota (repito: *qualquer uma*) que tocar vai soar maravilhosa e ao mesmo tempo assustadora (mas não tão assustadora quanto ao organista gritando "Quem fez isso? Apareça já!").

Faixa 3

Ouça a faixa 3 do CD para ouvir os sons sinistros de um órgão de tubos tocando um trecho da magnífica e aterradora *Tocata e Fuga em Ré Menor* de Bach.

Se você gosta do som de um órgão de tubos, ouça outras obras clássicas escritas especialmente para esse impressionante e complexo instrumento, incluindo estas:

- Johann Sebastian Bach, *Tocata e Fuga em Ré Menor*; E. Power Biggs, *Bach: As Quatro Tocatas e Fugas* (Sony Classical Great Performances)

- Camille Saint-Saëns, *Sinfonia nº. 3 (Órgão)*; Peter Hurford com Charles Dutroit e a Orquestra Sinfônica de Montreal (Decca)

- Andrew Lloyd Webber, *O Fantasma da Ópera* – Musical da Broadway (Decca Broadway)

Os Elétricos

Por um valor consideravelmente menor do que se pagaria por um piano acústico, pode-se adquirir um teclado digital, capaz de produzir sons como qualquer outro instrumento no planeta (incluindo o piano acústico).

As porcas e os parafusos do som eletrônico

Sem precisar aproximar uma furadeira ou um maçarico de seu teclado digital, você muito provavelmente perceberá que não existem cordas vibrando dentro dele como encontraria num instrumento acústico (veja "Os Acústicos", abordados anteriormente neste capítulo, para maiores informações). Em vez disso, a maioria dos teclados eletrônicos produz sons de uma das seguintes maneiras:

- Gerando ondas de som (a forma antiga)
- Produzindo sons masterizados (a maneira ultramoderna)

Estes sons são então amplificados, enviando vibrações aos seus tímpanos e fazendo com que você ouça o som.

Os sintetizadores

Assim como o cantor, o maquiador e o zelador, o sintetizador tem seu nome derivado do trabalho que executa: ele *sintetiza* o som. Primeiro, ele utiliza um oscilador para gerar ondas sonoras eletronicamente. Depois – na parte de *síntese* – ele altera a forma, frequência e volume das ondas sonoras e as combina para criar sons diferentes. Os sintetizadores podem criar grunhidos e zumbidos, assim como imitar qualquer instrumento possível e imaginável. Um sintetizador programável, mais conhecido no jargão da indústria fonográfica como *synth*, permite que o programador (ou seja, você) adapte e modifique essas ondas sonoras com botões, controles, disjuntores e reguladores.
Você pode ajustar o seu sintetizador e dar a impressão de que a Orquestra Filarmônica de Viena está na sua sala!

> Faixa 4
>
> Quer ouvir uns sons bacanas? Aqui vão! A faixa 4 no CD mostra vários blipes, blupes e efeitos sonoros de vários sintetizadores. Um deles até se parece com uma orquestra.
>
> Para ouvir excelentes sons de sintetizadores, procure por estas gravações:
>
> - *Switched-On Bach*, Wendy Carlos (East Side Digital)
> - *Computer World*, Kraftwerk (Elektra)
> - *Oxygene*, Jean-Michel Jarre (Dreyfus)
> - *A Testemunha: Trilha Sonora do Filme*, Maurice Jarre (Varése Sarabande)
> - *Synthesizer Mastercuts, Vol. 1*, Magnetic Scope (Peppertoire)

Os teclados digitais

Os teclados digitais funcionam com amostras de sons. Essas amostras são feitas por meio de gravações digitalizadas de amostras simples do áudio de um instrumento (ou qualquer outro som) e depois armazenadas no cérebro do teclado. Quando escolher um som no painel do teclado e pressionar uma tecla, você acessará aquela amostra de som e, através do amplificador, trará aquela informação digitalizada ao campo auditivo.

Como pode imaginar, a qualidade do som digital depende da qualidade da masterização e essa é uma das características que diferenciam os inúmeros teclados digitais no mercado. Dependendo do modelo e do preço, eles podem vir com uma variedade de recursos para simular a experiência de se tocar um piano acústico ou um órgão. Eles também ajudam a ampliar essa experiência com inúmeras outras opções divertidas, tais como gravar e editar a sua própria performance, acessar sons de outros instrumentos musicais com o simples toque de um botão e conectar-se a outros teclados ou ao seu computador.

A grande contribuição de Mager

Não muito tempo depois de Thomas Edison ter descoberto como iluminar a Times Square, outros começaram a incluir a eletricidade nos instrumentos musicais. Em 1924, Jörg Mager fez algumas tentativas em sintetizar sons. Suas criações eram capazes de imitar uma infinidade deles, simplesmente alterando-os através de uma série de controles e botões. Desde então, o mundo não parou de oscilar. Embora os sintetizadores modernos sejam muito mais complexos do que as primeiras experiências de Mager (e muito mais fáceis de manusear), o princípio permanece o mesmo.

As vantagens do teclado digital incluem:

- **Manutenção:** nunca precisam de ajustes na afinação e são fáceis de limpar e guardar.

- **Portabilidade:** vêm numa grande variedade de tamanhos e, dependendo do modelo, são muito mais fáceis de mudar de lugar do que um piano acústico.

- **Diversão e exploração:** muitos deles permitem que se toque diferentes amostras (piano de cauda, honky-tonk, cravo, órgão e piano elétrico) e dezenas de outras amostras de som de instrumentos musicais (cordas, flautas e outros instrumentos de sopro e metálicos).

- **Acessibilidade:** a média de preço dos teclados digitais é muito inferior à média dos pianos acústicos.

- **Privacidade:** você pode conectar seus fones de ouvido no teclado para praticar e tocar o que lhe der na telha sem incomodar ninguém.

Muitos teclados digitais trazem uma característica bônus chamada "*autoacompanhamento*". Com o simples toque de um botão, você pode ter sua própria bateria ou baixo, ininterruptos e sem sair do ritmo (alguém se arrisca a uma Bossa Nova?).

A grande desvantagem do teclado digital é, talvez, o toque ou o som, se comparados ao piano. Alguns não reagem ao seu toque, não importa a rapidez ou lentidão que acionar uma tecla, similar à ação do órgão. Outros apresentam um teclado sensível ao toque – alguns com teclas mais pesadas e outros com teclas mais leves. Os sensíveis ao toque produzem sons mais fortes ou mais suaves dependendo da rapidez do seu toque. Eu recomendo um teclado com teclas mais pesadas por estarem mais próximas da realidade de um piano acústico. Podem não ser iguais ao verdadeiro, mas seus avanços tecnológicos trouxeram algumas alternativas muito satisfatórias (leia o Capítulo 3 para maiores comparações entre os pianos acústicos e digitais).

Devido à sua habilidade de dispor amostras realistas do som de outros instrumentos ao intérprete, os teclados digitais são a próxima geração do sintetizador. A maioria das pessoas não está nem um pouco interessada nos sintetizadores programáveis: já estão felizes com o som que sai de seus teclados e só querem tocar música. Assim, a revolução do órgão e do piano digitais continua.

Capítulo 3
Encontre o Instrumento Perfeito

Neste Capítulo

▶ Escolha entre o piano e o teclado
▶ Pesquise pianos acústicos
▶ Explore as opções digitais
▶ Faça as perguntas certas antes de comprar
▶ Faça as conexões com o teclado para gravações, entre outros

O velho piano vertical da sua avó pode ajudá-lo a satisfazer o seu desejo de um teclado por um tempo. Porém, em algum momento você vai sentir a incontrolável vontade de alugar ou possuir um piano que seja seu. Muito provavelmente será na mesma hora que a sua avó se cansar de ouvi-lo tocar "Asa Branca" pela centésima vez.

Quando o desejo de comprar um piano aparecer, não saque o talão de cheques de imediato. Se estiver preparado para investir o dinheiro, invista também em tempo para pesquisa; visite as lojas e escolha exatamente o tipo de teclado que quer.

Este capítulo irá ajudá-lo a tomar a decisão certa na escolha entre o acústico e o digital e, assim que tiver feito a escolha, o capítulo também o ajudará com os aspectos e detalhes a serem levados em consideração na hora da compra. Dou dicas importantes sobre comprar ou alugar o instrumento certo, pois, assim como um bom par de sapatos, o teclado que escolher terá que servir perfeitamente. Encerro o capítulo com uma introdução à MIDI, tecnologia de interface digital que permite levar o seu teclado a um nível mais elevado em termos de som, assim como fazer notação e gravar suas próprias obras-primas.

Com ou Sem Zumbido: Elétrico ou Acústico (ou Ambos)?

A primeira coisa a decidir quando se vai adquirir um teclado, é se quer ou não um acústico (veja o Capítulo 2 para uma melhor explicação de instrumentos de teclado acústicos e digitais).

Não decida na sorte. Escolha cuidadosamente, da mesma forma que escolheria um aromatizante para o carro. Já que vai dirigir durante algum tempo, precisa ter um aroma gostoso ao seu redor. Faça uma lista dos prós e contras para ajudá-lo a decidir que tipo de teclado é o melhor para você.

Nas seções seguintes, vou ajudá-lo a fazer as listas dos prós e contras dos teclados acústico e digital. Incluí também uma seção sobre pianos híbridos, que combinam possibilidades tanto acústicas quanto digitais. Permita que minhas listas o auxiliem, mas depois as personalize, adicionando suas próprias percepções, fatores e preocupações; afinal de contas, é sobre o *seu* teclado que estamos falando. Baseie a sua decisão de compra ou de aluguel nos prós e contras que *você* encontrou e considera mais importantes.

Comprando um teclado acústico

Saltérios, Virginais, Clavicórdios e Harmônios são exemplos de teclados acústicos. Honestamente, você não precisa de uma lista de prós e contras para esses instrumentos raríssimos. Agora, se você acha que não pode viver sem um deles, vá em frente e compre um.

Saiba a hora certa de comprar

Antes de entrar numa loja, responda às seguintes questões o mais honestamente possível:

1. Quanto você está disposto a gastar?

    a) Nada;

    b) Menos que mil reais;

    c) Entre mil e 5 mil reais;

    d) Mais que 10 mil reais.

2. Onde você mora?

    a) Em casa, com seus pais;

    b) Em alojamento de universidade ou apartamento pequeno;

    c) Em uma casa;

    d) Em um castelo.

3. Você dispõe de quanto espaço?

    a) Nenhum;

    b) Espaço para um flautim colocado de pé;

    c) Espaço para um sofá de 3 lugares;

    d) Espaço para abrigar um time de vôlei.

4. Há quanto tempo você toca piano?

    a) Um dia;

    b) Menos de um ano;

    c) Um a cinco anos;

    d) Mais que cinco anos.

Se você respondeu a maioria "a" ou "b", considere a ideia de guardar dinheiro por mais um tempo e continue a praticar no piano da sua avó, ou pergunte à loja local de instrumentos sobre a possibilidade de alugar um piano. Mas se respondeu a maioria "c" e "d", pegue o seu talão de cheques ou cartão de crédito agora mesmo a comece a busca pelo instrumento dos seus sonhos.

Pianos, cravos e órgãos de tubos são acústicos. Os prós e contras desta seção estão concentrados em pianos acústicos, pois são os teclados mais vendidos.

Prós

Considero as características abaixo como pontos a favor de um piano acústico:

- **Qualidade de som:** não importa quanto um teclado digital é bom, ele não se compara ao som e à sensação de tocar um piano de cauda – ou mesmo um piano vertical padrão.
- **Valor:** se mantidos em boas condições, os pianos acústicos de boa qualidade aumentam de valor com o passar dos anos. Você pode encarar essa compra como um investimento.
- **Estética:** não há nada como sentar-se a um piano acústico e tocá-lo. É uma sensação real, grandiosa e você realmente se sente como se estivesse em um palco, se apresentando para uma plateia de milhares de pessoas.

Contras

Seria muito desleixo de minha parte não mencionar os pontos abaixo, que são extremamente válidos quando se está considerando comprar ou alugar um piano acústico:

- **Custo:** de maneira clara e simples, pianos acústicos novos ou até mesmo usados são mais caros do que teclados digitais novos (veja seção a seguir).
- **Tamanho e espaço:** antes que o pessoal da entrega bata à sua porta, você precisa ser prático e refletir se realmente tem espaço em casa para abrigar e tocar um piano. Deve também tirar a medida da porta enquanto estiver pensando nisso, para se assegurar de que o piano ficará onde você quer que ele fique.
- **Manutenção:** o valor anual ou semestral pela regulagem e afinação do piano não é barato (de R$ 200 a R$ 400) e é essencial (O Capítulo 4 falará mais sobre a manutenção do seu piano acústico).

Comprando um teclado digital

Podem-se alugar alguns teclados digitais, mas não todos. Os modelos mais avançados só estão à disposição para venda, embora seja possível encontrar teclados usados em excelentes condições. Por outro lado, muitas lojas oferecem a opção de locação de pianos ou órgãos digitais maiores. Muitas lojas online levam o instrumento até você e disponibilizam pessoal especializado por telefone.

Comprar um teclado online pode lhe render inúmeras opções, mas você realmente precisa ver e tocar nele antes de comprá-lo (veja a seção "Comprando online" mais adiante neste mesmo capítulo com dicas para compras online).

A seção a seguir apresenta uma lista de prós e contras que o farão optar, ou não, por um teclado digital.

Prós

Os teclados digitais têm os seguintes pontos a seu favor:

- **Custo:** a menos que você faça questão do modelo top de linha, a maioria dos teclados digitais são acessíveis e muito mais baratos do que um teclado acústico.

- **Tamanho:** não importa onde você mora, tenho certeza de que vai encontrar um canto para o seu teclado digital. Além disso, você mesmo pode movê-lo caso seja necessário, como por exemplo, se a acústica for melhor num cômodo do que em outro ou se quiser levá-lo numa viagem com a família e fazer uma cantoria na estrada.

- **Versatilidade:** a maioria dos teclados digitais vem de fábrica com uma grande diversidade de sons. Logo, você pode se tornar uma "banda de um homem só", ou tocar um órgão de tubos sem precisar comprar aquela geringonça enorme.

- **Manutenção:** teclados digitais não requerem regulagens nem afinação – é só ligar e tocar. Você vai precisar tirar a poeira de cima dele de vez em quando, mas isso não vai lhe custar nada além de alguns minutos (veja mais dicas sobre a manutenção de teclados elétricos no Capítulo 4).

- **Fones de ouvido:** se você tem vizinhos, filhos pequenos ou colegas de apartamento que exigem silêncio, a opção de fones de ouvido é importantíssima. Você pode desligar o som para o mundo exterior e ainda poderá ouvir a si mesmo praticando no seu teclado digital durante as horas mais impróprias para sons.

Contras

Sim, mesmo teclados digitais possuem alguns aspectos negativos, incluindo os seguintes, que realmente devem ser consideradas antes de se efetuar uma compra:

- **Complexidade:** alguns teclados digitais, tais como as *workstations*, vêm com um número absurdo de amostras de sons, ferramentas de sequência e efeitos sonoros. Compreender como utilizar cada um desses recursos exige uma curva de aprendizado muito alta (eu explico mais sobre workstations e outros tipos de teclados digitais mais adiante neste mesmo capítulo). Além disso, botões ou controles podem quebrar, os circuitos podem entrar em curto e um número de outras coisas pode dar errado ao longo dos anos. Em virtude de toda essa parafernália eletrônica presente em quase todos os teclados digitais, eles têm a tendência a "pirar" com mais frequência que o teclado acústico normal.

- **Eletricidade:** você precisa de eletricidade, ou de um número considerável de pilhas tamanho D para fazer um teclado digital funcionar.

- **Qualidade de som:** alguns sons digitais são realmente fantásticos, mas outros são pouco ou nada convincentes quando tentam reproduzir um instrumento acústico.

- **Ação do teclado:** muitos teclados digitais não são *sensíveis ao toque*. Isso significa que não importa se você pressiona a tecla com muita ou pouca força, você ouvirá o mesmo volume. Somente o botão de volume poderá controlar o volume em alguns modelos. Os modelos que possuem "ação de martelo" tentam dar a sensação de se estar tocando um piano acústico. Alguns são bem sucedidos, outros não.

- **Obsolescência:** assim como a maioria dos aparatos eletrônicos e computadores, os teclados de hoje provavelmente não serão objetos de desejo amanhã. Por fim, você irá querer fazer um upgrade para o último e mais sensacional modelo e pouquíssimos teclados digitais mantêm seu valor inicial.

- **Vício:** se comprar um, dentro em breve vai querer outro, depois outro e mais outro. Ou vai querer mais amostras de som, um amplificador mais potente, alto-falantes maiores, um suporte novo ou uma caixa mais resistente. O mantra mais comum entre tecladistas no mundo digital é "Preciso de mais equipamento!".

Comprando um teclado híbrido

Eles combinam o melhor dos dois mundos! Eles oferecem uma versatilidade incomparável! Eles custam um milhão de dólares! Bem, talvez não tanto assim, mas teclados híbridos acústico/digitais são caros.

Se a ideia de um híbrido lhe interessa, há dois caminhos a seguir: compre um piano híbrido acústico/digital, ou instale um sistema de reprodução digital em seu piano acústico.

Dentre a lista crescente de coisas que esses pianos híbridos e sistemas de reprodução de piano podem fazer, encontramos:

- Gravação, playback e mudo (este último impede os martelos de baterem nas cordas – mas você poderá ouvir a si mesmo colocando os fones de ouvido).

- Conectar com outros instrumentos e arquivos MIDI (veja a seção "Os MIDIadores da Música", mais adiante neste mesmo capítulo para mais informações.).

- Acessar bibliotecas de som ou bibliotecas de karaokê, tocar juntamente com faixas pré-gravadas, ou com arquivos MIDI disponíveis na Internet através de USB ou conexão sem fio. Essas opções abrem as portas para uma gama vastíssima de possibilidades de prática e diversão.

A Yamaha Disklavier lidera o campo de tecnologia digital e acústica com seus pianos híbridos. A PianoDisc, QRS e Bösendorfer também fabricam sistemas de reprodução que podem ser instalados no seu piano acústico.

Se está pensando em instalar um novo sistema de reprodução digital em seu piano tome cuidado. Isso pode envolver mudanças físicas significativas e não poderá voltar atrás depois do trabalho feito! Consulte um técnico antes de assinar qualquer contrato. Pergunte como uma alteração dessas vai afetar o seu piano, inclusive o som, a sensação e o valor do instrumento.

Escolha o Piano Acústico Perfeito

Se a sua lista de prós e contras revelou que um piano acústico supre melhor as suas necessidades, use esta seção para ajudá-lo a escolher o melhor modelo de piano para você. Eu menciono alguns dos meus favoritos e todos eles são bons para o pianista iniciante.

Leve o local em consideração

Grande parte dos pianos mais antigos foi produzida com um clima específico em mente. A madeira utilizada neles foi "preparada" para resistir ao clima de destino do instrumento. O Japão, por exemplo, possui um clima muito diferente de muitas regiões do Brasil. Sendo assim, a madeira de muitos pianos fabricados para serem usados lá passou por um tratamento diferenciado dos pianos adequados ao clima daqui. Se você, morando no Brasil, compra um piano feito para ser usado Japão, terá sérios problemas.

Por que isso importa? Talvez o elemento mais importante num piano seja seu *tampo harmônico*, que é uma placa de madeira, grossa e pesada, sob as cordas. Se essa placa racha ou quebra... bem, o que você acha de tocar violão?

Por exemplo, se você comprou um piano antigo, que foi fabricado para uso no Japão, há grandes chances de que antes da fabricação a madeira passou por um processo de secagem rigoroso demais para sobreviver a um dia de verão no sertão nordestino, por exemplo. Pode não acontecer neste ano, nem no ano que vem, mas um belo dia... CRACK! Lá se vai o tampo harmônico e seu investimento.

No entanto, se prefere um piano novo em folha, essa questão geográfica não faz muita diferença, pois os mais novos são feitos com olho no mercado internacional. Mas, não machuca discutir esse assunto com os representantes de venda, só para mostrá-los que você fez a sua lição de casa e pesquisou o que deve ser levado em conta quando se compra um piano.

Muitos sites de fabricantes permitem que se rastreie o número de série dos pianos, assim você pode verificar a idade e país de origem de algum piano em que esteja interessado (veja a seção "Analisando Marcas Específicas de Pianos" mais adiante neste capítulo, para informações sobre sites de fabricantes e contato).

Seja legal com seu pedal

Alguns revendedores metidos a espertinhos afirmam que vão lhe ajudar a gastar menos e oferecem um piano sem o pedal do meio (para descobrir o que os pedais fazem, veja o Capítulo 5). Não caia nessa! Pode ser que você nunca use esse pedal, mas vai que Elton John resolve almoçar na sua casa...

Ter um pedal do meio no piano não é como colocar um teto solar no seu carro. O terceiro pedal não deve ser visto como algo opcional ou parte de um pacote promocional que custa mais caro. Os três pedais são parte integrante do produto, não acessórios. Se você quer um piano com três pedais, peça que lhe mostrem pianos com três pedais.

Devo alertá-lo que muitos pianos verticais não possuem o pedal do meio. Portanto, se o piano que você quer é um vertical com apenas dois pedais, não deve haver problema. Mas peça algum com três pedais, só para se precaver.

Se estiver comprando um piano mais antigo, a falta do terceiro pedal indica que o piano deve ter sido fabricado num país diferente do Brasil. Veja a seção anterior para saber por que isso pode não ser interessante.

Encontre barganhas (e evite trambiques)

Se durante a pesquisa você encontrar um piano por um preço ridiculamente baixo – muito mais baixo do que em qualquer outro lugar – esse piano ou é muito usado, está quebrado ou será uma compra para se lembrar pelo resto da vida.

Se optar por comprar um piano acústico usado, seja paciente e veja vários instrumentos. Há muitos pianos bons por aí e às vezes as pessoas querem vendê-los ou porque não querem mais tocá-los, porque irão se mudar, ou porque precisam de espaço para uma TV LED HDMI de 70 polegadas. Se você encontrou o piano dos seus sonhos numa venda de garagem, isso não quer dizer que o baixíssimo preço seja indicador de que haja algo de errado com ele. É uma *venda de garagem*! Você pode encontrar um piano perfeito, com gloriosos anos pela frente e por um custo bem menor que um novo.

Fique esperto para qualquer oferta que pareça boa demais para ser verdade. Se a maioria das lojas oferece um determinado modelo por 20 mil reais e de repente você se depara com uma loja que oferece o mesmo modelo por 5 mil reais, há algo errado. O tampo harmônico pode estar rachado, pode ter cordas danificadas ou faltando, quem vai saber? Então, para ter certeza de que está fazendo um bom negócio e com um instrumento de qualidade, chame um profissional para inspecionar esse piano antes de comprá-lo. Um bom técnico normalmente pode ver quaisquer defeitos e faz valer o investimento (veja o Capítulo 4 sobre como encontrar bons técnicos de piano).

Se mantido em boas condições, não há nada de errado num piano usado. Para testar se o tampo harmônico está em boas condições e se a afinação está em ordem, contrate um técnico para avaliá-lo antes. Há arranhados na superfície externa? Algum lado queimado pela exposição ao Sol? Bem, o que você esperava de um piano pela metade do preço?! Caprichos estéticos não afetam a qualidade do som, logo, o valor da beleza exterior do seu piano ficará a seu critério. É a beleza interior que conta.

Modelos de mostruário também são boas compras. As lojas frequentemente alugam pianos para salas de concerto ou universidades locais para uso de alunos, competições ou artistas convidados. Mesmo se foi usado uma única vez, não poderá mais ser vendido como novo. Pianos não possuem odômetros, então você terá que aceitar a palavra do revendedor se ele diz que é novo ou seminovo, mas a maioria deles dirá a verdade.

Se já ouviu um, não ouviu a todos

Agora você já se decidiu por uma determinada marca. Acha que é simples assim? Nada disso. Não só o som de pianos de marcas distintas é diferente, mas também dois *da mesma marca* podem soar e ser diferentes entre si. É por essa razão que você deve ir às lojas e colocar as suas mãos e ouvidos em todo e qualquer piano que considerar. Toque cada bendita tecla e em todos os volumes.

Acha que estou exagerando, não é? Eu já toquei pianos que tinham o som perfeito...com a exceção de uma tecla. Se você tocar sempre a mesma música em Sol, jamais notará aquele Ré bemol mudo. Mas muito provavelmente só o perceberá depois de estar com o instrumento em casa há alguns dias.

Toque e ouça todas as teclas repetidamente. Confie em seus instintos e não se apresse. Só você sabe o que gosta de ouvir. Há pessoas que não gostam do som de um Steinway; outras não gostam de um Baldwin. Você pode se dar ao luxo de ter seu próprio gosto.

Coloque-se à frente de sua negociação na loja selecionando dois ou três pianos de que tenha gostado e toque "Ó, Suzana" em cada um deles repetidas vezes. Sim, claro, você estará comparando o som de cada instrumento, mas também está irritando tanto os vendedores que eles podem até te dar um desconto só para você ir embora!

Analisando marcas específicas de pianos

As marcas de piano a seguir são algumas das minhas favoritas no mundo inteiro. Entre em contato com as empresas diretamente e pergunte se pode encontrá-las na sua região. Pode acreditar: eles gostam muito de ouvir seus clientes.

Capítulo 3: Encontre o Instrumento Perfeito

- **Baldwin Piano & Organ Company:** fabrica os pianos Baldwin, Wurlitzer, Chickering e Concertmaster; Site: `www.gibson.com/en-us/divisions/baldwin` (conteúdo em inglês); e-mail: `baldwin.service@baldwinpiano.com`

- **Kawai America Corporation:** oferece todos os pianos Kawai existentes no mundo. Site: `www.kawaius.com` (conteúdo em inglês); e-mail: `kawaimac.earhlink.net`

- **L. Bösendorfer Klavier:** trabalha com todos os modelos Bösendorfer. Site: `www.boesendorfer.com` (conteúdo em inglês); e-mail: `mail@boesendorfer.com`

- **Mason & Hamlin World Headquarters:** fabrica pianos de cauda e verticais. Site: `www.masonhamlin.com` (conteúdo em inglês); e-mail: `sales@masinhalin.com`

- **Pearl River Piano Group America Ltd.:** fabrica pianos Pearl River e Ritmüller. Site: `www.pearlriverusa.com` (conteúdo em inglês); e-mail: `info@pearlriverusa.com`

- **PianoDisc World Headquarters:** trabalha com hardware e software para seus sistemas de reprodução para piano. Site: `www.pianodisc.com` (conteúdo em inglês); e-mail: `sales@pianodisc.com`

- **Samick Music Corporation:** oferece as marcas Wm. Knabe & Co., Kohler & Campbell, Pramberger, Samik e Sohmer & Co. Site: `www.smcmusic.com` (conteúdo em inglês); e-mail: `info@smcmusic.com`

- **Schimmel Piano Company:** fabrica os pianos Schimmel na Alemanha. Site: `www.schimmel-piano.de` (conteúdo em inglês); e-mail: `info@schimmel-piano.de`

- **Steinway & Sons:** fabrica os pianos Steinway desde 1853; oferece também os pianos Boston e Essex. Site: `www.steinway.com` (conteúdo em inglês);

- **Story & Clark:** fabrica pianos híbridos, com sensor ótico, entradas USB e portas padrão MIDI em todos os modelos. Site: `www.qrsmusic.com` (conteúdo em inglês); e-mail: `grsusa@grsinc.com`

- **Yamaha Corporation of America:** fabrica todos os tipos de pianos Yamaha. Site: `www.yamaha.com.br`

Pergunte ao fabricante quais artistas tocam quais de seus modelos. Qualquer empresa ficará orgulhosa em dar uma lista de músicos famosos que endossam seus produtos – na verdade, você pode até encontrar essa informação no site da fabricante. Você pode ter escolhido o mesmo modelo de piano usado por Billy Joel, por exemplo.

Escolhendo um Teclado Digital Que Dure

Depois de muita procura e por quaisquer motivos, você se decidiu por um teclado digital em vez do acústico. Acha que o trabalho acabou? Nada disso, meu amigo. Você agora tem que decidir qual *tipo* de teclado digital quer. Comece separando-os nas cinco categorias a seguir (você poderá aprender mais sobre os princípios básicos dos pianos digitais no Capítulo 2):

- Pianos digitais e órgãos
- Arranjadores
- Pianos de palco
- Workstations
- Sintetizadores

Não pense que fez a escolha mais barata ao escolher um teclado digital como seu piano. Esses instrumentos podem ser mais caros, às vezes custando muito mais que um piano acústico. Mas eles também são muito versáteis. Em vez de ficar limitado ao som de um piano, você terá literalmente milhares de sons diferentes à sua disposição.

O número de sons que se pode usar depende do tipo de teclado que você escolher. Assim como computadores, os teclados digitais possuem memória, espaço para armazenamento e limitações de performance. Pode-se adicionar memória e sons em alguns deles, mas outros são apenas comuns e nada além disso.

Decidir dentre todos os diferentes tipos de teclados e estilos pode deixar sua mente confusa. Siga as dicas abaixo para analisar as cinco categorias de teclados digitais:

- Todos os teclados digitais usam amostras de sons, que podem variar na qualidade.
- Você pode escolher uma variedade de ações de teclado ou sensibilidade ao toque. Tudo, desde ação sem resposta até teclados com ação de martelo, projetados para imitar o toque e a sensação de um piano acústico.
- Os três tamanhos mais comuns de teclados são: padrão de 61, 76 e 88 teclas.
- Teclados digitais possuem graus diferentes de portabilidade.
- Quase todos os modelos vêm com um rack, um pedal de sustentação embutido, MIDI (veja mais adiante a seção "Os MIDIadores da Música" para uma explicação sobre MIDI) e/ou capacidade de conexão USB.

Embora as linhas entre as categorias de teclados digitais estejam cada vez mais tênues, ainda é possível encontrar diferenças claras quando se fala de capacidades de sequência, alto-falantes embutidos, efeitos de som, metrônomos, recursos de auto acompanhamento, recursos de gravação, pedais extras e outros dispositivos. As seções a seguir se aprofundam um pouco mais nos teclados digitais.

Órgãos e pianos digitais

Os dois tipos de teclados ou órgãos digitais para uso doméstico são:

- Modelos portáteis
- Modelos verticais ou de cauda

Obviamente, os teclados portáteis são mais portáteis que os modelos verticais ou de cauda – que foram projetados depois de seus irmãos acústicos para ocuparem um lugar mais permanente na sua casa – não muito diferentes de um piano vertical ou de cauda acústicos. Ambos os modelos possuem alto-falantes embutidos, embora sejam menores nos teclados portáteis. Ambos oferecem – mas nem sempre – algumas opções de sons como os do piano acústico, do elétrico, do órgão, ou até mesmo efeitos de percussão. A maioria vem com um rack de partituras, um suporte (se já não for parte do teclado) e um pedal conectável.

Se estiver procurando exclusivamente por um órgão digital, alguns modelos bastante atraentes vêm com teclados duplos e efeitos múltiplos de órgãos, tais como barras e sons rotativos. Assim como os outros teclados digitais, pode-se escolher dentre os modelos de 61, 73 ou 88 teclas. Maiores informações mais adiante, neste capítulo, na seção "Recomendações para pianos e órgãos digitais".

Arranjadores

Se deseja se divertir com os diferentes sons e estilos de acompanhamentos de um teclado, mas não está preocupado em procurar as melhores amostras de piano acústico, um arranjador é o teclado ideal. Este tipo de teclado vem carregado com recursos de "banda de um homem só", tais como galerias de sons (500 ou mais); bateria automática, baixo, acompanhamentos de acordes; playback e gravação. Modelos mais modestos são bastante baratos e portáteis.

Pianos de palco

Esses instrumentos, feitos para performances no palco, oferecem um som mais profissional. Se você for o tecladista de alguma banda, ou mesmo solo, fazendo apresentações pela região, um piano de palco pode ser uma boa opção. Não possui alto-falantes embutidos, então precisará de um amplificador e caixas de som para ouvir os sons, mas você pode conectar fones de ouvido. Além disso, um piano de palco não possui tantas funções quanto um arranjador. Os pianos de palco vêm acompanhados com um rack de partituras e pedal *sustain*, mas você precisará adquirir o suporte para o teclado e outros acessórios separadamente.

Workstations

As *workstations* são, basicamente, um computador dentro de um teclado. Uma workstation tem tudo: amostras de som top de linha, sequências, recursos de gravação e edição e integração com computadores. As workstations vêm em modelos com 61, 73 ou 88 teclas. Esses brinquedos podem ser bastante caros, mas se o seu sonho musical não tem limites, talvez queira tentar um deles.

Sintetizadores

Você pode ainda comprar um bom e velho sintetizador e manipular ondas, filtros, e trabalhar tanto com sons analógicos como digitais. Os sintetizadores de hoje vêm com muito mais sons que os modelos mais antigos, o que permite fazer um monte de coisas com os sons predefinidos.

Como evitar a obsolescência

Assim como os computadores, os teclados são atualizados e se tornam desatualizados com a mesma rapidez com que entram e saem das lojas. Mas, ao contrário de alguns criadores de software e computadores, sempre sedentos por dinheiro, os fabricantes de teclados estão tentando criar produtos que não se tornem obsoletos tão rapidamente, criando teclados que podem ser atualizados ou que aceitem adições de novos avanços tecnológicos.

Faça as questões abaixo ao fabricante ou ao vendedor para minimizar a possibilidade de o seu teclado ser jogado de lado quando algo mais avançado surgir:

- **Posso adicionar memória nele?** Adicionar memória nos teclados é muito comum hoje em dia. Mais memória significa a habilidade de acomodar novos sons, software e equipamentos mais adiante. Pergunte também quais são as limitações de memória. Se não compreender a terminologia, peça ao vendedor para lhe explicar de maneira bem simples.

- **Posso fazer um upgrade nele?** As workstations oferecem upgrades do sistema operacional e dos softwares, ficando muito mais fácil estar atualizado com as alterações mais recentes. É recomendado fazer upgrades no seu modelo, para que você não precise jogá-lo fora.

- **Posso adquirir cartões ou bibliotecas de sons?** A maioria das workstations possui extensas bibliotecas de sons. Não importa se elas foram desenvolvidas pelo fabricante original ou por outros criadores, você sempre poderá adicionar cartões com sons extras e bibliotecas, para fazer o seu velho teclado ficar novinho em folha.

- **O fabricante ainda produz este modelo ou série?** Se não, o teclado já está trilhando o caminho da obsolescência. Porém, se for ao encontro de todos os critérios anteriores nesta lista e você pode comprá-lo por um bom preço, é só fazer os upgrades e adicionar memória e sons ao longo do tempo.

Não tenha vergonha de fazer essas perguntas. Se o vendedor olhar para você de maneira estranha ou não der respostas claras, contate o fabricante (usando as informações da seção "Analisando Marcas Específicas de Pianos") para obter respostas diretas.

Saiba quais recursos digitais você precisa

Faça uma lista dos recursos de teclado digital que considera mais importantes, antes mesmo de começar a procurar por um. Essa lista pode variar bastante de um usuário para outro, por exemplo: "Eu não toco com banda nenhuma, logo, não tenho necessidade de um recurso que me permita maior flexibilidade em apresentações ao vivo". Porém, se você realiza esse tipo de performance, esse recurso pode ser muito importante.

Na medida em que a tecnologia se expande, os teclados trazem todos os tipos de sons. A lista abaixo passa por essas funções de teclados digitais e mostra quais teclados as trazem:

- **Reprodução fiel do som de um piano:** procure por pianos digitais domésticos para as melhores amostras de piano.

- **Reprodução fiel das teclas de um piano:** procure por pianos digitais domésticos com os melhores teclados sensíveis ao toque e melhores ações de martelo.

- **Alto-falantes embutidos:** nem precisava dizer. Essenciais para instrumentos domésticos.

- **Para apresentações em palco:** procure por pianos de palco, mas lembre-se de que precisará de um amplificador.

- **Portabilidade:** procure por pianos de palco e arranjadores.

- **Polifonia:** procure por isso em pianos digitais domésticos, pianos de palco e workstations. Quanto maior o número, mais notas pode tocar de uma vez. Sendo assim, procure por polifonia de no mínimo 32 notas. Lógico, você não tem 32 dedos, mas se usar MIDI (que eu explico mais adiante na seção "Os MIDIadores da Música"), a polifonia de 32 notas vem bem a calhar. Alguns modelos possuem polifonia de 128 notas, que é fantástico.

- **Multitimbre:** para tocar mais de um som ao mesmo tempo, verifique em arranjadores e workstations por esse recurso. Por exemplo, na canção "Danny Boy" pode-se tocar sons de um piano, violino, banjo e gaita de fole.

- **Função MIDI:** uma boa função em qualquer teclado digital. Leia mais sobre MIDI neste mesmo capítulo na seção "Os MIDIadores da Música".

- **Flexão de tons e modulação:** verifique em arranjadores, sintetizadores e workstations. Estes curtos e divertidos efeitos fazem os seus sons se transformarem em "wah wah" e "woo woo ".

- **Edição de som:** procure por workstations se quiser modificar os sons, deixando os sons de piano mais abrilhantados, cornetas mais metalizadas, sons de ganso com... mais jeito de ganso, por exemplo.

- **Gravação interna, edição e sequenciamento:** quer gravar o que toca sem ter que recorrer a gravadores externos ou a um computador? Você precisará de um sequenciador, presente em quase todos os teclados digitais, mas somente as workstations têm os recursos mais avançados de edição e sequenciamento.

- **Ritmo automático, harmonia e acompanhamento do baixo:** procure por arranjadores.

- **Efeitos de som estranhos:** se quiser programar seus próprios sons, procure por sintetizadores. Mas lembre-se que alguns sintetizadores são *monofônicos*, ou seja, eles só podem tocar uma nota de cada vez.

- **Outros dispositivos:** flash ROM, plug-ins DSP, BIAS Peak, sub osciladores, gravadores de voz, modelagens de filtros, arpejadores – tudo muito legal –, mas, o que eles têm a ver com você tocando a sua música? Não muito. Eles só irão comprovar que você possui o suprassumo dos últimos recursos para teclados.

Aonde quer que vá, faça sempre esta mesma pergunta antes de comprar algo: Você gosta do teclado como um instrumento? Não tenha pressa e assegure-se de que ele soa bem aos seus ouvidos. Se o teclado do mostruário da loja está ligado a um amplificador e alto-falante externos, peça ao vendedor para ouvi-lo ligado a um amplificador e caixas de som semelhantes às suas. Todas as opções e modelos farão com que se sinta um novato total, mas os seus ouvidos sabem do que gostam. Considere ainda, se o teclado tem bom acabamento e se gostaria de tê-lo num canto da sua casa onde se sinta confortável e livre para praticar e tocar. Por último, analise se o teclado faz o que você quer: soar como um órgão, como uma sessão de cordas, ou uma banda alienígena de uma galáxia muito distante.

Procurando por marcas específicas de teclados

Quando já tiver uma boa ideia sobre que tipo de teclado digital se encaixa nas suas necessidades, estará pronto para algumas recomendações. Nesta seção, eu recomendo várias marcas "top de linha" e modelos que o ajudarão a afunilar a busca pelo seu teclado.

Eu os dividi em dois grupos: se considera o som de um bom piano ou órgão mais importante, o primeiro grupo é o mais adequado. Se prefere um teclado digital com vários sons e recursos, verifique o segundo.

Recomendações para pianos e órgãos digitais

Aqui está minha lista de marcas e modelos recomendados para pianos e órgãos digitais. Se tiver problemas para encontrar qualquer uma destas marcas na sua região, entre em contato diretamente com a empresa. Eles ficarão mais do que felizes em lhe vender um instrumento.

- **Kawai America Corporation:** os modelos recomendados são: Piano Digital CN31e Piano Digital Portátil ES6. Site: `www.kawaius.com` (conteúdo em inglês); e-mail: `kawaimac@earthlink.net`

- **Korg USA, Inc.:** os modelos recomendados são: C-320 Concert Piano e LP350 Lifestyle Piano. Site: `www.korg.com` (conteúdo em inglês); e-mail: `support@korgusa.com`

- **Nord Keyboards:** os modelos recomendados são: Nord C1 Combo Organ e Nord Electro 3. Site: `www.nordkeyboards.com` (conteúdo em inglês)

- **Roland Corporation U.S.:** os modelos recomendados são: Piano Digital Mini-Grand RG-1, Piano Digital Inteligente KR-103 e Atelier Organ AT-75. Site: `www.rolandus.com` (conteúdo em inglês)

- **Yamaha Corporation of America:** os modelos recomendados são: Avant Grand, Piano Digital de Palco P140 e Piano Digital P85. Site: `www.yamaha.com.br`; e-mail: `infostation@yamaha.com`

Recomendações para arranjadores, workstations e sintetizadores

A lista abaixo traz fabricantes de arranjadores, workstations e sintetizadores de boa qualidade. Não pretendo que seja uma lista muito extensa. Cada empresa fabrica seus teclados com recursos e preços diferentes (embora nenhum deles seja realmente barato).

- **Alesis Studio Electronics:** os modelos recomendados são: Sintetizador Andromeda A6. Site: `www.alesis.com` (conteúdo em inglês)

- **Casio Incorporated:** os modelos recomendados são: Teclado Portátil CTK-5000 e Workstation WK-3800. Site: `www.casio-intl.com/br/pt`

- **E-Mu Systems Incorporated:** os modelos recomendados são: Xboard 61 USB Controlador de MIDI. Site: `www.emu.com` (conteúdo em inglês)

- **Generalmusic Corporation:** os modelos recomendados são: Arranjador GK360 e Genesys Pro Workstation. Site: www.generalmusic.us; e-mail: sales@generalmusic.us

- **Korg USA, Inc.:** os modelos recomendados são: M50 Music Workstation, Sintetizador Musical MicroKORG XL e Arranjador Profissional PA50. Site: www.korg.com (conteúdo em inglês); e-mail: support@korgusa.com

- **Kurzweil Music Systems:** os modelos recomendados são: Sintetizador K2600/S e Workstation PC3X. Site: www.kurzweilmusicsystems.com (conteúdo em inglês)

- **Moog Music Incorporated:** os modelos recomendados são: Sintetizador Minimoog Voyager OS e sintetizador Analógico Little Phatty. Site: www.moogmusic.com (conteúdo em inglês)

- **Roland Corporation U.S.:** os modelos recomendados são: Workstation Fantom G-Series, Arranjador Interativo EXR-5s e sintetizador SH-201. Site: www.rolandus.com (conteúdo em inglês)

- **Yamaha Corporation of America:** os modelos recomendados são: Teclado Portátil YPT-210, Workstation e Arranjador PSR-S500, Workstation Tyros2 e Workstation MO6. Site: www.yamaha.com.br; e-mail: infostation@yamaha.com

Outros teclados elétricos

Não há nada de errado com um teclado simplesinho da loja de brinquedos ou de eletrônicos. Muitos desses instrumentos têm inúmeros sons diferentes, uma considerável quantidade de ritmos inclusa e possuem preços bem razoáveis. Muito provavelmente você não poderá usar todos aqueles truques divertidos ou gravar um CD com ele, mas ele irá ajudá-lo a fazer o que espera com este livro: tocar piano.

Assegure-se de que o seu teclado básico venha com um adaptador de tomada, caso contrário, você terá que comprar um (ou muitas pilhas).

Antes de Retirá-lo da Loja: Fechando a Compra

Se você já comprou um carro, sabe que analisar e fazer um "test drive" em diferentes modelos é quase tão divertido quanto levar um para casa. Ao comprar um teclado ou piano, você precisa fazer a mesma coisa.

Se você nunca comprou um carro (nem mesmo dirigiu um), não se preocupe. Nesta seção eu explico tudo o que precisa saber sobre ser um comprador experiente de teclados.

Faça um test drive

Não importa em qual tipo de loja de instrumentos musicais você entre, os pianos e teclados estão ali para serem experimentados. Vá em frente. Toque neles, tente tirar algumas notas, aperte botões, aumente ou diminua o volume. Se for um piano, sente-se diante dele e toque um pouco. Só você e o teclado... e talvez algumas dezenas de outros clientes e vendedores à sua volta ouvindo.

Se o vendedor ou gerente da loja pedir que não toque ou experimente a mercadoria, pergunte educadamente onde é a saída e qual o caminho mais curto para uma loja que *gostaria* de efetuar uma venda hoje. Das duas, uma: ou ele, de fato, vai lhe indicar a porta, ou lhe dar uma banqueta muito mais confortável e sugerir que termine o que estava tocando. Nas duas hipóteses, você sai ganhando.

Tenha sempre em mente que muitos dos teclados de mostruário estão conectados a processadores, efeitos sonoros e outros aparatos digitais só para deixá-los mais interessantes. Não se engane com toda essa decoração de luxo; peça gentilmente ao vendedor para desligar todos os efeitos para que você ouça o teclado como ele realmente é. Caso contrário, ficará decepcionado quando usá-lo em casa, a menos, claro, que também compre todos aqueles efeitos e processadores.

Preste atenção nas perguntas abaixo, sobre cada piano ou teclado que experimentar:

- O som, de maneira geral, é cheio ou débil? Cristalino ou seco?
- As notas duram de fato o mesmo tempo que você pressiona as teclas?
- No piano acústico, as cinco notas mais agudas soam bem e não como se fossem metálicas? As cinco notas mais graves também soam bem ou possuem uma sonoridade desagradável?
- Você obtém uma resposta rápida quando pressiona as teclas? O teclado é sensível demais ou não é sensível o suficiente?
- Os seus dedos cabem nas teclas?

Se gostar do som e da sensação de um determinado piano ou teclado, dê uma boa olhada nele. Gosta do tamanho, cor e aspecto geral dele? Vê-se feliz e satisfeito com ele na sua sala pelos próximos, digamos, 25 anos? Viu alguma marca ou arranhão que dão sinais de uso anterior? Pianos usados podem ser ótimas compras, mas não se estiverem sendo vendidos a preço de novos. Abordei pianos usados anteriormente na seção Encontre Barganhas (e Evite Trambiques).

Ame-o e deixe-o

Você encontrou o teclado perfeito e está apaixonado. Achou sua alma gêmea. Saia rapidamente da loja com um educado "Eu vou pensar, obrigado" para o vendedor que estava ao seu lado, louco para fechar negócio.

Você vai se meter em encrenca se já sentar para negociar a compra logo na primeira loja. Não faça isso, você está envolvido demais emocionalmente para pensar com clareza. Você pode até achar que eu estou brincando, mas isso é amor, e o amor é cego. O seu teclado é a sua nova paixão.

Antes de negociar preços, deixe a loja e passe as horas ou dias seguintes pesquisando exatamente o mesmo modelo de piano, mas por preços mais baixos. Somente quando estiver 100% seguro de que não vai conseguir encontrá-lo mais barato e ainda não consegue viver sem ele, volte à loja e comece as negociações.

Nunca pague o preço da etiqueta

Muitas pessoas acham que a arte da negociação se reserva apenas para carros ou para contratos cinematográficos. Muito pelo contrário, o maravilhoso mundo dos instrumentos musicais e seus acessórios está sempre aberto a uma pechincha. O preço da etiqueta é simplesmente um ponto de partida. Se o preço de etiqueta daquele fantástico piano de cauda é 30 mil reais, você pode se ver chegando com ele em casa (num caminhão bem grande) tendo fechado o valor de 25 mil reais.

Normalmente podem-se esperar descontos entre 10 e 15 por cento do valor da etiqueta. Quanto mais próximo ao preço da loja você pagar, maiores as chances de eles jogarem brindes grátis, tais como frete gratuito – que pode chegar a R$ 500 – ou um ano grátis de afinação e regulagens, um limpador para piano, ou um par de dados de pelúcia para o carro. Uma negociação também pode funcionar do lado oposto: se você estiver comprando outros acessórios tais como um suporte para o teclado, amplificador, software e cabos, o vendedor vai ficar mais do que feliz em barganhar com você.

Não seja inconveniente quando estiver negociando. Só comece a negociar com o vendedor quando tiver a *certeza* de que vai comprar aquele instrumento em particular. Se não for comprá-lo, não desperdice o tempo do vendedor tentando reduzir o preço só para saber até onde ele pode chegar.

Comparar preços é uma coisa, mas, usar repetidamente os preços de duas ou três lojas diferentes é exagerado, injusto e muito provavelmente você não irá conseguir nada. Por exemplo: digamos que a Loja de instrumentos X lhe cobra 15 mil reais num piano. Em seguida você visita a Loja Y e diz: "Vocês podem fazer por menos?" e eles oferecem 13 mil reias. Você volta à X e diz: "Eu posso conseguir o mesmo equipamento na Y por 13 mil reis, vocês cobrem a diferença?". Adivinhe o que o vendedor vai dizer? "Então faça sua compra na Y".

Vá às lojas com um valor máximo em mente. Quando fizer a escolha final por um determinado modelo, sente-se com o vendedor e pergunte qual é o melhor preço que ele pode fazer para aquela marca/modelo de piano. Se conseguir um preço igual ou menor do que aquele que tinha em mente, feche o negócio e faça o cheque. Mas se o valor não chegar nem perto do que estaria disposto a pagar, levante-se e diga: "Bem, muito obrigado, você tem o meu telefone se surgir algo melhor". Lembre-se que há outros modelos e lojas de piano no mundo.

Uma loja de piano é como qualquer outra, com vendas em datas comemorativas durante o ano. Como exemplo, o Memorial Day (um feriado nacional americano em memória dos que morreram servindo as forças armadas dos Estados Unidos) é sempre um momento de grande venda de pianos. Faça suas compras e fique de olho nas ofertas.

Comprando online

Pesquisar na Internet é ótimo para comparar modelos de pianos e aprender um pouco do jargão digital. Há showrooms virtuais, demonstrações de produtos e possibilidades de preço aos montes. Você com certeza irá encontrar modelos disponíveis que o seu revendedor local não possui, e poderá visualizar tendências que os fabricantes planejam implementar.

Quando começar a se concentrar nos poucos teclados que lhe interessam, leia, no site do fabricante, a seção de Perguntas Mais Frequentes e as especificações do produto (reveja a lista de contatos, neste mesmo capítulo). Verifique quais modelos estão sendo vendidos como usados e por quê. Guarde os recursos que mais lhe interessam para que, quando for à loja, seja tratado como um cliente bem informado e não como um curioso metido a esperto que poderá ser facilmente enganado e fará uma compra ruim.

Você pode comprar online, e em alguns casos, até conseguir um preço melhor, mas é muito importante lembrar-se das limitações. Somente um revendedor poderá dar suporte ao produto, responder às suas questões e oferecer garantia de loja, assim você poderá trazer o instrumento de volta para possíveis consertos ou outros problemas.

Os MIDIadores da Música

O seu novo teclado digital ou híbrido é maravilhoso, exatamente o que queria. Só que agora você quer experimentar todas aquelas coisas bacanas que, até este momento, só ouviu falar. Esta seção fala sobre os diversos outros tipos de dispositivos musicais, incluindo MIDI e outros sistemas de gravação que você pode conectar ao seu teclado novo e que lhe ajudarão a ir adiante na sua busca de uma carreira musical, ou simplesmente aumentarão o seu desejo de extrair o máximo do seu equipamento.

A partir do momento em que começar a investir em software e equipamento, duas coisas poderão acontecer: você gastará menos tempo praticando música e mais tempo estudando essa nova tecnologia e o saldo da sua conta bancária diminuirá a olhos vistos. Por enquanto, já basta saber que essas opções de gravação existem, mas é recomendável praticar música por algum tempo antes de se aventurar na engenharia de som.

Use sempre um estabilizador de voltagem para todo e qualquer tipo de equipamento musical eletrônico que tiver. Pode-se comprar um em vários lugares, tais como loja de materiais eletrônicos, materiais de escritório ou loja de utilidades domésticas. Conecte o estabilizador na parede e depois todos os instrumentos no estabilizador. Se algum raio cair, houver falha na eletricidade, ou se você acidentalmente tropeçar no fio enquanto dança tango, o seu – caríssimo – equipamento musical pode fritar sem a proteção de um estabilizador. Essa não é a hora para ser "mão de vaca". Os estabilizadores mais caros não ultrapassam R$ 300 e alguns vêm até com garantia de reembolso se não cumprirem com a tarefa de proteger o seu equipamento.

Definindo MIDI

Sim, até mesmo os músicos falam palavrões, mas não estou falando daqueles que são berrados na sua orelha quando você toca as notas erradas de *Sonata ao Luar*, de Beethoven. O palavrão a que me refiro é a versão por extenso da sigla MIDI: *Musical Instrument Digital Interface* (Interface Digital para Instrumentos Musicais, em português) e não é tão chato quanto parece. MIDI, na verdade, pode mudar a sua vida musical.

O resumo da ópera é: MIDI permite que você se conecte e se comunique com outros teclados, seu computador, ou outro equipamento a partir do seu teclado digital ou híbrido. Digamos que você possui três teclados. Selecione o primeiro para ser o *controlador* e para que o som dele seja de um piano. Depois, conecte os outros dois ao controlador e ajuste cada um deles para sons diferentes, quem sabe uma flauta e uma tuba. Enquanto estiver tocando o teclado controlador, serão enviadas para *mensagens* MIDI (códigos binários) para os outros, que ordenam a eles quais notas tocar, por quanto tempo, com qual volume e assim por diante. Tem-se a impressão de haver três músicos tocando três instrumentos separadamente, e não somente você ao piano.

Mas não é só isso que a MIDI pode fazer. Conectando-se um cabo MIDI ao seu PC, pode-se gravar, editar e fazer a notação da sua música usando softwares. Você pode comprar CDs já gravados com MIDI e ouvir as canções tocadas com os sons do seu próprio teclado. Os pianos híbridos e sistemas de gravação de piano utilizam MIDI para se comunicarem com outros equipamentos digitais. Softwares para MIDI e para outras gravações se tornaram ferramentas de ensino bastante populares porque é possível seguir nota por nota enquanto o seu teclado executa as canções.

Do teclado para o computador

Cedo ou tarde, você irá desejar gravar a sua performance virtuosa para o mundo ouvir. Bem, pelo menos para familiares e amigos mais próximos. Os teclados digitais oferecem uma série de opções para ajudá-lo a gravar a sua música. Você pode gravar diretamente no teclado, ou conectando-o diretamente ao computador com os cabos de MIDI. Se usar esse recurso, poderá gravar exatamente o que toca, sem nenhum outro tipo de equipamento de gravação. As mensagens MIDI que envia do teclado enquanto toca podem ser gravadas num computador ou num *sequenciador*. Depois, a única coisa que precisará fazer é apertar o "play" do sequenciador e ouvir nota por nota, volume por volume, exatamente como tocou.

Há inúmeros tipos de software de gravação e de sequenciamento para o seu computador que lhe dão opções de gravação e edição, mas que podem não estar disponíveis no seu teclado.

Os programas de gravação digital e sequenciamento permitem a gravação de inúmeras faixas. Assim, poderá gravar a si mesmo tocando a melodia com som de piano na faixa 1, seguido da bateria na 2 e depois de guitarra na 3. Só que nunca estará usando outro instrumento, a não ser o teclado e os sons nele instalados. Reproduza a gravação ou sequência e ele tocará as três trilhas de uma só vez, como se fosse uma banda de quatro elementos. Quer mais? Adicione violinos na faixa 4, ou talvez o som de chuva na faixa 5. Em breve você terá toda a Filarmônica de Londres tocando das faixas 6 à 16.

Gravando à moda antiga

Se MIDI não é a sua praia, meu amigo, você ainda pode gravar a sua performance utilizando outros equipamentos. Há diversas opções disponíveis, cada uma delas única no que pode oferecer ao artista aspirante. Mas antes de qualquer coisa, você deve decidir se quer *gravação analógica* ou *digital*.

Deixando explicações técnicas de lado, analógica é a forma antiga de se utilizar fitas magnéticas para gravar áudio; digital é a nova e evoluída maneira de converter áudio em um código binário, para ser então armazenado num CD, cartão de memória ou disco rígido. Tanto uma quanto a outra são boas, mas a forma digital é mais fácil de trabalhar, especialmente na hora de editar a performance. Os gravadores digitais não são tão caros e são fáceis de usar: é só apertar o botão de gravar, começar a tocar e ter as suas fantasias improvisadas no piano guardadas para a posteridade.

Programas de software permitem editar, transpor, acelerar ou desacelerar o que foi gravado. Pode-se também alterar o volume de cada faixa e adicionar efeitos de som, como por exemplo reverberação, para estender o que foi tocado. Espere, ainda tem mais! Você poderá comprar ou até mesmo baixar arquivos MIDI e carregá-los no seu software de gravação. Assim, tocará juntamente com esses arquivos e até adicionará outras faixas sobre eles.

De teclado para teclado

Você pode conectar o seu teclado MIDI a outro, ou montar uma pequena rede de dois ou mais deles. Configure cada teclado com um som diferente e toque todos eles do seu teclado principal, o *controlador*. Veja o resultado de se combinar piano com instrumentos de corda, metais e guitarra elétrica. A escolha é sua.

MIDI e notação musical

Programas de notação musical são ferramentas excelentes, que podem ajudá-lo a aprender e a melhorar a sua habilidade de ler e escrever música. Quando conectar o seu teclado MIDI a um computador e abrir o programa de notação musical, você poderá escrever música, ler música e fazer playback de qualquer coisa em que estiver trabalhando. Há diversos programas educativos disponíveis para ajudá-lo com os princípios básicos de notação musical; alguns deles são interativos, o que faz o aprendizado ficar muito divertido. Não se esqueça de que pode utilizar programas de notação musical para escrever suas mais recentes obras e compartilhá-las com outros músicos.

Capítulo 4
Como Cuidar do Seu Teclado

Neste Capítulo

▶ Encontre o local ideal para o seu teclado
▶ Como limpar o teclado
▶ Aceite que não pode consertá-lo sozinho
▶ Como fazer a mudança e não arruinar seu piano

Assim como para uma criança, é importante ser o melhor pai ou mãe que puder para o seu teclado. Considere este capítulo o seu manual de como cuidar do bebê. Com assuntos que vão desde encontrar o melhor local em casa para ele, até como manter o seu instrumento limpo e com aspecto profissional, você vai agradecer pelo tempo que investiu cuidando dele.

Providencie um Bom Lugar para Ele Morar

Independente de qual teclado comprou – acústico ou digital –, a primeira coisa a fazer quando levar seu bebê para casa, é encontrar um bom lugar para ele. Esse lugar não precisa ser necessariamente uma "morada eterna", mas alguns são melhores que outros quando se fala em manter a boa aparência e ressonância do instrumento pelo resto de sua vida útil. O lugar ideal precisa ter todas as características a seguir:

✔ **Sem incidência direta de luz do Sol:** mesmo através de uma janela, a exposição à luz solar pode danificar o instrumento com o passar do tempo. Quando atinge diretamente o piano pode fazer a madeira empenar ou ressecar, afetando tanto o som quanto a aparência geral do instrumento. Além disso, um teclado desbotado não será, mais tarde, vendido com facilidade.

- **Temperatura controlada:** não exponha o piano a mudanças bruscas de temperatura, por exemplo, não o deixe numa varanda que seja absurdamente quente no verão, nem terrivelmente fria no inverno. Para evitar essas flutuações de temperatura, não o acomode contra paredes externas, mas em uma interna. A madeira também reage às mudanças de umidade, então, se morar numa região muito seca ou muito úmida, seria interessante deixar ao lado dele um aparelho umidificador ou desumidificador, dependendo do seu caso (fale com o afinador do seu piano, ele saberá qual aparelho sugerir).

- **Ventilação:** para os acústicos, a boa ventilação reduz a umidade e o acúmulo de mofo, que podem afetar a madeira. Para os teclados digitais, a ventilação mantém as partes internas frias quando estes estiverem ligados, mas isso não significa que deve deixá-los debaixo do aparelho de ar-condicionado, ou ao lado de um duto de ventilação. Certifique-se apenas de que a área é bem ventilada.

- **Segurança:** não importa o preço que pagou pelo instrumento. Não o deixe em posição precária, onde poderá ser chutado, molhado ou sofra risco de queda.

- **Espaço para os cotovelos:** se colocar o instrumento num lugar onde você se sinta desconfortável ou apertado, terá menor vontade de praticar. A falta de prática leva ao baixo rendimento, logo, providencie um lugar para que tenha um amplo espaço para se esticar enquanto estiver praticando.

- **Conveniência:** não confine o teclado a uma área de difícil acesso. Quando a inspiração bater, precisará estar com ele ao alcance das mãos e num lugar que permita se concentrar na música. Isso vale também para tomadas elétricas. Usar metros de fios e extensões custa caro e irrita, sem contar que é muito feio.

- **Iluminação:** até chegar ao nível de tocar em um bar escuro e cheio de fumaça ou frente a centenas de fãs que o adoram, você precisa tocar em um ambiente com bastante iluminação. Não somente é mais fácil distinguir as teclas pretas das brancas, mas ler música no escuro é praticamente impossível. Você pode até providenciar alguma luminária e deixá-la ao lado do teclado, mas eu não recomendo aquelas que possuem suporte em forma de grampo, pois podem danificar o acabamento do teclado.

Lembre-se ainda de que a localização do seu piano ou teclado pode vir a afetar o seu relacionamento com os vizinhos, por exemplo: não coloque o teclado em algum cômodo que esteja diretamente sobre o quarto do vizinho do andar de baixo. Caso contrário, as suas sessões noturnas de prática sairão da casa para entrar na história.

Faça Seu Teclado Brilhar

Um instrumento que é mantido limpo tem melhor ressonância e aparência do que aquele que é negligenciado – ambos são fatores que podem afetar o valor do instrumento se você precisar vendê-lo. Não precisa exagerar ao cuidar do piano acústico ou teclado digital, mas mantenha-o sem poeira ou sujeira o máximo possível.

LEMBRE-SE

Não tenha medo de decretar leis em casa quando pensar em manter o seu teclado limpo. Decrete que ninguém – nem mesmo você – pode comer ou beber perto dele. Uma bebida derramada no banco de trás do seu carro é uma coisa, mas essa mesma bebida derramada no teclado pode ser fatal (para o teclado, obviamente). Fale a verdade: você gosta de limpar migalhas de pão e biscoitos das teclas uma vez por mês?

Além de manter comida e bebidas longe do teclado, não permita que a poeira se acumule sobre o instrumento. O acúmulo de poeira nos teclados digitais pode, com o tempo, provocar algum curto circuito ou fazer com que as teclas ou botões grudem ou emperrem. Qualquer um desses resultados é um problema. Cubra o seu teclado quando ele não estiver em uso, seja com alguma capa que tenha vindo com ele ou uma feita sob medida. O acúmulo de poeira num piano acústico não é tão ruim, mas mesmo assim recomendo mantê-lo em ordem, (convenhamos, espirrar a todo instante por causa de um piano empoeirado pode ser um pouco inconveniente quando estamos tocando).

As duas ferramentas para limpeza mais importantes para se ter perto do teclado são um espanador de pó e um pincel de tamanho médio. Uma vez por mês, no mínimo, use o espanador para uma limpeza geral rápida, seguida de uma limpeza mais detalhada com o pincel, pois conseguirá alcançar todas as fendas e entre as teclas. É simples: pressione cada uma delas e limpe-as com o pincel dos dois lados e passe para a seguinte. Se estiver com pressa, passe-o entre as teclas, mas depois faça uma limpeza completa. Os teclados digitais possuem vários botõezinhos, displays digitais, chaves, reguladores e outros dispositivos; desligue-o da tomada e limpe tudo com um pano seco (que não solte fiapos) e limpo de vez em quando.

CUIDADO!

Tome muito cuidado com os produtos de limpeza que usar na parte externa do teclado. O acabamento de madeira em muitos pianos de cauda, por exemplo, pode ser danificado com o lustra-móveis comum. Os teclados de marfim devem ser limpos com um pano seco ou um líquido de limpeza especial para esse material (produtos específicos para limpeza de pianos e teclas estão disponíveis online). Para a maioria dos instrumentos (acústico ou eletrônico), eu recomendo um pano ligeiramente úmido com água e sabão neutro (veja o quadro "Segredo revelado: o limpador especial para piano"). Não tenha vergonha de perguntar ao revendedor quais produtos são recomendados e como usá-los exatamente.

Quando utilizar alguma solução líquida no acabamento, seja água e sabão ou limpa-vidros (às vezes recomendado, mas pergunte primeiro!), use uma camiseta velha ou algum outro tecido que não solte fiapos, em vez de uma toalha de papel. Os panos de malha não deixam aquelas bolinhas espalhadas enquanto você faz a limpeza. Não aplique limpadores líquidos diretamente na superfície: aplique primeiro no pano, só então limpe o instrumento. Repita esse processo até que ele esteja limpo, mas certifique-se também de que retirou todo excesso de umidade.

Segredo revelado: o limpador especial para piano

O seu revendedor pode sugerir que compre um produto especial de limpeza, que vem num frasco prático e atraente. Como agora sabe dos cuidados com o teclado, você se atira na oportunidade de proteger o seu investimento, não importa o custo.

Porém, ao chegar em casa e tentar decifrar os nomes científicos no rótulo, descobrirá que o que comprou não passa de um sabão caro diluído em água. Poupe o seu dinheiro e faça o seu próprio produto de limpeza usando os seguintes itens:

- Um frasco com borrifador vazio;
- Uma caneta tipo "pincel atômico";
- Sabonete líquido para as mãos;
- Água.

Lave o frasco e o borrifador para eliminar quaisquer resíduos de produtos anteriores. Adicione quatro ou cinco esguichos do sabonete líquido no frasco e complete com água limpa. Use o pincel atômico ou similar e escreva "limpador de piano" no frasco. Agite bem o frasco antes de aplicar o produto no trapo para limpar o seu instrumento.

Contatando um Profissional para um Check-up Geral e Reparos Mais Complexos

Tocar teclado é uma coisa. Saber como consertá-lo ou fazer a manutenção é outra. Deixe esses assuntos nas mãos de um profissional qualificado. Sua preocupação maior é aprender a tocar, ler música e fazer turnês mundiais.

Esta seção traz dicas sobre como contratar afinadores de piano, técnicos de piano, o suporte técnico dos teclados digitais e outros que podem lhe ajudar a manter e a prolongar a vida do seu instrumento.

Afinando os acústicos

Beleza, aquele seu amigo afina a própria guitarra e seus outros amigos também sabem como afinar violino, clarinete e kazoo. Lembre-se, porém, de que o seu piano é muito maior, possui muito mais partes internas, além da grande quantia que provavelmente desembolsou por ele. Deixe o orgulho de lado, pegue o telefone e chame um técnico quando for o momento de afiná-lo.

Técnicos em piano são profissionais habilitados com anos de qualificação e experiência, e o melhor: atendem em domicílio. Pode parecer que o técnico está apenas pressionando teclas e apertando parafusos, mas você não saberia nem por onde começar se fosse tentar imitá-lo.

Não pense que um belo dia, ouvirá de repente o piano sair da afinação. Isso é um processo gradual que pode levar um longo tempo. Caso você mesmo perceba e diga "Nossa, o piano está desafinado", passou da hora de afinar seu instrumento. Agende uma visita anual do afinador – mas eu recomendo duas visitas ao ano. Cada uma normalmente dura de duas a três horas e pode custar de R$ 100 a R$ 250, mas o gasto vale a pena. Após algumas visitas regulares, ele provavelmente entrará em contato anualmente, então você nem precisará se preocupar com o agendamento.

Anos de negligência de afinação resultam num piano permanentemente fora de tom. Já ouviu falar daqueles antigos "honky-tonk" de saloons do Velho Oeste? Tudo bem, eles até têm um som engraçado, mas não tem a menor graça quando esse som vem de um piano de cauda de três metros avaliado em 120 mil reais. Afinação e regulagens frequentes asseguram que o tom do piano não cairá (uma condição que muitas vezes pode ser consertada, mas que é complicada) e que muitos problemas com os pinos de afinação, que são apertados ou afrouxados durante o trabalho do afinador, ou até mesmo o bloco onde vão os pinos, possam ser consertados na hora que surgirem.

Consiga recomendações de técnicos com amigos, professores, lojas de artigos musicais e escolas de música. Não selecione aleatoriamente na lista telefônica; um técnico incompetente pode arruinar um piano.

Além da afinação, sugiro pedir ao técnico que verifique debaixo do instrumento para se certificar de que tudo está em perfeito funcionamento. Faça a ele as seguintes perguntas:

- Os pedais funcionam?
- As pernas estão seguras?
- Há algum problema com a ação das teclas?
- O tampo harmônico está rachado?

Mantenha os teclados digitais felizes

Não é necessário afinar um teclado digital, mas isso não quer dizer que não é preciso lhe dar atenção ocasionalmente. Se conseguir manter o seu teclado limpo e sem poeira, ele irá funcionar e ter o som com excelente qualidade por um bom tempo.

Com o passar do tempo e o constante manuseio, os botõezinhos, displays digitais, chaves, reguladores e outros dispositivos de um teclado digital passam por um desgaste natural e acabam quebrando. Se um botão parece estar emperrado, não o conserte, repito, *não o conserte* com uma de suas ferramentas. Chame um profissional – talvez o que lhe vendeu o instrumento –, ou o próprio fabricante para referência de alguma assistência técnica autorizada. Por uma taxa mínima, o técnico pode avaliar o defeito (se existir),

> ## Linhas de suporte técnico
>
> Toda vez que comprar um teclado novo, preencha e envie o cartão de cadastro que o acompanha – ou preencha o formulário online, se a opção estiver disponível. Não tenha receio de ser colocado em alguma lista de envio automático de e-mails; você simplesmente está dizendo ao fabricante: "Bem, queria avisar que eu comprei um teclado da sua marca e ele é super legal. Este é o meu nome e eu moro neste endereço". Só isso.
>
> Depois disso, no dia mais claro ou na noite mais densa, a qualquer momento que tiver algum problema com o seu instrumento, poderá ligar para a linha de suporte técnico do fabricante e pedir ajuda a um dos profissionais à disposição (talvez até com alguém que tenha participado da criação do seu teclado). Poderá falar sobre o problema específico que está tendo e como consertá-lo. A ligação normalmente é gratuita – isto é, se você preencheu e enviou o cartãozinho.
>
> Para saber o número da linha de suporte técnico do seu instrumento, contate diretamente o fabricante, ou busque as informações nas listas de fabricantes fornecidas no Capítulo 3.

e consertá-lo. Se a garantia ainda estiver dentro do prazo (normalmente um ano), os consertos não vão custar absolutamente nada.

Nunca, sob qualquer circunstância, desparafuse ou abra a tampa do seu teclado. Claro, deve ser bastante legal olhar lá dentro, com todos aqueles chips de computadores e placas de circuitos. Claro, você sabe o que está fazendo e quer economizar alguns trocados consertando o defeito você mesmo. Porém, ao abrir o teclado, você está quebrando o acordo da garantia automaticamente, e muito provavelmente, danificando seu teclado irreparavelmente.

Como lidar com problemas graves do instrumento

Infelizmente, às vezes surgem defeitos que requerem tempo, esforço e dinheiro para consertá-los. Se estiver enfrentando qualquer um dos problemas abaixo, procure a opinião de, no mínimo, dois técnicos diferentes antes de decidir se quer salvar ou não o seu instrumento.

- **O tampo harmônico do seu piano acústico rachou ou quebrou.**
  O tampo harmônico é aquela placa grande de madeira polida sob as cordas. Essa tábua pode rachar ou quebrar durante a movimentação do piano por pessoal não especializado, por exemplo. Pode se quebrar, também, devido às constantes mudanças de umidade que fazem a madeira dilatar e contrair. Você muito provavelmente não perceberá sozinho que ela está quebrada, então, quando chegar a hora de afinar seu piano peça ao técnico que verifique isso para você.

✓ **Você ouve um barulho seco quando pressiona alguma tecla do piano acústico.** O martelo, o abafador ou nenhum dos dois está funcionando adequadamente. Talvez seja necessário trocar todo o mecanismo daquela tecla ou do conjunto completo de teclas e martelos. Torça para que seja a 1ª opção. Além disso, tudo pode estar sendo causado por simplesmente uma corda partida, que pode ser trocada por cerca de R$ 50.

✓ **O seu teclado digital não liga.** Primeiro, certifique-se de que a conta da luz está paga. A menos que tenha um teclado que funciona a pilhas e elas acabaram, o seu equipamento precisa funcionar quando devidamente conectado. Se não o faz, deve estar quebrado.

✓ **O display LCD não exibe nada legível.** Se as palavras e nomes dos programas no painel frontal do seu teclado digital se tornam de repente um monte de letras estranhas, significa que o cérebro do seu teclado fritou.

✓ **Você derramou líquido por todo o teclado digital.** Meu Deus! Você deve ter feito todo o teclado entrar em curto. Poucos – talvez nenhum – botões ou teclas voltarão a funcionar. É por esse motivo que nunca se deve colocar qualquer bebida sobre ou perto do teclado! Se por azar derramou algo sobre o teclado digital, a primeira coisa a fazer é desligá-lo. Para minimizar o estrago, deixe que seque completamente antes de ligar a força novamente.

✓ **Você derramou líquido no piano acústico.** Pegue uma toalha imediatamente e seque tudo. A madeira, cordas, martelos e até teclas podem se danificar, mas não há nada elétrico, felizmente.

Alguns imprevistos que podem parecer terríveis, às vezes não o são. Por exemplo, pedais que soltam, cordas que partem, conectores de fones de ouvido que arrebentam dentro do teclado ou até mesmo teclas que emperram. É verdade que vão lhe dar uma ligeira dor de cabeça, mas não chegam a ser problemas sérios. É só deixar o problema como está e chamar por ajuda profissional.

Não se Preocupe ao Mover um Piano Acústico

Se você tiver um piano acústico, seu ou alugado, saiba que mudar de residência vai ser um pouco mais caro do que espera. Contrate uma empresa especializada em mudança de pianos para levar seu bebê para o novo lar. Não seja pão-duro: pessoas inexperientes podem arruinar o seu piano.

Tenho três conselhos sobre mover pianos:

✓ Jamais tente mover o piano sozinho ou com a ajuda de amigos;

✓ Certifique-se de que está contratando profissionais da área para movê-lo;

✔ Não assista à mudança. Lógico que deve estar presente para observar os funcionários e se assegurar de que eles estão tomando o devido cuidado quando levam o seu precioso brinquedo. Mas, devo alertá-lo de que com certeza irá fazer uma careta de pânico quando os vir colocar o piano de lado. Poupe-se do estresse emocional e de ficar fechando os olhos ou virando de costas.

Mover um piano de cauda requer um equipamento especial de mudança chamado *plataforma para piano*. Trata-se de uma plataforma longa e acolchoada, com diversas alças. Os funcionários colocam o piano de lado sobre essa plataforma, presa a um dolly[1], e o protegem com um acolchoado apropriado para amortecer impactos. Logo depois, ele é amarrado às diversas alças, ficando assim, imóvel e protegido. Se o pessoal da mudança aparecer sem esse equipamento, recomendo veementemente que os dispense e contrate outra empresa. Para mover pianos verticais, as empresas normalmente colocam o piano (verticalmente!) num dolly plano.

As lojas de piano locais ou regionais poderão recomendar transportadoras especializadas em pianos. As melhores são até endossadas por fabricantes de piano.

---

1   N.E.: Dolly – Acessório de caminhão: espécie de carrinho conectado à parte traseira do veículo, com função de aumentar sua capacidade de transporte.

Capítulo 5
Oitenta e Oito Teclas, Três Pedais, Dez Dedos e Dois Pés

Neste Capítulo

▶ Nomeie teclas pretas e brancas
▶ Aprenda a usar o "Jeito Blake de Achar as Teclas"
▶ Obtenha a postura perfeita e conforto ao utilizar o instrumento
▶ Coloque os pedais em uso

Aí está você, olhando para todas essas teclas, tentando encontrar algum sentido nelas e pensando por que simplesmente não comprou um par de címbalos. Já passei por isso. Elas parecem ser intimidadoras, mas parafraseando o grupo Jackson Five: é tão fácil quanto A-B-C, 1-2-3.

Neste capítulo, vou ajudá-lo a se familiarizar com todas as características mais específicas do seu teclado, inclusive as teclas e os pedais. Dou também sugestões sobre equipamentos, tais como cadeiras, banquetas e suportes, que irão auxiliá-lo a obter uma postura adequada para tocar piano, e explico como é essa postura.

O "Jeito Blake de Achar as Teclas"

A primeira coisa que irá notar no seu teclado é a presença não tão colorida das teclas brancas e pretas, perfiladas da esquerda para a direita. As teclas pretas estão mais elevadas e parecem estar longe das teclas brancas, como verá na Figura 5-1.

Se a cor das teclas estiver invertida, ou você está com um instrumento muito antigo, ou o fabricante bagunçou tudo e lhe dará um enorme desconto. Parabéns!

Cada tecla no teclado representa uma nota musical. Essas notas e teclas usam, além do famoso dó-ré-mi, um complexo sistema – as sete primeiras letras do alfabeto – A-B-C-D-E-F-G. Os nomes das teclas correspondem aos nomes das notas musicais (leia mais sobre isso no Capítulo 6), ou seja, a tecla G corresponde à nota Sol, a tecla A corresponde à nota Lá, e assim por diante.

Figura 5-1: O conjunto básico de teclas brancas e pretas.

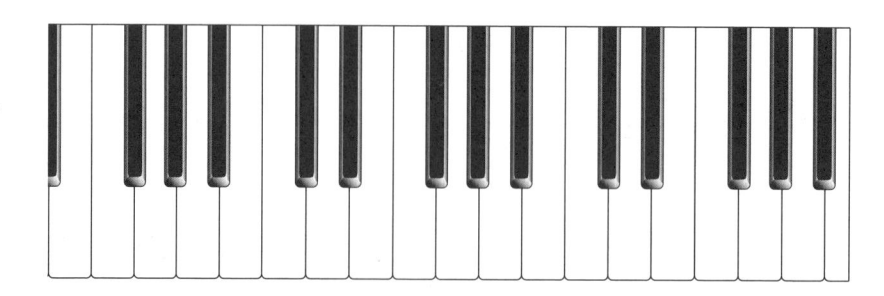

Eu sei o que deve estar pensando: "Tenho 88 teclas à minha frente, mas só sete letras do alfabeto para nomear todas! Como vou chamar as outras 81?!" Para todas as 88 teclas, o grupo básico de sete letras se repete sempre em grupos, chamados *grupos de oitavas*.

Quando se dá o nome à sequência de sete letras de Lá a Sol, a nota seguinte (a oitava) será o Lá, pois a série se inicia novamente. Verá que há sete oitavas desde o Lá mais grave ao mais agudo num piano de 88 teclas.

Nas seções seguintes, mostro como usar meu Jeito Fácil de Achar as notas no teclado. É um método infalível de achar qualquer tecla.

As teclas brancas

Para facilitar as coisas, todas as sete notas Lá, Si, Dó, Ré, Mi, Fá, Sol estão localizadas nas teclas brancas. As teclas pretas, que serão abordadas na próxima seção, também possuem seus próprios nomes. Mas por enquanto iremos usá-las apenas como referências para encontrar as teclas brancas corretas... até no escuro! Sim, apresento a você o primeiro instrumento equipado com uma espécie de sistema musical em braille: as teclas pretas o ajudarão a localizar qualquer tecla branca precisa e rapidamente.

As teclas pretas sempre irão aparecer em grupos consecutivos de duas e três teclas. Jamais veremos dois grupos de duas teclas, ou dois grupos de três teclas seguidas. Essa distinção entre duas e três teclas é importante e torna o trabalho de encontrar as teclas brancas muito fácil.

Use a sua imaginação e pense nos grupos de duas teclas pretas como se fossem colheres; em seguida, imagine que cada grupo de três seja formado por facas. A primeira letra de "colher" é Dó e "faca" começa com a letra F. Este mecanismo simples de memorização é a base do Jeito Blake de Achar as Teclas (no caso, brancas). Os pontos principais são os seguintes:

- A primeira tecla branca à esquerda das colheres (grupos de duas teclas pretas) é Dó.
- A primeira tecla branca à esquerda das facas (grupos de três teclas pretas) é Fá.

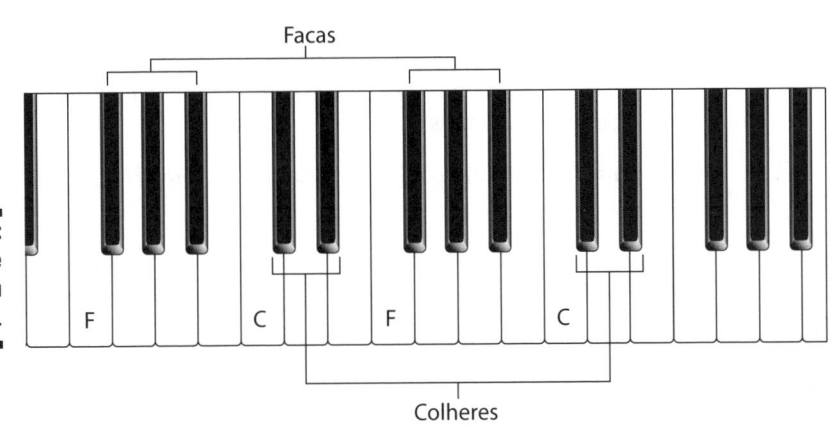

Capítulo 5: Oitenta e Oito Teclas, Três Pedais, Dez Dedos e Dois Pés 63

Figura 5-2: Colheres e Facas no seu teclado.

Facas

Colheres

Absorva aos poucos essa informação enquanto observa o teclado, assim não a esquecerá. Você deve estar se perguntando agora: "Sim, mas e as outras teclas brancas?!" Basta seguir a ordem alfabética. Caso não lembre, aqui vão elas mais uma vez: A (Lá) – B (Si) – C (Dó) – D (Ré) – E (Mi) – F (Fá) – G (Sol).

Repare quais letras cercam o Dó e quais cercam o Fá. Esta mesma lógica se aplica para todas as teclas brancas que cercam (Dó e Fá) no piano. Suba na escala a partir do Dó e terá Ré, Mi, Fá, Sol. Quando chegar ao Sol lembre da palavra "gol" e volte ao pontapé inicial, ou seja, Lá. O padrão alfabético se repete várias vezes no teclado, por quantas vezes as colheres e as facas forem vistas.

DICA

Para praticar a busca de notas, toque todas as teclas Dó e Fá no teclado, do início ao fim. Localize depois todas as Ré e Sol. Teste-se tocando todas as outras enquanto recita os nomes delas. Com a ajuda do Jeito Blake de Achar as Teclas, você nunca esquece.

Agora que já sabe os nomes das teclas brancas, você pode tocar:

- As nove primeiras notas da canção "Over the River and Through the Woods": Ré, Ré, Ré, Ré, Si, Dó, Ré, Ré, Ré.

- As seis primeiras notas de "It's Raining, It's Pouring": Si, Ré, Si, Mi, Ré, Si.

- As sete primeiras notas de "The First Noel": Mi, Ré, Dó, Ré, Mi, Fá, Sol.

- As onze primeiras notas do tema de *Bolero* de Ravel: Dó, Si, Dó, Ré, Dó, Si, Lá, Dó, Dó, Lá, Dó.

As teclas pretas

Toque Lá, depois Si, depois a tecla preta entre Lá e Si. Vai perceber que ela soa como se fosse uma nota musical diferente e é verdade. As teclas pretas representam notas musicais separadas das brancas. No entanto, como não há letras no alfabeto entre Lá e Si, as teclas pretas entre essas duas não poderão receber nomes formados por uma letra somente.

As teclas pretas recebem o mesmo nome da tecla branca mais próxima, mas adiciona-se de um dos sufixos abaixo:

- **Sustenido** é utilizado para uma tecla preta à *direita* (ou *acima*) de uma tecla branca;
- **Bemol** é utilizado para uma tecla preta à *esquerda* (ou *abaixo*) de uma tecla branca.

Aqui vai mais uma dica para ajudá-lo a lembrar desses sufixos. Imagine-se sentado a uma mesa. A tecla branca representa o prato.

- Imagine o *sustenido* como um copo de suco, ao lado *direito* do prato;
- Imagine o *bemol* como um pedaço de bolo, ao lado *esquerdo* do prato.

Vamos tentar: Encontre o Ré (que é nosso prato: a tecla branca entre duas teclas pretas). Ao lado direito está o *suco* – D # (**Ré sustenido**). À esquerda está o *bolo*, D ♭ (**Ré bemol**). Fácil? Lembre-se: colheres e facas, sucos e bolos - você nunca esquecerá os nomes das teclas... mas talvez fique com um pouco de fome.

Como cada uma das teclas pretas está entre duas teclas brancas, cada tecla preta possui dois nomes, dependendo de qual tecla branca você a aproxima. Por exemplo, a tecla preta à direita de Dó é Dó sustenido, mas ao mesmo tempo Ré bemol. A dupla personalidade de cada tecla preta (ou nota) pode ser estranha a princípio, mas assim que se "pega o jeito" de ver a mesma tecla sob duas perspectivas, não é tão estranho assim.

Você já deve ter notado que não há teclas pretas entre Si e Dó, nem entre Mi e Fá. Antes de voltar à loja para exigir a devolução do seu dinheiro, saiba que não foi um engano. Teoricamente, Dó também é Si sustenido e, da mesma forma, Mi também é Fá bemol. Mas isso é teoria musical desnecessária e você vai sobreviver sem saber por que não há notas entre si e Dó ou entre Mi e Fá.

Crie uma imagem mental clara dos grupos de oitavas no teclado e depois compare-a com a Figura 5-3. Esses grupos irão ajudá-lo a navegar por entre as 88 teclas.

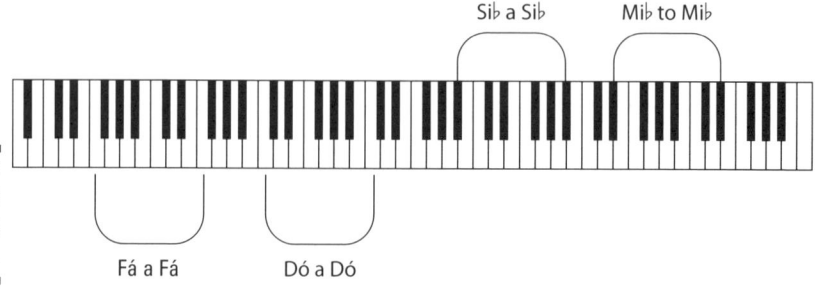

Figura 5-3: Grupos de oitavas no seu teclado.

Sib a Sib
Mib to Mib
Fá a Fá
Dó a Dó

Capítulo 5: Oitenta e Oito Teclas, Três Pedais, Dez Dedos e Dois Pés **65**

Agora que já conhece os nomes das teclas brancas e pretas, poderá tocar:

- A música tema do filme *Tubarão*: Ré sustenido, Mi, Ré sustenido, Mi, Ré sustenido, Mi. Continue tocando até alguém gritar.

- As quatro primeiras notas da *5ª Sinfonia* de Beethoven: Sol, Sol, Sol, Mi bemol.

- O refrão de "Shave and a Haircut, Five Cents": Sol, Ré, Ré, Mi, Ré, Fá sustenido, Sol.

O Que Seus Pais Nunca lhe Disseram sobre Postura

Uma boa postura, incluindo como sentar e posicionar as mãos, lhe deixa confortável ao teclado por horas a fio. Praticar a boa postura enquanto toca piano pode ajudá-lo a evitar cãibras nas mãos, problemas de coluna ou até mesmo sintomas mais sérios como a Síndrome do Túnel do Carpo. Depois que se tornar um pianista famoso, poderá voltar nostalgicamente a este capítulo e lembrar como ele o ajudou no início da sua carreira.

Sentar-se ou não, eis a questão

Dependendo do tipo de teclado – ou às vezes do tipo de palco – que estiver tocando, você poderá sentar-se ou ficar em pé.

Como regra geral, a maioria dos pianistas se senta para tocar piano, mas muitos tecladistas de bandas de rock ficam em pé atrás de seus teclados. Talvez eles queiram se exibir para a plateia, ou talvez eles estejam cansados de todas aquelas horas sentados no ônibus indo de uma cidade à outra.

Como iniciante, aconselho a começar suas aventuras musicais sentado. Não importa o tipo de teclado que toca – quando está sentado, você fica mais próximo das notas e a prática fica mais confortável.

Em pé ou sentado, deve-se estar confortável o tempo todo. Seus pés devem estar firmes no chão. Suas mãos devem estar posicionadas em um arco relaxado. As teclas devem estar a uma altura apropriada de forma que suas mãos e antebraços estejam paralelos ao chão, conforme a Figura 5-4

Certifique-se que suas costas estão eretas e que você não está relaxado demais, curvado ou debruçado sobre o instrumento. Não ter uma postura ereta leva a dores nas costas – daquelas que o desestimulam a praticar.

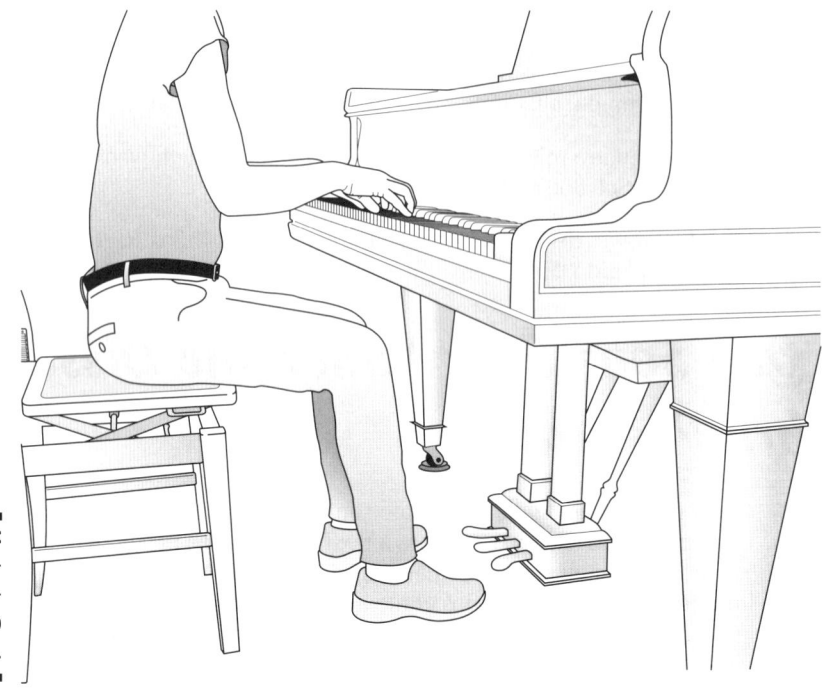

Figura 5-4: Postura correta e posicionamento ao piano.

Cadeiras versus banquetas

Tanto cadeiras quanto banquetas são opções apropriadas e ambas estão disponíveis na maioria das lojas de piano ou salas de concerto. Obviamente, há prós e contras para cada opção e cabe a você decidir qual se encaixa melhor à sua necessidade.

Cadeiras

Quando digo *cadeira*, não estou me referindo àquela cadeira reclinável com suporte para pés e compartimento lateral para o controle remoto. Estou falando do tipo padrão de cadeiras para piano, que são normalmente cadeiras pretas, simples. Muitas têm assento estofado e outras possuem um mecanismo de ajuste de altura do assento, conforme mostra a Figura 5-5.

As costas da cadeira são apenas para apoio, mas você pode acabar se recostando mais do que necessário só porque tem essa regalia. Assim como a mamãe e o papai lhe ensinaram, afundar-se na cadeira não é nem um pouco atraente e nem faz bem para as costas. Além disso, a madeira das costas da cadeira normalmente range, um barulho nada elegante, especialmente durante uma performance de *Clair de Lune*, de Debussy.

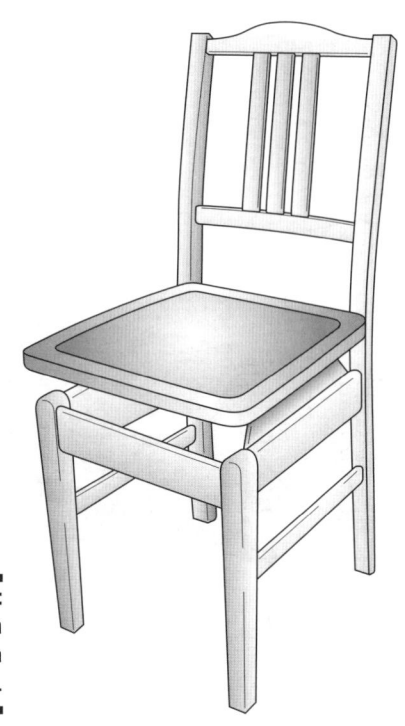

Figura 5-5:
Uma cadeira ajustável para piano.

Paradoxalmente, as costas da cadeira podem ser também de grande vantagem. O apoio extra é excelente para os estudantes mais jovens e irrequietos, porque assim se sentem mais seguros do que se sentiriam em uma banqueta. Dá até para colocar um assento para crianças, para os pequenos prodígios. E mais: querendo ou não, todo mundo se recosta. Enquanto toca ao longo da noite, prometo que não conto a ninguém que está se apoiando de leve nas costas da cadeira para dar um cochilo. Pelo menos está praticando!

Na minha opinião, o único inconveniente da cadeira é o fato de não poder acomodar duas pessoas para um dueto. Muitos pianistas gostam de fazer duetos com seus amigos. Os dois se sentam lado a lado e dividem o teclado em duas partes: uma pessoa toca as notas mais baixas e a outra, as notas altas. Sim, claro, você pode pegar outra cadeira, mas onde está o romantismo nisso?

Banquetas

A banqueta padrão para piano, mostrada na Figura 5-6a, mede aproximadamente 60 cm de largura e 90 cm de comprimento. Esse comprimento permite espaço suficiente para se movimentar ao tocar as notas mais altas ou mais baixas, e ainda acomoda um possível parceiro para duetos.

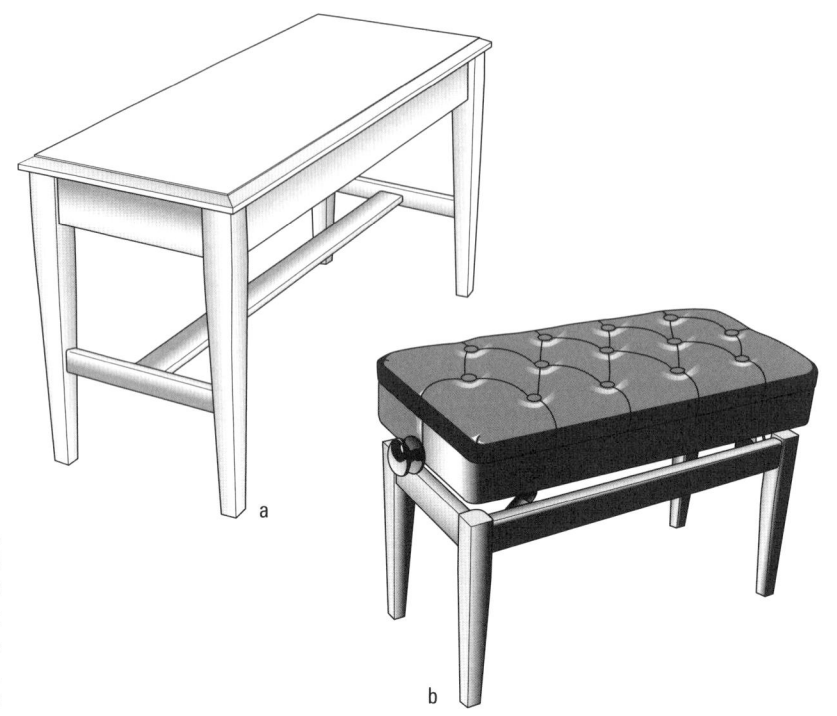

Figura 5-6:
Dois tipos de banquetas: padrão (a) e ajustável (b).

Altura é uma função importante, não importa qual instrumento você escolheu para se sentar enquanto toca. No entanto, muitas banquetas para piano não são ajustáveis, forçando-o a se esticar para alcançar o teclado, ou sentar-se sobre uma pilha de listas telefônicas. As melhores banquetas vêm com duas manivelas laterais que permitem ajustar a altura da banqueta para atender a sua postura (veja a Figura 5-6b). As melhores possuem estofamento, algo que você começa a apreciar após algumas horas de prática ininterrupta.

Diferente da cadeira, uma banqueta não proporciona apoio para as costas, cabendo a você manter as costas eretas o tempo todo. Entretanto, se não há apoio para as costas, há também o risco de se cair para trás quando se fica animado demais durante o clímax de um concerto de Bartók ou seu solo de rock.

Os assentos de algumas banquetas guardam um pequeno compartimento debaixo do estofado, onde se podem guardar livretos de partitura, livros ou até mesmo um lanchinho para o intervalo do concerto. É só não esquecer o que guardou ali. Uma vez eu deixei as chaves do meu carro dentro dele e só fui encontrá-las uma semana depois!

Suportes e racks

Suportes para teclados (veja a Figura 5-7) são feitos em todas as formas e tamanhos. Alguns possuem várias prateleiras ajustáveis para se acomodar mais teclados, se a sua carreira e conta bancária permitirem. Os suportes vêm em várias cores (mas se não gostar delas, compre uma lata de tinta *spray*).

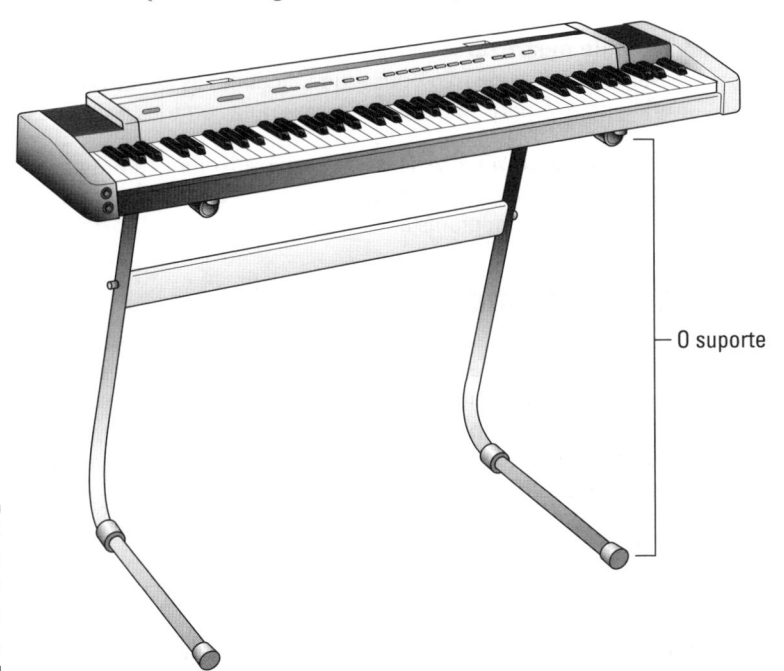

Figura 5-7:
Dê um apoio para o seu teclado elétrico.

— O suporte

Todos os suportes são ajustáveis, pois o fabricante nunca sabe ao certo qual é a altura do cliente. Pode-se ajustar a altura para tocar em pé ou sentado, dependendo do seu humor. Certifique-se apenas de que as teclas estejam na altura apropriada (Figura 5-4). Essa flexibilidade também permite que se adicione múltiplos teclados ao redor do suporte para dar fácil acesso aos vários controles e botões de cada um deles.

Além do suporte, talvez esteja interessado num *rack de efeitos*, que é uma caixa metálica ou de madeira com aberturas para parafusos, nas quais se podem prender vários componentes, samplers, processadores de efeitos especiais, mixers ou até mesmo gavetas. Os racks podem ser fixos ou com rodinhas, escolha o que mais se adapta às suas necessidades.

Como sempre, certifique-se de que possui iluminação adequada para o teclado, o rack de partituras e para o display do instrumento.

Está Tudo em Suas Mãos

Nunca é demais lembrar como é importante manter a boa posição das mãos e postura confortável das costas enquanto estiver tocando o piano ou teclado. O mau posicionamento das mãos pode prejudicar a sua performance por dois motivos:

- **Falta de destreza**: se suas mãos estiverem em posições estranhas ou muito tensas, você não conseguirá alcançar as teclas com rapidez e eficiência. A performance terá várias notas erradas e será desajeitada.

- **Propensão para cãibras**: se suas mãos tiverem cãibras com frequência, você não praticará com frequência. E se não praticar com frequência, não será um bom pianista.

Flexione as mãos e os dedos

Quando posicionar as mãos sobre as teclas, deve mantê-las arqueadas e os dedos ligeiramente dobrados todo o tempo. Pode parecer estranho de início, mas não conseguirá melhorar a sua técnica ao tocar até que se acostume a manter as mãos assim. Arquear e flexionar as mãos e dedos valem o esforço pelos seguintes motivos:

- Suas mãos não se cansam rapidamente;
- Haverá menor probabilidade de adquirir cãibras;
- Pode alcançar qualquer tecla, preta ou branca, com rapidez e facilidade.

Para ter uma ideia da postura da mão que deve manter, pegue duas bolas de tênis (ou outras com tamanho similar) e segure uma em cada mão, conforme mostra a Figura 5-8. É assim que as suas mãos devem estar ao tocar o piano... sem as bolas, claro.

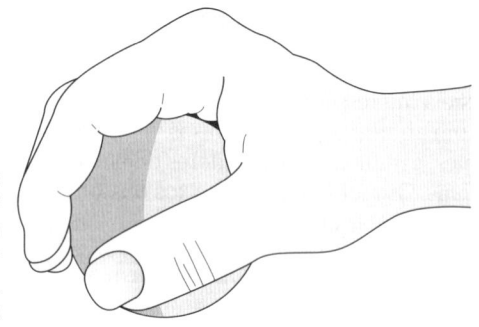

Figura 5-8: Suas mãos devem estar dessa forma.

Corte essas unhas

Quando eu era pequeno, tive uma professora de piano cujas unhas eram tão longas que eu podia ouvir os "cliques" de suas unhas nas teclas quando tocava. Eu tinha a impressão de que minha mãe me levava para aulas de datilografia ao invés de piano.

Minha recomendação é simples: mantenha as unhas curtas ou ao menos num comprimento razoável. Sua plateia quer ouvir a bela música ao piano e não ser distraída pelo clique-claque das suas unhas nas teclas.

Dedilhando

Dedilhar se refere a usar o melhor dedo para tocar cada nota de uma canção, e o dedilhado correto sempre é uma forma muito importante de tocar piano. Algumas peças, mesmo as mais fáceis, possuem dedilhados marcados em suas partituras para ajudá-lo a planejar quais dedos usar para executar uma determinada passagem musical com maior eficiência e conforto.

Os dedilhados que se vê em música correspondem à mão esquerda e direita na Figura 5-9. Numere os seus dedos de 1 a 5, começando com o polegar como o número 1, e movendo em direção ao dedo mínimo, ou mindinho.

Enquanto se acostuma a pensar em seus dedos como números, talvez fosse interessante escrever esses números nas mãos antes de se sentar para praticar. Logicamente, aconselho tinta lavável ou caneta hidrográfica, caso contrário terá que dar explicações à sua namorada na sexta-feira à noite, ao seu chefe na segunda de manhã, ou ao seu professor.

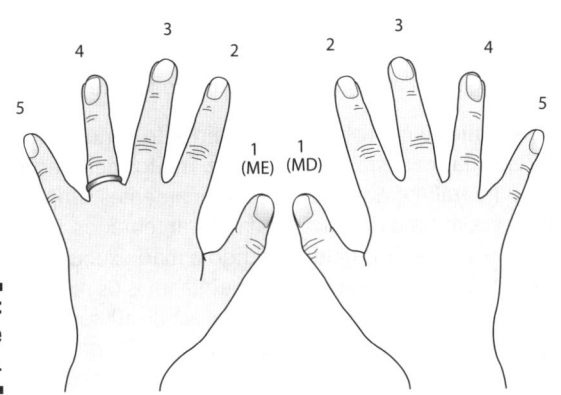

Figura 5-9: Números e dígitos.

A hora certa de descansar mãos e dedos

Má postura pode levar ao início de problemas sérios e dolorosos para a sua carreira de pianista. A frase "sem dor, sem resultado" não se aplica aqui. Tensão muscular e má postura podem causar dores. Se estiver com dor, não tocará, e se não tocar, não será um bom pianista.

Sentindo cãibras

Mesmo se sua postura estiver perfeitamente correta, suas mãos irão inevitavelmente começar a ter cãibras em algum momento. Elas são a maneira de o seu corpo dizer "Ei, vamos dar um tempinho e fazer algo diferente?". Por favor, ouça o seu corpo.

Geralmente as cãibras nas mãos vêm muito antes de qualquer outro tipo de dor em outra parte do corpo durante a prática. Suas costas e pescoço podem começar a ficar doloridos por causa da má postura, mas você sentirá dores nas mãos simplesmente por excesso de uso.

Se suas mãos estiverem doendo, tire um longo intervalo e faça algo que gere movimentos completamente diferentes. Por exemplo, jogar uma bola para o seu cão pegar é um movimento diferente de tocar piano, mas digitar um texto não. Se o seu corpo inteiro estiver doendo, faça uma massagem (inclusive nas mãos), ou um cruzeiro marítimo pelo Pacífico, você merece.

Como evitar a síndrome do túnel do carpo

Fala-se muito sobre uma doença induzida por certos empregos chamada *síndrome do túnel do carpo* (STC). Sem entrar muito na definição médica (porque, obviamente, eu não sou médico), já basta saber que a STC se desenvolve por se forçar muito os músculos e ligamentos do pulso através de um movimento constante e repetitivo. E tocar piano é um movimento constante e repetitivo.

Como deve imaginar, muitos tecladistas ou blogueiros de período integral devem ter passado por STC em suas carreiras. Infelizmente, muitos deles esperam até que seja muito tarde para tratar a doença com medicamentos simples. Eles ignoram o que começa com uma dor incômoda nos antebraços, pulsos e dedos até que ela se transforme numa dor aguda, quando a mão executa até o mais simples dos movimentos. A STC aguda requer cirurgia, mas os resultados não são sempre 100% satisfatórios. Como pianista, você precisa de 100% dos movimentos das suas mãos, logo, não deixe dor alguma passar despercebida.

Se estiver com alguma dor incômoda nos pulsos, por menor que seja, consulte um ortopedista e pergunte sobre formas de reduzi-la ou ao menos preveni-la. Lógico, se já tiver sido diagnosticado com STC, fale com o seu médico sobre suas metas com o piano e pergunte quais medidas deve tomar para prevenir quaisquer danos ou dores futuras. Além disso o seu médico com certeza perguntará como se interessou pelo piano, o que dará a você uma ótima oportunidade para, de todo coração, divulgar este livro.

O Poder do Pedal: Ponha Seus Pés para Trabalhar

Quando está ao teclado e suas mãos estão ocupadas com as teclas, seus pés também são para brincar com os *pedais*, que controlam outros aspectos da música.

A maioria dos pianos tem dois ou três pedais, e os sintetizadores podem ter ainda mais que isso. Órgãos de tubos normalmente incorporam um teclado inteiro de pedais para serem tocados pelos pés. Não vou entrar em detalhes sobre esses pedais, mas se você toca órgão de tubos, vai encontrar um número razoável de professores à sua disposição para ajudá-lo a compreendê-los (veja o Capítulo 2 para mais informações sobre esses instrumentos).

Os diversos pedais no seu instrumento permitem que diferentes efeitos sejam adicionados à música. Na maior parte do tempo, o compositor indica o pedal ideal e o momento de sua utilização, mas você pode se sentir à vontade para experimentar os outros e incrementar o som com diversas interpretações.

Os pedais do piano

A maioria dos pianos acústicos vem com três pedais, conforme mostra a Figura 5-10.

- **O pedal da direita é o sustain (também chamado pedal de sustentação, ou *damper*)**. Quando pressionado, os *abafadores* – mecanismos que cortam o som das cordas – são afastados, permitindo que as cordas soem livremente até que se solte o pedal, quando o som gradualmente silenciará, ou até que você adormeça e caia da banqueta. Não é necessário usar o pedal sustain toda vez em que se tocar uma nota, pois cada tecla tem seu próprio abafador (para maiores informações, veja o Capítulo 2).

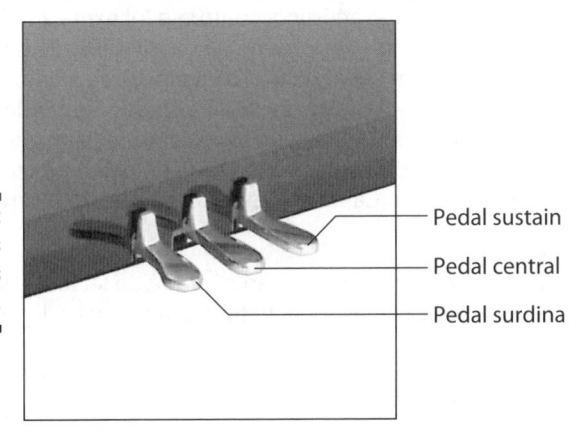

Figura 5-10: Os três pedais típicos do piano.

— Pedal sustain
— Pedal central
— Pedal surdina

A maioria dos músicos – e mesmo leigos que querem saber mais sobre música – referem-se ao pedal sustain como "o pedal", pois este é o pedal mais popular e mais utilizado.

- **O pedal da esquerda é o *surdina* (também chamado pedal suave ou *una corda*).** Funciona de formas diferentes em pianos verticais e de cauda, mas é utilizado para suavizar os sons do piano.

  O nome italiano para este pedal é *una corda*. Nos pianos de cauda, pressionar este pedal faz com que o conjunto de martelos dentro do piano se desloque ligeiramente para o lado, golpeando somente *duas cordas*, em vez das três de costume.

- **O pedal do meio é o *central* (também chamado *sostenuto*).** Esse pedal aparece em muitos pianos, mas não em todos. Diferente do pedal sustain, que amplifica todas as notas que estão sendo tocadas, o pedal central permite que se prolongue uma nota ou um grupo de notas, enquanto continua a tocar outras normalmente. Golpeie uma tecla e pressione o pedal e a nota continuará a soar. Toque outras notas rapidamente e verá que elas não se prolongam. Bacana, não? Bem, na verdade também é um pouco difícil, principalmente no meio da execução do *Concerto para Piano Nº. 3* de Rachmaninoff. Muitos fabricantes de piano estão optando por economizar dinheiro e omitir esse pedal.

  Em alguns pianos verticais, o pedal do meio é chamado de *pedal de estudo*, e tem uma função completamente diferente: ele insere uma camada de feltro entre os martelos e as cordas, para fazer com que o som fique mais suave e mais abafado. Ele permite que se pratique tarde da noite sem perturbar ninguém, assim, pode-se ainda chamar esse pedal de "o pedal da boa vizinhança".

Os pedais do teclado digital

Os pedais mais comuns nos teclados digitais são o sustain (que permanece com a mesma função que no piano acústico, conforme foi explicado anteriormente) e o pedal de volume (que aumenta ou diminui o volume). Quase todo teclado vem com um pedal sustain conectável; ele não move nenhum abafador ou muda as teclas, porque não há cordas dentro de um, teclado digital. Em vez disso, o pedal envia um sinal eletrônico ao cérebro do teclado, ordenando que sustente as notas ou, no caso do pedal de volume, que aumente ou diminua o volume (o Capítulo 2 explica mais sobre o cérebro de um teclado digital).

Outros pedais que podem ser acrescentados ao controle do teclado elétrico são: *vibrato*, que faz com que as notas soem trêmulas; mudanças de programa e efeitos especiais.

Capítulo 5: Oitenta e Oito Teclas, Três Pedais, Dez Dedos e Dois Pés

Você pode pesquisar amostras de sons desses diversos pedais na loja de instrumentos e decidir quais deles são melhores para você. O vendedor vai adorar mostrar a linha completa de pedais, na esperança de que você gaste ainda mais dinheiro do que já gastou ao comprar o teclado (o Capítulo 3 contém informações úteis sobre como comprar teclados e acessórios com cautela). Se não tem certeza de quais pedais quer, não compre nenhum. Você sempre pode voltar mais tarde, quando souber quais vai usar. Os conectores de todos os teclados e acessórios são universais, o que facilita muito as instalações e a compra.

Parte II
O Som no Papel

A 5ª Onda Por Rich Tennant

"É um metrônomo para jazz. É como o metrônomo normal, mas tem um solo de 32 compassos em cada sessão de aula prática."

Nesta parte...

Quando viajamos para outro país, devemos aprender pelo menos o mínimo da língua local para que possamos perguntar facilmente por informações, pedir um jantar ou entender o que as pessoas no elevador estão falando sobre nós.

Mas quando se viaja pelo piano, é importantíssimo compreender toda a linguagem da música. Esta parte o ajudará a traduzir todos os pontos, linhas e outros símbolos de notação musical na partitura para tons e ritmos. Ao final da Parte II, você estará falando a verdadeira língua internacional mundial – a música – e tocando algumas das canções que mais ama.

Capítulo 6
Leia Linhas e Espaços

Neste Capítulo

- Compreenda o que são todas aquelas linhas, espaços e coisinhas estranhas
- Coloque as mãos para brincar numa partitura completa
- Inicie e pare com as barras de compasso

Abelhas zumbindo, computadores chiando e ferramentas elétricas, "ferramentando" são sons que não podem ser facilmente decifrados e escritos no papel. Frustrados, os humanos decidiram que esses barulhos não significam nada para eles e seguem a vida. Mas as pessoas são incapazes de ser tão *blasé* quando se fala de outros tipos de som: discurso e música. E como este livro não se chama *Speech For Dummies*, vou direto ao que interessa.

Para tocar música, é preciso saber qual nota tocar e quando. Um piano tem 88 teclas, cada qual com um som musical diferente (o Capítulo 5 diz tudo sobre eles). Com um monte de linhas e pontos, um compositor nos diz quais notas tocar, quais das 88 teclas pressionar e por quanto tempo tocar cada nota. Neste capítulo, eu o ajudo a compreender como cada um desses elementos é escrito na forma de música.

O Seu Guia para uma Partitura de Piano

Quando se olha para uma partitura, como por exemplo, "Humoresque", na Figura 6-1, a primeira coisa que notamos são os inúmeros pontos e círculos. Eles representam *notas*. E cada nota escrita mostra duas informações essenciais:

- Qual tecla tocar
- Por quanto tempo mantê-la pressionada

Não vai levar muito tempo para perceber que essas notas estão escritas ou sobre uma linha, ou num espaço acima ou abaixo dessa linha. Sem essas linhas, as notas são... hum... somente pontos e círculos.

Figura 6-1: Um exemplo de música escrita para piano.

Glossário:
1. Sistema (Capítulo 6)
2. Clave de Sol (Capítulo 6)
3. Clave de Fá (Capítulo 6)
4. Bemol (Capítulo 6)
5. Sustenido (Capítulo 6)
6. Bequadro (ou nota natural) (Capítulo 6)
7. Barra de compasso (Capítulo 6)
8. Barra Final de compasso (Capítulo 6)
9. Indicação de andamento (Capítulo 7)
10. Semínima (Capítulo 7)
11. Mínima (Capítulo 7)
12. Semibreve (Capítulo 7)
13. Semicolcheia (Capítulo 7)
14. Pausa (Capítulo 7)
15. Fórmula de compasso (Capítulo 7)
16. Ligadura (Capítulo 8)
17. Colcheia pontuada (Capítulo 8)
18. Armadura de clave (Capítulo 13)
19. Dinâmica Musical (Capítulo 15)
20. Ritardando (Capítulo 15)
21. Articulação (Capítulo 15)
22. Crescendo (Chapter 15)
23. Diminuendo (Capítulo 15)
24. Legato (Capítulo 15)
25. Ornamento (Capítulo 15)

Olhe a Figura 6-1 um pouco mais atentamente e verá outros símbolos musicais que fazem parte da língua da música escrita. As seções a seguir irão ajudá-lo a começar a decifrar essa linguagem, começando pela pauta e a clave.

Nota: Muitos dos elementos da *notação musical* (os métodos e convenções universais utilizados para escrever música) serão introduzidos neste capítulo e outros o serão em capítulos mais à frente. Você pode – e deve – voltar a esta seção sempre que quiser rever e reforçar todos os elementos da notação musical. A Figura 6-1 mostra a qual capítulo se dirigir para cada elemento. Sinta-se à vontade para ir adiante e dar uma olhadela em qualquer elemento que lhe interessar.

Utilizando uma pauta de cinco linhas

A Figura 6-2 mostra uma série de linhas paralelas encontradas na música. Conte-as – vai encontrar cinco delas. Agora, conte os espaços entre elas – deverá encontrar quatro.

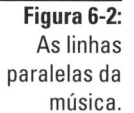

Figura 6-2:
As linhas paralelas da música.

Juntas, essas cinco linhas e esses quatro espaços compõem uma *pauta musical*. É um nome bem apropriado, pois assim como numa reunião, existe uma sequência a ser seguida, ou seja, como numa pauta de reunião. E que reunião! Sem reclamações de extensão de horário, ou de tópicos desinteressantes, desculpas ou atrasos; somente algumas linhas e espaços inanimados.

Cada linha e espaço representam uma nota musical específica. As notas recebem os nomes Dó, Ré, Mi, Fá, Sol, Lá, Si, assim como as teclas brancas do teclado. Também podem ser classificadas como letras no alfabeto (leia mais sobre esse sistema no Capítulo 5). Cada linha e espaço também recebe esses nomes. Dessa forma, quando você vir uma nota na linha Sol, saberá tocar a tecla Sol. Viu como tudo está começando a se alinhar? (Acho que passei da linha com esse comentário...)

Olhando para o teclado, verá que há várias de cada uma das sete notas. Por exemplo, verá diversas teclas Sol no teclado. Obviamente, cinco linhas e quatro espaços não são suficientes para acomodar as 88 teclas. Antes de entrar em pânico, por favor, perceba que possui algumas outras opções.

Clave bem as suas mãos

Em vez de adicionar mais linhas e espaços para acomodar todas as ocorrências em cada uma das sete notas, o que se faz é dar um símbolo para ajudar com a tarefa. Pense nisso como se fosse o anel decodificador do Capitão Composição. Veja aquele símbolo estranho no canto esquerdo da pauta na Figura 6-3. Essa criatura ornamental é chamada de *clave* (esta é a Clave de Sol, para ser mais exato).

Figura 6-3:
A Clave de Sol. ←— linha Sol

O único propósito da clave é mostrar quais os nomes das linhas e espaços na pauta. Se a clave pudesse falar, diria algo do gênero: "Para esta sequência de notas, as linhas e espaços representam estas teclas".

A música utiliza várias claves diferentes, mas como tecladista você tem sorte: só precisará saber de duas delas. Pense nisso como tendo uma clave em cada mão.

A Clave de Sol

A *Clave de Sol* (mostrada na Figura 6-3) normalmente assinala as notas que serão tocadas pela mão direita. Essa clave é também chamada de *Clave de Sol* porque:

- Se parece com um Sol estilizado (até demais).
- Gira em torno da segunda linha da pauta que (não coincidentemente) pode ser chamada de Sol.

A linha de Sol "cercada" pela Clave de Sol não se refere à qualquer uma das teclas Sol, apenas à mais central no teclado (veja a Figura 6-4 para se orientar). Depois que encontrar essa tecla, ler as outras linhas e espaços na pauta será tão fácil quanto recitar o alfabeto.

Se estiver perto do teclado, coloque algum dedo da mão direita nessa tecla Sol (mas se não estiver perto de um, veja as notas na Figura 6-4). A próxima tecla branca acima (à direita) da Sol é representada pelo próximo espaço na pauta. De acordo com o "Jeito Blake de Achar as Teclas, no Capítulo 5, Sol corresponde a "gol" e depois do gol volta-se ao pontapé inicial; logo, a próxima tecla no teclado e o próximo espaço na pauta correspondem à nota Lá.

Figura 6-4:
Encontrar Sol na Clave de Sol é fácil.

Dó central — Clave de Sol

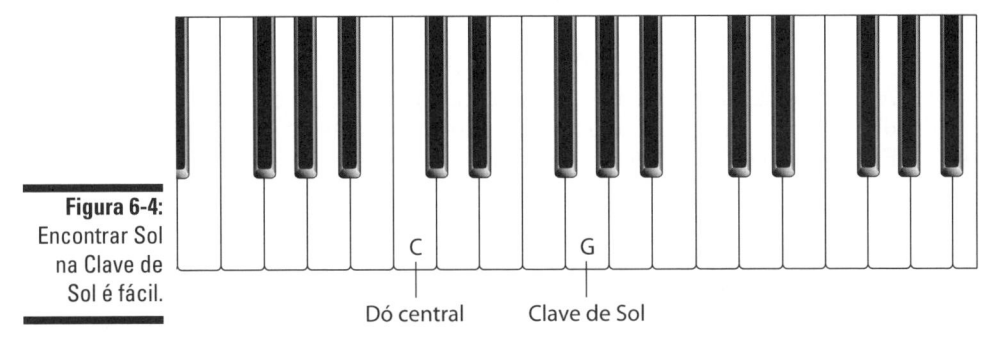

Continue acima e abaixo da pauta até que encontre todas as notas musicais na Figura 6-5.

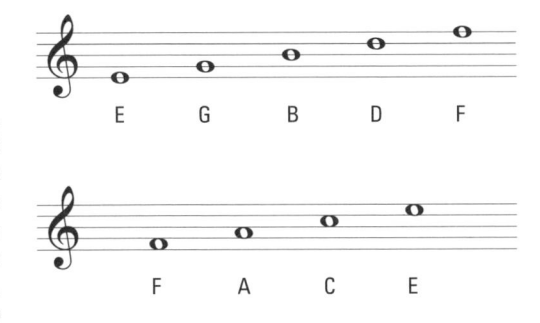

Figura 6-5: Nomes das notas nas linhas e espaços da Clave de Sol.

E G B D F

F A C E

Clave de Fá

A mão esquerda normalmente toca as notas mais graves no teclado, que também são chamadas *notas baixas* (só para lembrar, nota baixa aqui se refere ao *timbre*, não quer dizer que a nota tem a altura de um jóquei).

As regras de igualdade exigem que a mão esquerda tenha sua própria clave. Assim, apresento-lhe a *Clave de Fá* (mostrada na Figura 6-6). Assim como a Clave de Sol, a Clave de Fá destaca uma determinada linha que representa uma nota em particular: Fá. Você pode se lembrar do relacionamento especial entre a Clave de Fá e a nota pensando no seguinte:

- Os dois pontos da Clave de Fá representam a nota Fá.
- O símbolo da Clave de Fá (com um pouco de boa vontade) parece um Fá estilizado.

Figura 6-6:
A clave de Fá.

linha Fá

A Clave de Fá não se refere à linha Fá logo abaixo da Clave de Sol. Em vez disso, destaca um grupo de oitavas abaixo (ou à esquerda), conforme mostra a Figura 6-7 (veja o Capítulo 5 para mais informações sobre grupos de oitavas).

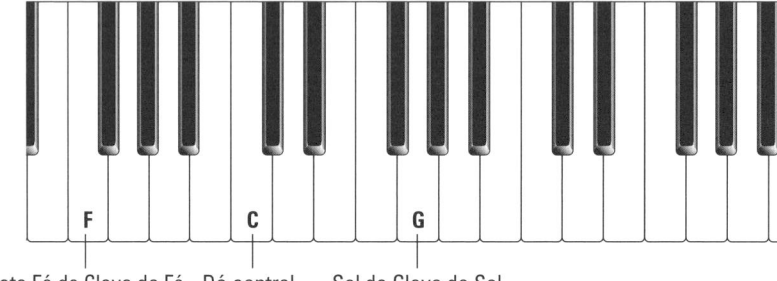

Figura 6-7:
Localizando o Fá da Clave de Fá no teclado.

Nota Fá da Clave de Fá   Dó central   Sol da Clave de Sol

Para ler as notas na Clave de Fá é simples: comece pela linha Fá e desça (volte) ou suba (siga adiante) no alfabeto. A Figura 6-8 mostra as notas na pauta da Clave de Fá.

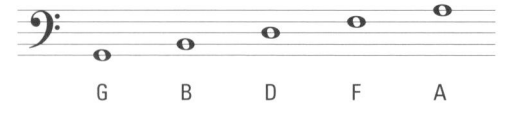

G B D F A

A C E G

Figura 6-8:
Nomes das notas nas linhas e espaços da Clave de Fá.

Capítulo 6: Leia Linhas e Espaços **85**

> Note que, tanto na Clave de Sol como na Clave de Fá, a primeira linha e o último espaço têm a mesma letra como nome – eles estão a apenas uma oitava de distância. O mesmo acontece para o primeiro espaço e a última linha de cada pauta. Uma oitava acima de uma nota num espaço é escrita em uma linha, e uma oitava acima de uma nota sobre uma linha é escrita em um espaço. A Figura 6-9 mostra exatamente o que estou dizendo.

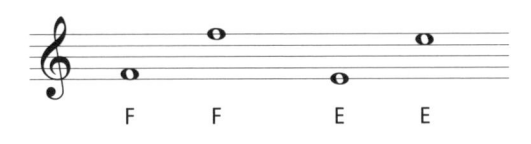

Figura 6-9: Dicas para ler as oitavas.

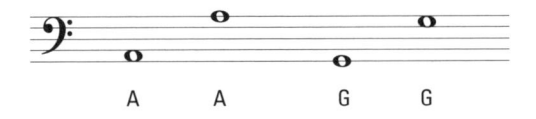

Os acidentes

Você deve estar se perguntando como as teclas pretas são representadas nessas linhas e espaços. O Capítulo 5 explica que as teclas pretas são os *sustenidos* ou *bemóis*; por exemplo, um Si bemol é a tecla preta à esquerda (ou abaixo) da Si, e um Fá sustenido é a tecla preta à direita (ou acima) de Fá. Em vez de adicionar mais linhas e mais espaços para mostrar os sustenidos e bemóis, um método bem mais simples coloca os sustenidos e bemóis, ou *acidentes*, nas mesmas linhas e espaços que as notas "naturais", mas com pequenos símbolos à esquerda destas. Logo, Si bemol ficará na linha Si, mas com o símbolo de Si ao seu lado e Fá sustenido também será escrita na linha Fá, mas com o símbolo de sustenido próximo a ela. O símbolo de *natural* (ou bequadro) cancela o bemol ou sustenido, fazendo com que a nota volte à sua forma natural, conforme mostra a Figura 6-10.

Figura 6-10: Notação dos acidentes.

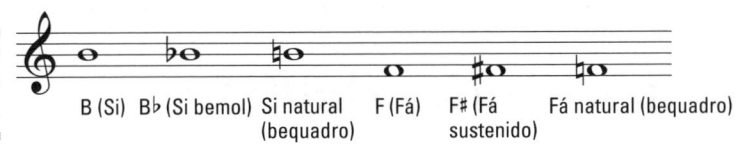

B (Si)   B♭ (Si bemol)   Si natural (bequadro)   F (Fá)   F# (Fá sustenido)   Fá natural (bequadro)

Mnemônicos ajudam a lembrar das "mnotas"

Está tendo dificuldades para se lembrar dos nomes das linhas e espaços de cada pauta (e, consequentemente, das notas que elas representam)? Use um *mnemônico*, uma palavra ou frase criada com as letras dos nomes dessas linhas e espaços para ajudá-lo a se lembrar.

Eu gosto dos mnemônicos abaixo, mas sinta-se à vontade para criar os seus. Essas frases começam sempre na linha de baixo das pautas, a não ser que seja explicitado antes.

Linhas da Clave de Sol (Mi, Sol, Si, Ré, Fá – Mi, Sol, Si, Ré, Fá):

- **Tradicional**: **E**sse **G**aroto **É** **B**om **D**ançarino de **F**orró.
- **Musical**: **E**u **G**osto (de) **B**ossa, **D**isco (e) **F**oxtrot.
- **Pianística**: **E**sse **G**ershwin (era) **B**om **D**e **F**arra.
- **Culinária**: **E**squente a **G**oiaba, a **B**anana **D**'Água e o **F**igo.

Espaços da Clave de Sol (Fá, Lá, Dó, Mi – Fá, Lá, Dó, Mi):

- **Tradicional**: FACE.
- **Musical**: **F**aça **A**rpejos **C**om **E**stilo.
- **Dramaturgia**: **F**racassos (de) **A**tores **C**omeçam **E**m cena.

Linhas da Clave de Fá: (Sol, Si, Ré, Fá, Lá – Sol, Si, Ré, Fá, Lá):

- **Esportiva**: **G**ol! (a) **B**ola **D**esviou! **F**oi (no) **Â**ngulo!
- **Animal**: **G**ansos **B**ebem **D**e **F**ontes **A**quáticas.
- **Musical I**: **G**rande **B**eethoven: **D**esenvolveu **F**ama na **Á**ustria.
- **Musical II**: **G**rieg (e) **B**ach **D**escreveram **F**ugas **A**bertamente.
- **Musical III**: **G**uitarra **B**ase **D**á **F**antásticos **A**cordes.

Espaços da Clave de Fá (Lá, Dó, Mi, Sol – Lá, Dó, Mi, Sol):

- **Musical**: **A**celerar (o) **C**ompasso **E**straga (a) **G**raciosidade.
- **Animal**: **Á**guias **C**açam **E**squilos **G**randes.
- **Vingança (comece pelo último espaço)**: **G**ente **E**nfurecida **C**orre **A**trás.

Leia essas frases sempre e você dificilmente as esquecerá. Claro, se acontecer de esquecer algumas dessas ferramentas úteis, é simples: encontre a linha "circulada" pela clave e suba ou desça no alfabeto a partir dela.

Duplique a Pauta, Duplique a Diversão

Cedo ou tarde, em qualquer uma das pautas, as linhas e espaços se acabam para o número de notas. Obviamente, o compositor queria que você usasse mais dessas 88 teclas maravilhosas que estão à disposição, certo? Aqui está a solução: como se toca o piano com as duas mãos ao mesmo tempo, porque não mostrar ambas as pautas na mesma página? Ótima ideia!

Sistema e linhas suplementares

Coloque as duas pautas juntas e una-as com um colchete no início, no lado esquerdo e terá um *sistema* (sério, igual na matemática), conforme mostra a Figura 6-11. Dessa forma, você poderá ler as notas para as duas mãos ao mesmo tempo.

Figura 6-11: Sistemático, não?

Por que todo esse espaço entre as duas pautas? Ah, excelente pergunta! Olhe a Clave de Sol na Figura 6-11 e dê nome às notas de cima para baixo a partir da linha Sol. Repare que só se consegue chegar até a Mi antes de as linhas acabarem. O que fazer, então?

Encontre a linha Fá da Clave de Fá na Figura 6-11 e nomeie as notas de baixo para cima. A última linha é Lá. Mas onde ficam Si, Dó, Dó sustenido, Ré, Ré sustenido entre Lá e Mi, mostradas na Figura 6-12?

Figura 6-12: Onde estão as linhas e espaços para essa turma?

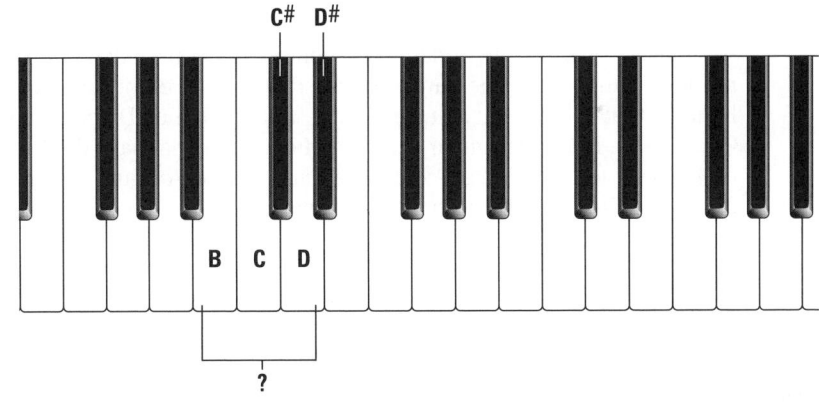

A solução é a *linha suplementar*. As linhas suplementares permitem que se coloque as notas acima ou abaixo de cada pauta. O Dó central, por exemplo, pode ser escrito abaixo da pauta da Clave de Sol (ou dos agudos) ou acima da pauta da Clave de Fá (ou dos graves) usando-se uma pequena linha "cortando a cabeça da nota", conforme mostra a Figura 6-13.

Figura 6-13: O Dó central escrito com linhas suplementares para a mão direita e esquerda.

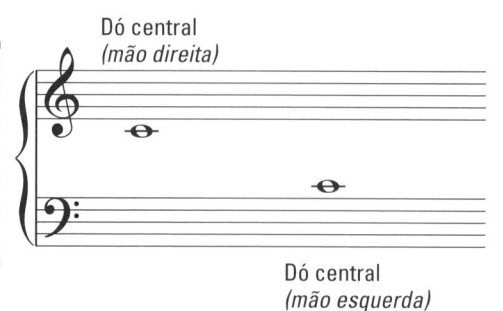

Dó central
(mão direita)

Dó central
(mão esquerda)

Se o Dó central for escrito com uma linha suplementar abaixo da Clave de Sol, você o tocará com a mão direita; se esta linha estiver acima da Clave de Fá, você o tocará com a mão esquerda.

Se você tem mais facilidade em aprender visualmente, tente pensar desta forma: as notas escritas no meio do sistema, ou entre as duas pautas, representam as notas no meio do teclado do piano.

A linha suplementar representa uma linha imaginária correndo acima ou abaixo da pauta, estendendo as cinco linhas da pauta para seis, sete ou até mais linhas. Uma ótima maneira de fazer a notação de todas as notas além do alcance de cada pauta, não acha? E pode-se, claro, ler essas notas nos espaços entre as linhas suplementares da mesma maneira que se lê as notas nos espaços entre as linhas da pauta.

As notas Si e Ré, que circundam o Dó central, também podem ser escritas usando-se linhas suplementares, ou seja, Ré pode ser escrita abaixo da última linha da Clave de Sol, ou acima da linha suplementar da Dó central, superior à Clave de Fá. De forma similar, o Si pode ficar acima da Clave de Fá ou abaixo da linha suplementar de Dó central na Clave de Sol. A Figura 6-14 ilustra bem essas posições flexíveis das notas no sistema.

Figura 6-14: Tocando a mesma nota com mãos diferentes.

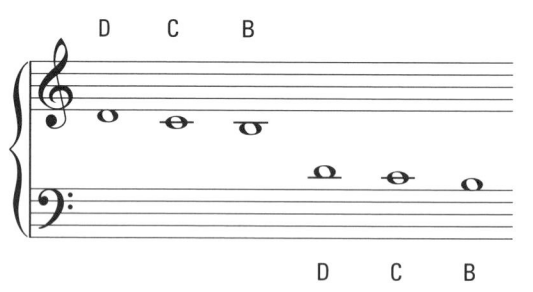

D C B

D C B

Escale a pauta e vá além

O Dó central pode ser legal, mas não é a única nota a receber o cobiçado prêmio de ter uma linha suplementar. Outras linhas suplementares surgem quando se precisa de notas que estão acima ou abaixo das pautas. Notas escritas acima da Clave de Sol são mais altas, à direita no teclado. Da mesma forma, notas escritas abaixo da Clave de Fá representam notas mais graves, à esquerda no teclado.

Por exemplo, a última linha da Clave de Sol é Fá. Mas acima dessa linha estará Sol. E acima dele, um novo conjunto de linhas suplementares está esperando para fazer uma entrada triunfal.

Uma situação parecida ocorre na primeira linha da Clave de Fá. As linhas suplementares começam a pipocar abaixo da linha de Sol e abaixo do Fá que está ali, se segurando para não cair da pauta. A Figura 6-15 mostra a variedade generosa de notas no sistema e como elas se relacionam no teclado.

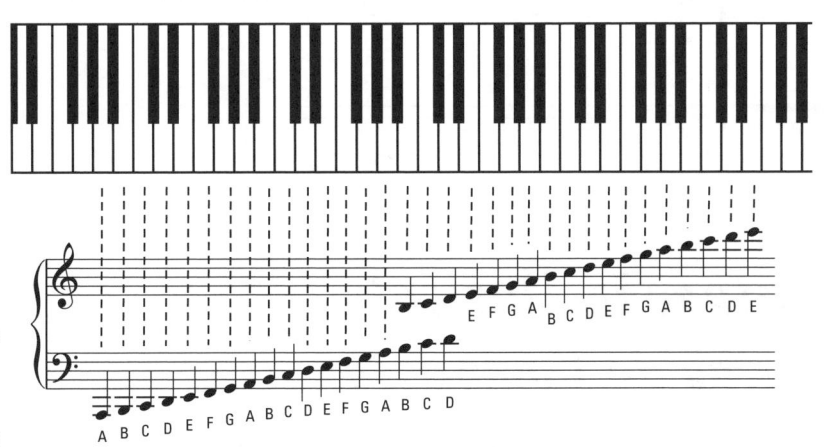

Figura 6-15: As notas no sistema.

Uma oitava acima, uma oitava abaixo

Escrever e ler linhas suplementares para notas acima ou abaixo no teclado pode parecer meio ridículo. Afinal de contas se você continuar a usar linhas, usará um volume considerável de espaço, e ler todas as notas se tornará algo tedioso. E foi por esse motivo que os compositores inventaram a *oitava* ou linha *ottava*, que ordena que se toque a nota ou notas indicadas uma oitava acima ou abaixo do que está escrito. A abreviação *8va* significa tocar uma oitava acima e *8vb* significa tocar uma oitava abaixo. A Figura 6-16 mostra como essas linhas de oitavas aparecem na música escrita.

Solucionando os mistérios que rondam as claves

A existência do Dó central responde a algumas questões sobre as claves – algo que chamo de "Os Mistérios das Linhas da Pauta":

- Se a clave é de *Sol*, por que ele não fica no centro da pauta?
- Da mesma forma, por que o Fá não está na linha central da clave de Fá?

A resposta para ambos os mistérios é, claro, que as posições de Sol e Fá são determinadas por sua distância do Dó central. Pode-se até dizer que ele tem certo poder no mundo musical.

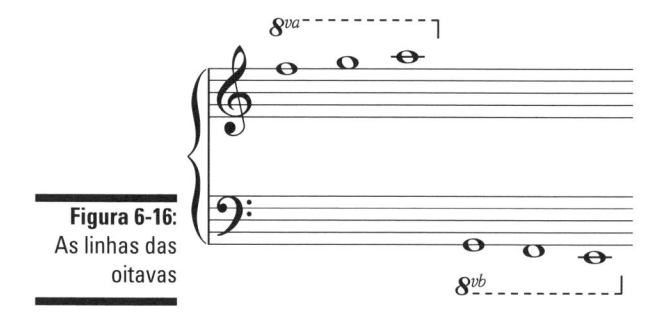

Figura 6-16: As linhas das oitavas

Pontuação Musical: Barras de Compasso

Além das linhas horizontais da pauta, a música emprega linhas verticais para ajudá-lo a se situar onde está na música, como se fosse a pontuação num texto escrito.

Uma *barra de compasso* divide a música em trechos, quebrando o parágrafo musical em pequenos e mensuráveis grupos de notas e pausas. Ela ajuda a organizar a escrita e a leitura da música, tanto para o compositor quanto para o intérprete.

Você vai encontrar mais sobre as barras de compasso no Capítulo 7, que explica a importante função que elas desempenham quando se fala de ritmo. Neste meio tempo, a Figura 6-17 mostra como as barras de compasso são escritas.

Figura 6-17: Barras de compasso são linhas verticais que dividem a música em trechos.

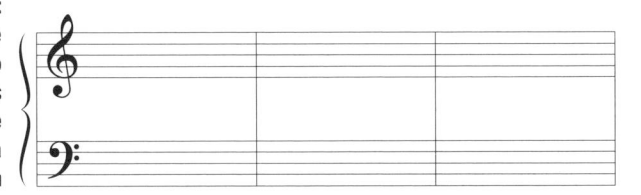

Você verá outros tipos de barras de compasso na música para piano. Elas servem para dar instruções sobre como a música está estruturada, quando e onde repetir algum trecho e quando parar. Veja abaixo os nomes de cinco tipos de barras de compasso e detalhes sobre o que elas ordenam que seja feito (veja na Figura 6-18 como cada uma delas é representada graficamente).

- **Simples**: siga para o próximo trecho.
- **Dupla**: proceda para a próxima seção (porque você chegou ao final desta!).
- **Início de repetição**: este trecho deve ser repetido.
- **Término de repetição**: ao chegar nesse ponto, volte até um início de repetição (ou até o início da pauta se não houver essa barra).
- **Final**: pare de tocar agora! Você chegou ao fim!

Figura 6-18: Os cinco tipos de barras de compasso.

Não Pare de Ler

Enquanto lê este livro, você percebe imediatamente que cada página possui inúmeras linhas de texto. Não se para de ler quando se chega ao final de uma página ou linha. Em vez disso, os seus olhos continuam a ler da esquerda para a direita, chegando ao final e passando imediatamente para o início da linha seguinte. A leitura continua, até que se chegue ao final do livro, ao final da frase, ou até que o jantar fique pronto.

> Ler música é a mesma coisa, você toca as notas da esquerda para a direita. Quando se chega ao final da pauta ou ao final da página, volta-se ao início da pauta ou conjunto de pautas que vêm a seguir e continua-se tocando até que veja a barra final de compasso (o processo é o mesmo, não importa se está lendo uma pauta simples ou um sistema). As setas ao longo da linha pontilhada na Figura 6-19 ilustram o que estou tentando dizer. Repare que as claves correspondentes aparecem no início de cada nova linha de música.

Figura 6-19: Continue lendo, continue tocando.

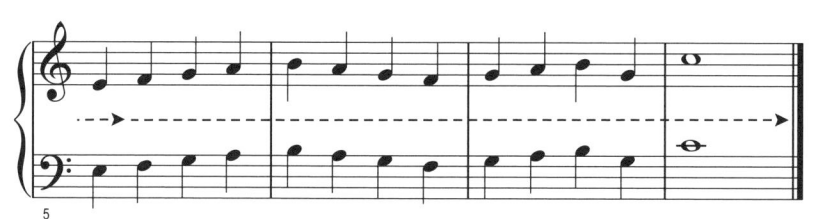

Capítulo 7
Junte-se à Nação do Ritmo

Neste Capítulo

▶ Faça algumas notas durarem mais do que outras
▶ Balanceando as notas com pausas
▶ Tenha uma ideia sobre as fórmulas de compasso

Música é mais do que uma série de tons longos, contínuos e monótonos. Claro, essa descrição pode se aplicar a uma série de obras de vanguarda – e aquela coisa que sai das gaitas de fole –, mas você provavelmente quer tocar canções com melodias e ritmos que façam as pessoas quererem cantar e dançar.

Neste capítulo, eu mostro como é importante acertar o tempo das suas notas quando tocar piano. Como diz o ditado, o tempo não para e cada nota na música tem ponto de início e fim. Logo, as notas precisam ter valores diferentes que possam ser contados. Mostro também como o tempo na música pode ser contado de outras formas: medindo a batida para determinar o ritmo de uma canção e adicionando uma fórmula de compasso para determinar o padrão rítmico de uma canção.

Você ganhará o seu lugar na "nação do ritmo" à medida que conhece a "trindade do tempo": valores de notas, indicações de andamento e fórmulas de compasso – os três elementos que formam o ritmo. Este capítulo o apresentará a esses elementos do ritmo e dará alguns exercícios de prática para tocar no seu teclado.

À Procura da Batida Perfeita

A batida é o que você produz quando bate o seu pé junto com a música. É a pulsação regular que dá o balanço gostoso de uma música. Uma canção de batida rápida faz você pular na pista de dança, e uma música romântica faz você dançar bem lentamente com o seu amor nos braços. Uma das primeiras coisas a fazer quando se toca música, é encontrar qual é o seu *andamento*. Qual é a velocidade da batida?

Meça o ritmo com o andamento

O tempo, na música, é medido em *batidas*. Assim como as do coração, as batidas musicais são medidas em batidas por minuto – um determinado número de batidas ocorre na música (e no seu coração) a cada minuto. Se você é como eu, quando um médico diz que o seu coração está a "X" batidas por minuto, você pensa: "E daí? E eu lá sei para que serve esse número?" Mas quando um compositor lhe diz quantas batidas musicais ocorrem num determinado espaço de tempo musical, não se pode ter uma atitude tão despreocupada, muito menos quando realmente se deseja que a sua música esteja correta.

Para ajudá-lo a compreender as batidas e como são medidas, olhe para um relógio de parede ou o do seu pulso e bata o pé uma vez a cada segundo. Está ouvindo? Você está produzindo batidas, uma batida por segundo. Lógico, as batidas podem ser mais rápidas ou mais lentas. Olhe de novo para o relógio e dessa vez bata o pé duas vezes a cada segundo.

A velocidade maior ou menor com que você produz essas batidas é chamada *andamento*. Por exemplo, quando você bate uma vez por segundo, o andamento é 60 batidas por minuto porque há 60 segundos num minuto. Você está batendo num ritmo lento e regular. Quando bater o pé duas vezes a cada segundo, estará a um andamento moderadamente rápido - 120 batidas por minuto.

Os compositores usam uma indicação de andamento e, às vezes, um metrônomo para saber se a batida está muito rápida ou muito lenta. A indicação de andamento, mostrada acima da Clave de Sol no início da partitura, é uma classificação que descreve a batida de maneira bem simples: rápida, lenta, moderadamente rápida e assim por diante. Um metrônomo indica a medida exata da batida, em batidas por minuto. A Tabela 7-1 traz uma lista de indicações de andamento e seus parâmetros gerais, utilizando o nome em italiano e as instruções em português.

Enquanto aprende a ler e tocar música, tenha sempre em mente que as indicações de andamento dão grande flexibilidade ao intérprete e podem ser interpretadas de formas que não se limitam à velocidade exata da batida.

Tabela 7-1	Indicações de andamento e suas batidas aproximadas por minuto:	
Indicação de Andamento	*Tradução*	*Parâmetro Geral de Número de Batidas por Minuto*
Largo	Bastante lento (amplo)	♩ = 40 – 60
Adagio	Lento	♩ = 60 – 72
Andante	Moderado (ritmo de caminhada)	♩ = 72 – 96
Allegro	Rápido, alegre	♩ = 96 – 132
Vivace	Rápido, vigoroso (mais rápido que Allegro)	♩ = 132 – 168
Presto	Muito rápido	♩ = 168 – 208

Providencie um *metrônomo*, um pequeno aparato que "clica" as batidas de qualquer ritmo que escolher, assim não terá que passar o dia todo se matando para calcular 84 batidas por minuto. Pode até encontrar metrônomos antigos, com aquele pêndulo hipnotizante. Os modernos metrônomos digitais são do tamanho de um telefone celular e, falando neles, é possível baixar aplicativos de metrônomo para o seu telefone móvel.

Agrupando as batidas em compassos

Pense numa pauta como uma linha do tempo (o Capítulo 6 diz tudo sobre pautas musicais). Da mesma maneira que a face de um relógio pode ser dividida em minutos e segundos, a pauta musical também pode ser dividida em unidades menores de tempo. Essas unidades menores ajudam a contar as batidas e a saber exatamente onde está na música todo o tempo.

Uma canção de três minutos pode conter 200 batidas separadas ou até mais. Para evitar se perder entre esse valor enorme, contá-las enquanto toca ajuda bastante. Mas em vez de pedir que conte números de três dígitos e tente tocar ao mesmo tempo, o compositor agrupa as batidas em pedaços bonitinhos chamados *compassos*.

Cada compasso tem um número específico de batidas, geralmente quatro. Esse pequeno grupo é muito mais fácil de contar: é só pensar "1, 2, 3, 4" e depois começar novamente com o "1" em cada compasso subsequente.

O compositor decide quantas batidas colocar em cada compasso, e então marca cada um deles com uma linha vertical chamada *barra de compasso*, conforme mostrado na Figura 7-1 (veja o Capítulo 6 para mais informações).

Por que é importante saber disso? Os compassos ajudam a agrupar as batidas em padrões. Esses padrões são feitos de batidas fortes e fracas, que são enfatizadas ou não, respectivamente. O padrão repetitivo de uma batida determina a *fórmula de compasso* de uma canção, que falarei mais adiante neste capítulo, na seção "Contando as Fórmulas de Compasso Mais Comuns".

A Figura 7-1 mostra uma pauta com diversos compassos de batidas. As barras diagonais representam cada uma delas. Enquanto conta essas batidas, bata palmas. A primeira vez em que o fizer, não enfatize nenhuma delas. Na vez seguinte, enfatize a primeira batida em cada compasso batendo palmas um pouco mais fortes do que nas outras três. Repare como essa ênfase adiciona um leve pulso ao ritmo geral, criando um padrão de batidas.

Figura 7-1: Barras de compasso ajudam a agrupar as batidas. Bata palmas de acordo com as barras inclinadas.

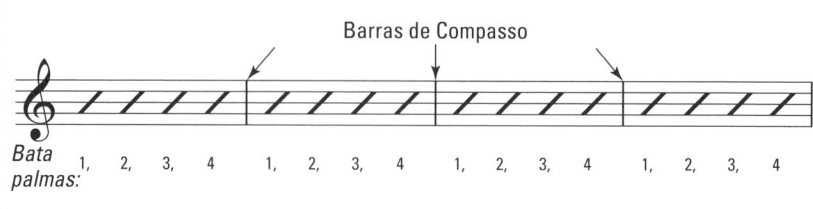

Bata palmas: 1, 2, 3, 4 | 1, 2, 3, 4 | 1, 2, 3, 4 | 1, 2, 3, 4

Barras de Compasso

Valores Básicos das Notas: Servindo uma "Torta" Musical

Quando se ouve música tocada no teclado, piano, ou em qualquer outro instrumento, percebe-se que as notas apresentam diferentes extensões. Algumas se parecem com o "apito" de um navio, outras são bem curtas, como um passarinho cantando, e outras são de média extensão, como o mugido de uma vaca. A melodia de uma canção é definida tanto por seu ritmo – sua combinação de notas longas, médias e curtas –, quanto por seu timbre. Ritmo sem melodia é... bem, um solo de bateria.

Algumas canções são tão conhecidas que se pode reconhecê-las simplesmente por seu ritmo. Por exemplo, a favorita do Natal, "Jingle Bells", possui um padrão de ritmo único. E depois de ouvi-la de novembro a janeiro todos os anos, você poderia reconhecê-la mesmo se alguém só batesse palmas no ritmo da melodia.

A música para piano utiliza diversos símbolos e caracteres. Os símbolos mais importantes talvez sejam aqueles que mostram a duração de cada nota. A organização singular e o padrão de duração de notas formam o ritmo melódico de uma canção.

Cada nota tocada dura um certo número de batidas, ou uma determinada fração de uma batida. Não se preocupe, eu também não gosto muito de matemática. Sendo assim, fico feliz em dizer que as frações utilizadas na música são tão complexas quanto as usadas quando se fatia uma torta.

Imagine-se diante da mesa de sobremesas mais fantástica do mundo, observando as centenas de tortas frescas com cobertura de merengue (as de coco com creme são minhas, obrigado). Agora, finja que cada uma representa uma medida de música.

O chefe de cozinha (o compositor) lhe diz ao início da sobremesa (música) em quantos pedaços iguais você deve cortar cada torta (o compasso). Cada pedaço representa uma batida. Você pode até comer um pedaço inteiro da torta, ou uma parte dela, dependendo da sua fome (ou seja, de como a música deve ser).

Semínimas: um pedaço de cada vez

Muitas obras musicais possuem quatro batidas por compasso. Em suma, o seu chefe de cozinha ordena que cada torta seja cortada em quatro partes iguais. Quando se divide algo em quatro partes, cada parte representa um quarto. E cada um quarto de nota é chamado de semínima.

Uma *semínima* é representada por uma cabeça preta ao final de uma haste longa. Como é tão comum, a semínima se tornou a nota mais popular – e assim a mais fácil de ser reconhecida – de todo o reino musical. Veja-as na Figura 7-2. Conseguiu reconhecê-las? Eu te avisei.

Figura 7-2: Conte e toque as semínimas.

Conte: 1, 2, 3, 4 1, 2, 3, 4 1, 2, 3, 4 1, 2, 3, 4

Tente tocar a semínima de Sol na Figura 7-2 no seu piano, usando a sua mão direita, 2º dedo (ou seja, MD 2 - o Capítulo 5 fala mais sobre dedilhados). Comece batendo o pé, no andamento de uma batida por segundo. Conte "1, 2, 3, 4" em voz alta. A cada vez que o seu pé bater no chão, toque a próxima semínima no piano. Quando chegar à barra de compasso, continue tocando, batendo o pé e contando em voz alta os compassos que faltam.

Mínimas: metade da torta

De volta à mesa de sobremesas, se você cortar uma torta em quatro partes e comer duas delas, você terá comido metade dela. Da mesma forma, se dividirmos um compasso de música em quatro batidas tocaremos uma nota que dure duas batidas – presumimos que essas duas batidas equivalem a meia nota, ou seja, uma *mínima*.

A Figura 7-3 mostra os quatro compassos com as mínimas e semínimas. Repare que uma mínima é bastante similar a uma semínima, com uma haste longa e uma cabeça ao final dela, mas essa cabeça é aberta (oca), em vez de fechada (preenchida).

Figura 7-3: Não quero um pedaço mínimo.

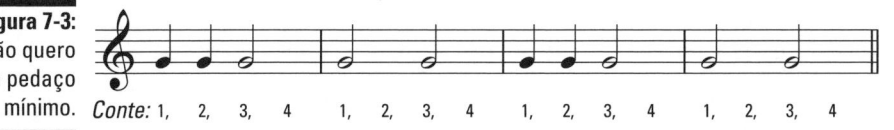

Conte: 1, 2, 3, 4 1, 2, 3, 4 1, 2, 3, 4 1, 2, 3, 4

> ### As leis da gravidade se aplicam à haste
>
> Já deve ter notado que a haste de uma nota às vezes aponta para cima, às vezes para baixo. As leis da gravidade se aplicam à haste, isto é, qualquer nota situada acima da linha central de uma pauta aponta para baixo. E isso vale para todas as notas que possuem hastes. Repare ainda que as apontadas para cima são colocadas à direita da cabeça da nota, as que apontam para baixo ficam à esquerda da cabeça da nota.

Tente tocar as notas que vê na Figura 7-3. Para cada mínima, mantenha a tecla pressionada por duas batidas, antes de tocar a próxima nota. Continue contando "1, 2, 3, 4" para saber quando tocar e pressionar a nota.

Semibreves: a torta inteira

Se comer os quatro pedaços da torta que cortou, terá comido a torta inteira. Se tocar uma nota que dure as quatro batidas de um compasso, você está tocando uma *semibreve*.

Por razões óbvias, que você verá na Figura 7-4, esta nota é às vezes chamada de bola de futebol americano, pois assim como a mínima, a cabeça da semibreve é oca, mas sua forma é ligeiramente diferente – mais oval.

Figura 7-4:
As semibreves duram os quatro compassos.

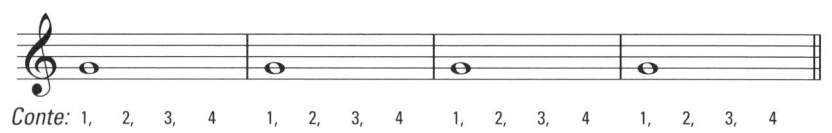

Conte: 1, 2, 3, 4   1, 2, 3, 4   1, 2, 3, 4   1, 2, 3, 4

Tocar semibreves é fácil, por isso sempre haverá alguém na banda dizendo: "Ah, minha parte é fácil, só bola de futebol americano". Toque as notas da Figura 7-4 pressionando-as por quatro batidas. Mantendo o andamento, siga a barra e imediatamente toque o próximo compasso, pois uma nota semibreve dura *todo* o compasso. Lembre-se de contar todas as quatro batidas enquanto toca, para que o ritmo se mantenha cadenciado.

Contando todos os pedaços

Depois de aprender como contar, tocar e manter os três valores principais de uma nota, tente tocar a Figura 7-5 com uma variedade de todas as extensões das notas. Ouça a faixa do CD e siga a música ao menos uma vez antes de tocá--la. Admito que a melodia dessa canção não é exatamente de trazer lágrimas aos olhos. Usei a mesma nota ao longo de todo o exercício para enfatizar o ritmo criado pela combinação das três extensões das notas.

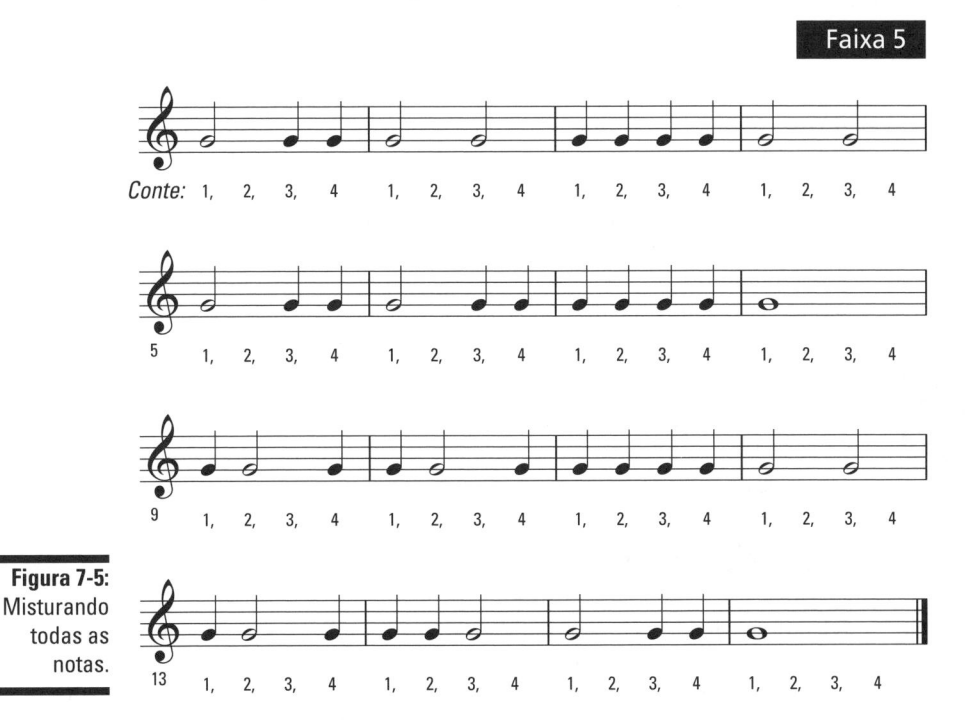

Faixa 5

Figura 7-5: Misturando todas as notas.

Ritmos Mais Velozes, Mesmo Andamento

Como mostra a obra-prima na Figura 7-5, só porque um compasso tem quatro batidas, não significa que ele pode ter somente quatro notas. Diferente da semínima, mínima e da semibreve (que mencionei na seção anterior), algumas notas duram apenas uma fração de batida. Quanto menor a fração, mais rápida será a movimentação rítmica, pois você ouvirá mais notas para cada batida.

Uma nota com outro nome

Outros países de língua inglesa (e alguns círculos musicais nos Estados Unidos) usam nomes diferentes para notas de mesmo valor. Por exemplo, no Reino Unido, Nova Zelândia e Austrália, você ouve o valor de 1/4 sendo mencionado como uma *semínima*, o valor de 1/2 como *mínima* e o valor inteiro como uma *semibreve*. Nunca tenha medo, as notas, com qualquer nome, têm todos os mesmos valores.

Faixa 6

Ouça a faixa 6 no CD. Cada batida – representada pelo clique constante do metrônomo – é a duração de uma semínima, que cria um *compasso de semínima*. No entanto, as durações menores de uma nota fazem parecer que a música está ficando cada vez mais rápida. Na verdade, a velocidade da música não se altera nunca. Em vez disso, em cada compasso sucessivo, a duração das notas é uma fração cada vez menor da batida. Dividindo a batida assim, possibilitamos mais notas na mesma quantidade de tempo e a música ganha um ritmo ligeiramente diferente, talvez até mais dançante.

Se encontrar dificuldade em tocar essas notas de menor valor, simplesmente diminua o andamento, fazendo a batida de semínima mais lentamente. Esse ajuste permite que se toquem esses padrões mais rápidos num andamento mais lento; depois você poderá aumentá-lo à medida que se torna mais familiarizado com a música.

As colcheias

Quando se divide as quatro batidas de um compasso pela metade, obtém-se oitavos de notas, ou *colcheias*. São necessárias duas colcheias para se obter uma batida, ou uma semínima. Da mesma forma, precisa-se de quatro colcheias para se obter uma nota mínima e são necessárias oito colcheias para... bem, acho que você entendeu.

Podem-se escrever as colcheias de duas formas diferentes, conforme mostra a Figura 7-6. De maneira isolada, uma colcheia se assemelha a uma semínima com uma *bandeirola (ou colchete)*. Quando duas ou mais colcheias estão presentes, essa bandeirola se torna uma *barra* ligando as notas. Essa barra coloca as colcheias em grupos, facilitando muito encontrar cada batida.

Figura 7-6: As bandeirolas nas colcheias se transformam em barras.

Para tocar as colcheias na Figura 7-7, conte a batida em voz alta desta forma: "1-e, 2-e, 3-e, 4-e" e assim por diante. Toda vez que o seu pé tocar o chão, diga um número; e toda vez que ele sair do chão, diga "e". Quando houver uma mistura de colcheias e semínimas, continue contando todas as colcheias para não sair do compasso.

Figura 7-7: Toque e conte as colcheias e semínimas.

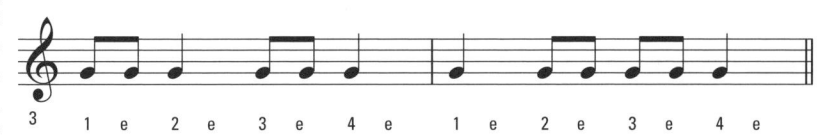

As semicolcheias e outras

Dividindo-se uma semínima em quatro partes separadas, obtemos uma *semicolcheia*. Duas semicolcheias equivalem a uma colcheia.

Assim como as colcheias, as semicolcheias podem ser escritas de duas formas: com bandeirolas ou com barras. Uma semicolcheia sozinha tem duas bandeirolas, enquanto os grupos de semicolcheias têm duas barras. Você verá com muita frequência quatro semicolcheias ligadas, porque equivalem a uma batida. E muito frequentemente uma colcheia aparecerá ligada com duas semicolcheias, uma combinação que, da mesma forma, equivale a uma batida. A Figura 7-8 mostra exemplos de semicolcheias ligadas entre si e colcheias ligadas a semicolcheias.

Figura 7-8: Semicolcheia com semicolcheia.

Para contar as semicolcheias, divida a batida dizendo "1-i-e-na, 2-i-e-na" e assim por diante. Diga os números quando o pé bater no chão; o "i" quando ele subir e o "e" e "na" em seguida, antes da batida seguinte. Mesmo em um compasso de colcheias e semicolcheias, você deverá contar tudo como se fossem semicolcheias.

As semicolcheias não são tão difíceis de tocar em uma balada lenta, mas tente aplicar semicolcheias numa música mais rápida e você parecerá com Jerry Lee Lewis – fantástico!

Eu poderia continuar dividindo a batida, e alguns compositores até o fazem, até que não reste praticamente nada dela. A Figura 7-9 mostra que a partir de uma semicolcheia, pode-se dividir a batida em 32 partes, depois em 64 e até 128 partes.

Figura 7-9: Dividindo a batida infinitamente.

Conte: 1 2 e ah meu Deus você deve estar brin - cando !!

Caso você encontre valores de notas menores que semicolcheias, simplesmente diminua o andamento até conseguir contar a fração da batida de uma forma que faça sentido para você. Então, gradativamente acelere o andamento e tente mais uma vez.

Pausas: Ouça o Som do Silêncio

Não importa o quanto goste de algo, uma atividade não pode ser feita continuamente, sem intervalos. A maioria dos compositores sabe disso e põe espaços que permitem descanso na música. Seja um descanso para as mãos ou para os ouvidos, é uma parte inevitável e essencial de toda e qualquer música.

Um descanso musical – ou uma *pausa* – é simplesmente um período predefinido de tempo no fluxo da música, onde nenhuma nota é tocada ou sustentada. A batida segue – lembre-se, é um pulso constante –, mas você faz uma pausa que pode ser tão curta quanto a duração de uma colcheia, ou tão longa quanto vários compassos (que normalmente é o caso quando se está tocando em algum tipo de banda ou conjunto e, enquanto os outros tocam, você entra em pausa). Entretanto, essa pausa nunca é longa o bastante a ponto de se pedir uma pizza ou fazer qualquer outra atividade.

Pause, mas prepare-se para as notas que vêm a seguir. Não coloque as mãos no colo ou nos bolsos. Mantenha-as sobre o teclado, prontas para tocar o que vier, e verifique o próximo conjunto de notas para guiar suas mãos até os próximos movimentos.

Para cada duração de notas, há um período de pausa. E como já deve ter adivinhado, para cada pausa há um símbolo apropriado. A seção a seguir mostra todas elas.

Pausas de semibreves e de mínimas

Quando tocar uma semibreve Fá, toque a tecla Fá e sustente a tecla por quatro batidas. Para uma mínima, toque a nota e a sustente durante duas batidas (a seção anterior "Valores Básicos das Notas: Servindo uma "Torta" Musical" abrange tanto semibreves quanto mínimas). *Pausas de semibreve* e *pausas de mínima* pedem que não se toque nada durante um determinado número de batidas.

A Figura 7-10 mostra tanto a pausa de semibreve quanto a de mínima. Elas se parecem com chapeuzinhos – um virado para cima (pausa de semibreve) e o outro virado para baixo (pausa de mínima). Com essa analogia às regras de etiqueta, lembrar das pausas é fácil. Veja só:

- Se descansar por um compasso completo (quatro batidas), tire o chapéu e aguarde.
- Se descansar por apenas metade do compasso (duas batidas), não precisa tirar o chapéu.

Figura 7-10: Tire o chapéu para a pausa de semibreve, mas deixe o chapéu para a pausa de mínima.

Pausa de semibreve   Pausa de mínima

Essas pausas sempre ficam na mesma posição em ambas as pautas, facilitando muito a tarefa de encontrá-las na música. Uma pausa de semibreve fica na quarta linha de baixo para cima, e a pausa de mínima fica na linha do meio, conforme mostra a Figura 7-11.

Figura 7-11: Localização das pausas de semibreve e de mínima na pauta.

Pausa de semibreve   Pausa de mínima

Para ver as pausas de semibreve e mínima em ação, dê uma olhada na Figura 7-12. No primeiro compasso, toque as duas semínimas de Lá (usando o terceiro dedo) nas batidas 1 e 2 e depois a pausa de mínima ordena que não se toque nada nas batidas 3 e 4. No segundo compasso, a pausa de semibreve ordena que você fique de folga (uma pausa de quatro batidas). No terceiro compasso, coloque o sanduíche de lado e toque duas semínimas de Sol (segundo dedo) e pause por duas batidas. Por fim, o show todo termina no 4º compasso com uma semibreve de Lá.

Figura 7-12: Pratique as pausas de semibreves e de mínimas.

Conte: 1, 2, 3, 4   1, 2, 3, 4   1, 2, 3, 4   1, 2, 3, 4

Pausas de semínimas e outras

Além das pausas de semibreves e de mínimas (veja a seção anterior), os compositores utilizam pausas para ordenar que se pare de tocar pelo equivalente ao tempo de uma semínima, uma colcheia, ou semicolcheia. A Figura 7-13 mostra os cinco valores de notas neste capítulo e seus símbolos estranhos equivalentes.

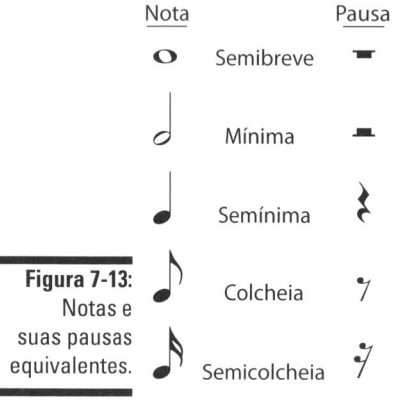

Nota		Pausa
o	Semibreve	▬
♩	Mínima	▬
♩	Semínima	𝄽
♪	Colcheia	𝄾
♬	Semicolcheia	𝄿

Figura 7-13: Notas e suas pausas equivalentes.

Eu gosto de pensar na *pausa de semínima* como uma cadeira desconfortável – ninguém quer ficar muito tempo nela –. Na verdade, nesse caso, não se pausa por mais que uma batida.

As *pausas de colcheia* e de *semicolcheia* são fáceis de serem reconhecidas: ambas possuem o mesmo número de bandeirolas que suas notas correspondentes – embora o estilo seja ligeiramente diferente –. Uma colcheia e uma pausa de colcheia têm uma bandeirola. A semicolcheia e sua pausa possuem duas.

Conte todas as pausas como contaria as notas. Pausas de semínimas são fáceis de contar porque duram apenas uma batida. Colcheias e semicolcheias podem ser um pouco mais difíceis simplesmente pelo fato de serem mais rápidas. Não tenha medo de contar em voz alta; fazer isso facilita a localização das pausas de colcheia de forma mais precisa e pode até fazer com que outras pessoas cantem com você.

A Figura 7-14 permite contar algumas pausas de semínimas e de colcheias. Tente primeiro acompanhar os ritmos com palmas e depois no seu teclado, utilizando o dedilhado sugerido acima de cada nota.

Figura 7-14: Contando as pausas de semínimas e de colcheias.

Você começa a ler as pausas de semicolcheias nas músicas mais avançadas. Até lá, apenas lembre-se da aparência delas (Figura 7-13).

Contando as Fórmulas de Compasso Mais Comuns

Em música, uma *fórmula de compasso* diz qual é a métrica da obra que está sendo executada. Cada compasso recebe um número específico de batidas (veja "À Procura da Batida Perfeita", anteriormente neste capítulo para mais informações sobre batidas). Os compositores decidem de início o número de batidas por compasso, e as informam através de uma fórmula de compasso ou *métrica*.

Os dois números na fórmula de compasso dizem quantas batidas existem em cada compasso de música. Na matemática, a fração para um quarto (uma semínima) é 1/4, logo, 4/4 equivalem a um inteiro (quatro quartos). Assim, cada compasso com uma fórmula de 4/4 possui quatro quartos de batidas (quatro semínimas), cada compasso de métrica 3/4 possui três quartos (três semínimas) e cada compasso de 2/4 possui dois quartos (duas semínimas). A Figura 7-15 mostra três canções conhecidas que foram escritas em cada uma dessas três fórmulas de compasso. Repare como a contagem das sílabas e a ênfase da letra se encaixam perfeitamente nas fórmulas.

Por favor, lembre-se que a métrica de 4/4 não significa que cada compasso possui apenas quatro notas semínimas. Na verdade, cada compasso possui quatro *batidas*. Essas batidas podem conter notas mínimas, semínimas, colcheias e pausas, a gosto do compositor, mas todos os valores de notas e pausas devem se igualar – nem mais, nem menos – ao numerador da fórmula de compasso.

Figura 7-15:
Você pode reconhecer as três fórmulas de compasso comuns.

Tempo comum: métrica 4/4

A métrica mais comum na música é a 4/4. É tão comum que seu outro nome – *ritmo comum* – e os dois números que a acompanham são frequentemente substituídos pela letra Dó (veja na Figura 7-16).

Figura 7-16:
A letra C é uma forma comum de indicar a métrica 4/4.

No 4/4, os números dizem que cada compasso possui batidas de quatro semínimas. Assim, para contar a métrica 4/4, cada vez que bater o pé, estará batendo o equivalente a uma semínima.

Faixa 8

Para ouvir um exemplo de uma métrica 4/4, toque a faixa 8, "A Hot Time in the Old Town Tonight". Repare como o padrão das batidas 4/4 cria uma ênfase nas batidas 1 e 3, que são fortes (embora a batida 1 seja mais forte). As batidas 2 e 4 são fracas, acentuadas em muitas canções de rock, R&B e hip-hop. Enquanto ouve a faixa, bata o pé nos números 1 e 3 e bata palmas em 2 e 4 (eu falei sobre batidas fortes e fracas anteriormente neste capítulo, na seção "Agrupando as Batidas em Compassos").

Para tocar a canção "A Hot Time in the Old Town Tonight", pule para a seção "Toque Músicas em Fórmulas de Compasso Conhecidas", ao final deste capítulo.

Tempo de valsa: métrica 3/4

Na segunda métrica mais comum, 3/4, cada compasso possui batidas de três semínimas. Claro, isso não significa que só existam notas semínimas nessa métrica. Pode-se ter uma mínima e uma semínima, ou podem existir seis colcheias, mas de qualquer forma, a combinação será sempre batidas de três semínimas.

Na métrica 3/4, a batida 1 de cada compasso é a mais forte e as batidas 2 e 3 são as mais fracas. É bastante comum, no entanto, ouvir as acentuações na 2ª e 3ª batidas, como em várias canções country.

Faixa 9

Outro nome para a métrica 3/4 é *ritmo de valsa*, porque esse padrão de batida "forte-fraca-fraca" é utilizado nesse famoso estilo de música. Ouça a faixa 9 "O Danúbio Azul". Repare a ênfase na batida 1 de cada compasso. Bata o pé na batida forte e palmas nas batidas fracas. Pode-se dizer que a métrica 3/4 era o favorito do compositor Johann Strauss, o "Rei da Valsa".

Para tocar a canção "O Danúbio Azul", pule para a seção "Toque Músicas em Fórmulas de Compasso Conhecidas", ao final deste capítulo.

Tempo de Marcha: 2/4

Corte a métrica 4/4 ao meio e terá apenas batidas de duas semínimas por compasso. Não se preocupe, porque são perfeitamente aceitáveis. Na verdade, podemos encontrar a métrica 2/4 em muitas marchas famosas. O ritmo é similar ao ritmo dos seus pés marchando "esquerdo-direito, esquerdo-direito, 1-2, 1-2". Comece e pare de marchar na batida forte – a batida 1.

Faixa 10

A faixa 10 é um bom exemplo de métrica 2/4. É uma música famosa de Jacques Offenbach chamada "Can Can". Fique à vontade para marchar ou dançá-la enquanto a ouve.

Para tocar a canção "Can Can", pule para a seção "Toque Músicas em Fórmulas de Compasso Conhecidas", ao final deste capítulo.

Compreendendo a linguagem do ritmo

Utilizar palavras para descrever as qualidades rítmicas da música pode dar muito trabalho. Fórmulas de compasso e andamento são componentes diferentes, mas que trabalham juntos para criar a "moldura rítmica" para a música. Uma canção em 4/4 e outra em 3/4 podem ter o mesmo andamento, porque o andamento mostra a proporção básica das batidas: rápida, lenta ou exatamente a proporção de 120 batidas por minuto, por exemplo. Uma música rápida e outra lenta podem partilhar a mesma fórmula de compasso – por exemplo, uma valsa rápida ou uma valsa lenta. A fórmula de compasso nos diz como as batidas estão organizadas nos compassos e como contá-los. O ritmo da melodia é definido por sua combinação única de valores de notas e pausas. Todos os outros elementos rítmicos que a acompanham (a linha do baixo, as cordas e a bateria, o solo de tuba) combinam-se com esses elementos e completam o ritmo de uma música.

Tempo 6/8

Se reparar que uma fórmula de compasso de 6/8 não possui um "4" no denominador, com certeza você já está pensando que não deve ser uma métrica baseada em semínimas. Se pensou em colcheias, está certo. A métrica 6/8 é um agrupamento de seis colcheias por compasso.

Assim como a valsa, as batidas em métrica 6/8 são agrupadas em três, mas há dois grupos delas. Essa métrica tem um padrão de "forte-fraca" presente na primeira colcheia de cada grupo – 1 e 4. Olhando para a ênfase em itálico, conte um compasso de 6/8 com um número para cada batida de colcheia, assim: *um*, dois, três, *quatro*, cinco, seis. A batida 1 é mais forte que a 4, logo, isso pode dar a impressão de duas batidas mais longas (forte-fraca), cada uma com o seu próprio padrão interno de forte-fraca-fraca.

Faixa 11

Ouça a faixa 11 como exemplo da fórmula de compasso 6/8. Bata o pé direito na batida 1, o esquerdo na 4 e bata palmas nas fracas (2, 3, 5 e 6).

Para tocar a canção "Lavender Blue", pule para a seção "Toque Músicas em Fórmulas de Compasso Conhecidas", ao final deste capítulo.

Toque Músicas com Fórmulas de Compasso Conhecidas

As músicas desta seção são exemplos de cada uma das quatro fórmulas de compasso discutidas neste capítulo: 4/4, 3/4 , 2/4 e 6/8. Estes são os compassos mais comuns na música. Na verdade, vai ser difícil encontrar canções populares, músicas folclóricas, músicas para dançar ou cantigas que não contenham essas métricas.

Você verá que cada uma das canções tem uma indicação de andamento acima da clave de início, dando a você a chance de sentir a batida da música antes de começar a tocá-la. Use o seu ritmo de caminhada como guia para o andamento moderado. Um andamento mais rápido é o equivalente a uma caminhada rápida (ou uma marcha), e pode-se desacelerar para um passeio tranquilo para se ter uma ideia de um andamento lento. Para uma indicação de andamento de um 2/4 rápido, por exemplo, você começará a sentir um padrão de duas batidas por compasso, uma forte e uma fraca, num ritmo mais rápido (volte à Tabela 7-1, no início deste capítulo, para mais indicações de andamento e seus equivalentes nas marcações do metrônomo).

Se as suas habilidades em ler e tocar música ainda não são suficientes para tocar as melodias a seguir, não se preocupe, você terá mais ajuda nos capítulos adiante. Por enquanto, sinta-se à vontade para bater os pés nas batidas fortes e bater palmas nas batidas fracas. O objetivo real deste capítulo é fazer com que reconheça os valores das notas e as fórmulas de compasso.

Se estiver pronto para tentar as músicas, aqui vão algumas sugestões:

- **"A Hot Time in the Old Town Tonight":** as notas mínimas que iniciam a frase melódica desta canção marcam as batidas fortes em 1 e 3. Toque junto com o CD e procure pelas batidas fracas (2 e 4) tocadas na parte do acompanhamento.

- **"O Danúbio Azul":** a melodia desta valsa clássica realmente nos leva para a pista de dança. Repare que as pausas estão nas batidas 2 da maior parte dos compassos. Certifique-se de soltar a tecla depois de tocar a batida 1, assim a pausa dará uma excelente batida 2.

- **"Can Can":** o padrão de colcheias na melodia desta música faz com que o padrão de batida forte-fraca fique muito divertido. Veja se consegue diferenciar entre as batidas fortes e as fracas, dando um pouco mais de ênfase para as colcheias na batida, e um pouco menos nas notas entre elas (aquelas que se contam como "e").

- **"Lavender Blue":** o ritmo da letra praticamente soletra o padrão 6/8 das batidas nesta canção. Conte as semicolcheias na métrica 6/8 "1-e, 2-e, 3-e, 4-e, 5-e, 6-e". As semicolcheias no primeiro compasso são contadas "5-e, 6-e", se encaixando na letra *"dil-ly, dil-ly"*.

110 Parte II: O Som no Papel

Faixa 8

A Hot Time in the Old Town Tonight

Rápido

When you hear them old bells go ding ling ling,

All join 'round and how sweet-ly you must sing. And when the

verse is through, in the cho-rus all join in: "There'll be a

hot time in the old town to - night."

Capítulo 7: Junte-se à Nação do Ritmo **111**

Faixa 9

O Danúbio Azul

Moderadamente Rápido

Can Can

Faixa 10

Rápido

Capítulo 7: Junte-se à Nação do Ritmo **113**

Faixa 11

Lavander Blue

Moderado

Lav - en - der's blue, dil - ly, dil - ly, lav - en - der's green,

When I am King, dil - ly, dil - ly, you shall be Queen.

Who told you so, dil - ly, dil - ly, who told you so?

'Twas my own heart, dil - ly, dil - ly, that told me so.

Capítulo 8
Saia do Lugar Comum

Neste Capítulo

▷ Começando precocemente com as anacruses
▷ Ligando e pontuando as notas para fazê-las durarem mais
▷ Saindo da batida com tercinas, síncope e mais

Assim que a música se inicia, ouvimos as batidas como uma força constante e sempre presente. Mas pode-se fazer muito mais do que simplesmente tocar uma nota em cada uma delas.

Este capítulo mostra algumas maneiras de se "brincar" com a forma com que os ritmos interagem com a batida, seja prolongando as notas, ou tocando-as de acordo com as batidas ou próximo a elas, ou simplesmente não tocando nada (para rever os conceitos básicos de ritmos e batidas, verifique o Capítulo 7).

Antes de Tudo: as Anacruses

Você já deve ter ouvido este velho ditado: *"Tudo começa pelo nada"*. Algumas músicas começam, na verdade, com pausas. Isso mesmo: o intérprete entra no palco, senta-se ao piano e fica imóvel durante algumas batidas antes de tocar uma única nota. Eu até poderia dar uma explicação longa e tediosa sobre o motivo de algumas músicas começarem com pausas, mas em vez disso, só irei falar sobre as anacruses (ou batidas e compassos introdutórios).

As duas primeiras notas da canção "She'll be Coming Round the Mountain" na verdade entram nas batidas 3 e 4 de um compasso comum de 4/4 (o Capítulo 7 fala mais sobre as fórmulas de compasso). Essas duas notas melódicas são chamadas *anacruses*. Elas se adaptam à batida e introduzem a música. Para tocar "She'll be Coming Round the Mountain", comece com uma pausa de mínima e conte "1, 2, She'll be...", conforme mostra a Figura 8-1.

Figura 8-1: Começando com uma pausa de mínima.

[partitura: She'll be com-ing 'round the moun-tain when she comes.]

Em vez de colocar um monte de pausas no início, o compositor pode optar por escrever uma *anacruse*, que contém somente uma parte dos compassos que são tocados ou cantados. Em outras palavras, a anacruse elimina qualquer pausa antes de iniciar o tom. A Figura 8-2 mostra a notação de uma canção com uma anacruse.

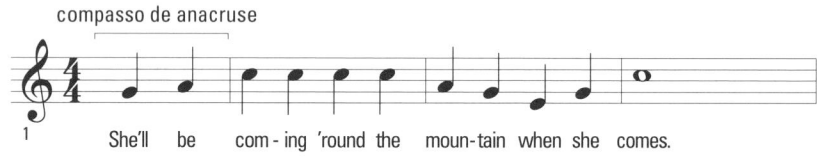

Figura 8-2: Em vez de uma pausa, esta notação usa uma anacruse.

[partitura: compasso de anacruse — She'll be com-ing 'round the moun-tain when she comes.]

Para tocar e contar canções com anacruses, siga estes três passos simples:

1. **Veja a métrica.**
2. **Pare durante o número de batidas que "faltam".**
3. **Toque as anacruses e siga em frente!**

Faixas 18 e 19

Centenas de canções começam com anacruses, tais como "When the Saints Go Marching In" e "Oh, Susannah". Ouça o CD (faixas 18 e 19) e curta essas grandes canções folclóricas.

Se estiver pronto para tocar essas canções com as anacruses, poderá encontrá-las na seção "Toque Músicas de Ritmos Desafiantes", ao final deste capítulo.

Aumente a Duração de Suas Notas com Ligaduras e Pontos

Ligaduras e pontos são mais do que acessórios e estilos para melhorar o seu guarda-roupa. Na música, eles são símbolos que adicionam duração às suas notas. Uma semínima ou mínima não se encaixam? Precisa estender a nota um pouco mais? É só utilizar uma dessas notações qualitativas para aumentar a duração das notas.

Unindo notas com ligaduras

Mínimas e semibreves duram mais que uma batida (o Capítulo 7 dá um parâmetro geral sobre essas notas). Mas suponha que deseja tocar uma nota que dure mais que um compasso ou com duração de duas batidas e meia. A música, claro, tem uma solução para isso: uma pequena linha curva chamada ligadura.

A *ligadura* faz exatamente o que o nome sugere: ela liga duas notas do mesmo timbre, resultando numa única nota prolongada. Por exemplo, uma semibreve, ligada a uma semínima durará cinco batidas. Da mesma forma, uma semínima, ligada a uma colcheia durará uma batida e meia. A Figura 8-3 mostra algumas notas que foram ligadas e como contá-las.

Cuidado para não confundir uma ligadura com um legato. Os dois são parecidos por serem linhas curvas, mas uma ligadura conecta duas notas que são do mesmo timbre, de uma cabeça à outra. Em contrapartida, um *legato* conecta notas de timbres diferentes. Para mais informações sobre legatos, veja o Capítulo 15.

Ouça a faixa 12 e tente tocá-la acompanhando a pauta da Figura 8-3. Quando vir duas notas conectadas, certifique-se de que tocou a primeira nota e segure-a pelo valor combinado das notas (o número de batidas delas). Esse exemplo irá ajudá-lo a compreender rapidamente a função de uma ligadura musical, em vez de vê-la como um bicho de sete cabeças e passar vergonha na frente de seus amigos músicos.

Estendendo notas com pontos

Uma outra forma de estender uma nota e ao mesmo tempo deixá-la mais chique, é através do uso de *pontos*. Um ponto numa nota, ou pausa de qualquer tamanho, faz com que essa nota ou pausa dure 50% a mais.

Figura 8-3: Ligaduras que conectam notas de mesmo timbre.

Mínimas pontuadas

Uma semínima dura uma batida, uma mínima, duas e uma semibreve, quatro. Dá para perceber que há uma carência por uma nota que dure três batidas. Provavelmente, a nota pontuada mais comum na música seja a mínima pontuada, que possui um total de três batidas, conforme ilustra a Figura 8-4.

Figura 8-4: A mínima pontuada.

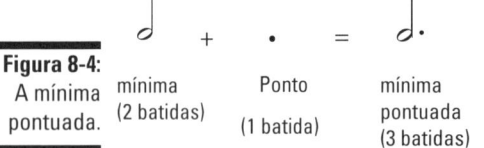

mínima (2 batidas) + Ponto (1 batida) = mínima pontuada (3 batidas)

Esta nota é bastante usada nas métricas 4/4 e 3/4, onde toma um compasso inteiro (o Capítulo 7 aborda as fórmulas de compasso e outros marcadores). A Figura 8-5 mostra mínimas pontuadas em ação e também como contá-las.

Para tocar uma melodia com mínimas pontuadas, vá para a seção "Toque Músicas de Ritmos Desafiantes", ao final deste capítulo, e tente a música *Scheherazade*.

Figura 8-5:
Mínimas pontuadas nas métricas 4/4 e 3/4.

Semínimas pontuadas

Quando se adiciona um ponto à nota semínima, consegue-se uma espécie de nota híbrida que dura uma batida e meia. Por causa de sua duração, a semínima pontuada é normalmente combinada com uma colcheia, com o intuito de terminar na segunda batida (veja a Figura 8-6).

Figura 8-6:
Uma semínima pontuada, combinada com uma colcheia.

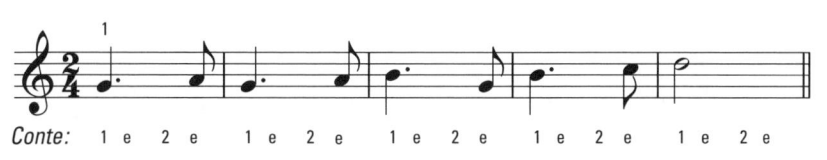

Colcheias pontuadas

As colcheias pontuadas equivalem a uma colcheia e meia, ou três semicolcheias. Se você leu o Capítulo 7, deve se lembrar que são necessárias quatro semicolcheias para se fazer uma semínima (ou uma batida). Assim, uma colcheia pontuada é normalmente combinada com uma semicolcheia para juntas formarem uma semínima. Nesta junção, uma barra normal da colcheia conecta as duas notas e a semínima recebe uma segunda barra, porém mais curta (veja a Figura 8-7).

Figura 8-7:
Uma colcheia pontuada, uma semicolcheia e suas barras.

Pratique um pouco de leitura e toque algumas notas pontuadas com o exercício na Figura 8-8. Trabalhe no desenvolvimento do sistema de contagem flexível mostrado na figura. Você vai contar apenas notas semínimas no primeiro compasso, e depois contará colcheias e semicolcheias, para os que exigirem aquele tipo de desmembramento. Quando estiver mais tranquilo no quarto compasso, pode voltar a contar as semínimas. Apenas certifique-se de manter as batidas num ritmo regular!

Figura 8-8: Prática com notas pontuadas.

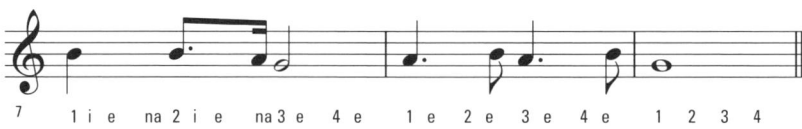

"Swanee River" é um exemplo clássico tanto de semínimas quanto de colcheias pontuadas. Ouça a faixa até que pegue o jeito do ritmo e quando se sentir pronto para tocá-la, encontrará a música na seção "Toque Músicas de Ritmos Desafiantes", no final do capítulo.

Tocando Ritmos Fora da Batida

Quando compreender os valores das notas (Capítulo 7) e formas de estender esses valores com ligaduras e pontos (veja as seções anteriores deste capítulo), poderá expandir a sua variedade musical com maneiras estilosas de dividir, atrasar, antecipar e brincar com os valores das notas. Afinal, vivemos num mundo cheio de sons, e a maior parte da música que ouvimos no dia a dia é surpreendentemente rítmica, graças à influência do jazz, do blues e muitas outras músicas folk e pop ao redor do mundo.

Esta seção ampliará o seu conhecimento musical com muitos dos fascinantes ritmos que precisa conhecer para tocar sua música favorita, não importa se é jazz, clássica, pop ou folk. Comecemos com as tercinas, depois com os ritmos cadenciados e a síncope.

_____Capítulo 8: Saia do Lugar Comum **121**

Enquanto lê as seções a seguir sobre dividir a batida e tocar notas fora do ritmo, bata o pé juntamente com os exemplos. Até quando não tocar uma nota na batida correta, não errará.

As tercinas adoram chocolate

A maioria das notas divide a batida igualmente por um fator ou dois. Mas de vez em quando, você pode querer dividir uma batida em mais de duas colcheias, porém em menos de quatro semicolcheias. Isso significa tocar três notas por batida, ou seja, uma *tercina*.

O padrão mais comum é a *tercina de colcheia*, que se parece com três colcheias "ligadas". Para ajudar a identificar essas tercinas rapidamente, os compositores adicionam um pequeno número 3 acima (ou abaixo) da barra. Uma variação popular nesse padrão de tercina é a tercina de semínimas-colcheias, que se parecem com uma nota semínima e uma colcheia, mas com um pequeno colchete e um número 3 sobre elas. A Figura 8-9 mostra os dois tipos.

Figura 8-9: Parabéns! Você ganhou tercinas!

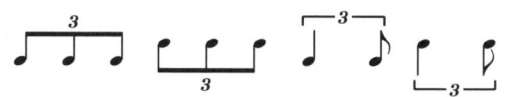

Ouça um exemplo dessas tercinas na faixa 14, antes de tentar tocá-las, de acordo com a Figura 8-10.

Para contar as tercinas, bata o pé e diga "1 tri-plo, 2 tri-plo" ou "cho-co-late" para cada batida (gosto de metáforas culinárias). O mais importante aqui é dividir a batida em três partes iguais; de forma que cada sílaba receba uma parte justa das notas.

Faixa 14

Figura 8-10: Contando tercinas.

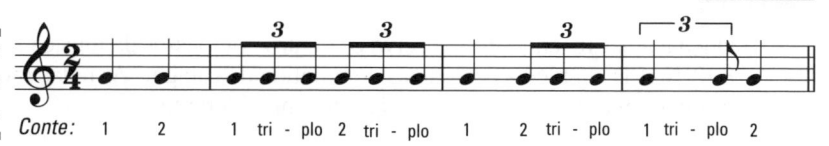

Conte: 1   2   1 tri - plo 2 tri - plo   1   2 tri - plo   1 tri - plo 2

Agora tente tocar as tercinas da Figura 8-11. Mantenha a ideia do "cho-co-late" em mente, até que consiga fazer uma pausa e comer um.

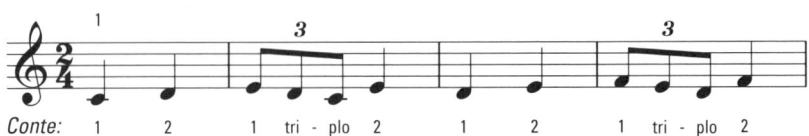

Figura 8-11: Pratique com tercinas.

É possível fazer tercinas usando outros valores de notas, mas você não precisará tocá-los por enquanto, pelo menos não até começar a fazer pequenas sessões com o pessoal da percussão. Porém, vale a pena lembrar que em qualquer ritmo de tercina, 3 = 2. Explicando: três tercinas de semínimas são iguais a duas semínimas (duas batidas), e três tercinas de semicolcheias são iguais a duas semicolcheias (meia batida). Em outras palavras, você toca três notas (igualmente) no mesmo tempo em que normalmente tocaria duas notas de mesmo valor.

Suingue e improvisação

A batida pode estar sempre presente, mas a música seria muito chata se tocássemos todas as notas dentro dela. Ao mudar ligeiramente o ritmo e tocar algumas notas fora dele, ou antes, ou entre as principais batidas, suas canções ganharão vida nova.

Eu poderia escrever parágrafos e mais parágrafos exaltando as virtudes da *batida do suingue*. Entretanto, vou poupar você (e o meu editor) disso; a melhor forma de compreender a batida do suingue é ouvindo-o.

Ouça a faixa 16, enquanto observa os quatro compassos da música na Figura 8-12. No CD, eu toco as colcheias com batida de suingue. As notas são as mesmas, mas o ritmo tem um ar ligeiramente diferente.

Em vez de colcheias simples, tocadas como "1-e, 2-e", você ouvirá um ritmo "longo-curto, longo-curto". A maneira mais exata de fazer a notação desse ritmo é com uma tercina de semínima-colcheia (veja na seção anterior a definição de tercinas). Mas ao invés de escrever uma tonelada de tercinas, o compositor já avisa sobre a indicação do andamento acima do primeiro compasso, dizendo a você para tocar com "suingue", ou em linguagem escrita, com um pequeno símbolo como o que aparece na Figura 8-13.

Figura 8-12: Dê uma balançada nas colcheias.

Figura 8-13: Esta notação ordena que se faça o suingue.

Quando vir a notação do suingue, toque todas as colcheias como colcheias de suingue. Você poderá contá-las como "1-e, 2-e, 3-e, 4-e", mas as notas nas batidas são mais longas, e as notas fora das batidas são mais curtas.

A melhor maneira de compreender a batida de suingue também é ouvindo-a. Esse ritmo clássico estadunidense é tão popular que possui seu próprio tipo de bandas e movimentos de dança. Ouça algumas obras da época das *Big-Bands*, tais como a Duke Ellington Orchestra ou a Tommy Dorsey Orchestra. Elas realmente faziam o mundo inteiro dançar. Os Capítulos 16 e 17 trazem mais música com suingue – blues e boogie – para você, e mais dicas sobre quem ouvir para obter grandes exemplos desses estilos.

Para tocar uma canção cheia de colcheias de suingue agora, pule para a canção "By the Light of the silvery Moon", na seção "Toque Músicas de Ritmos Desafiantes", ao final deste capítulo.

A *improvisação* possui as mesmas colcheias longas-curtas do suingue, mas a batida improvisada é mais prontamente associada com músicas dos estilos rock ou blues. A improvisação é caracterizada por uma batida mais forte que a do suingue, que é mais leve para os pés.

Para tocar uma música com a improvisação, pule para a "I've Been Working on the Railroad", na seção "Toque Músicas de Ritmos Desafiantes", ao final deste capítulo.

Síncope

Uma das formas mais comuns de se tocar fora da batida, é com um pequeno conceito rítmico chamado *síncope*. Para compreendê-lo, você precisa saber mais sobre *batidas fortes e batidas fracas* (para refrescar a memória, volte ao Capítulo 7).

Bata os pés num ritmo moderado de 4/4 e conte as colcheias "1-e, 2-e, 3-e, 4-e". O seu pé *desce* nas batidas fortes e *sobe* nas batidas fracas.

As batidas fortes normalmente são enfatizadas numa canção. Mas através dos milagres da síncope, podem-se enfatizar algumas (ou todas) batidas fracas. "Enfatizar" significa tocar aquelas notas de maneira um pouco mais alta ou mais forte que as outras. Por exemplo, uma nota normalmente tocada na batida 3, é também tocada na batida fraca anterior. Essa antecipação naturalmente enfatiza a batida e cria a síncope.

A Figura 8-14 mostra a frase melódica de dois compassos, escrita primeiramente para enfatizar o tempo na batida 3, e depois transformada num ritmo sincopado, com as flechas mostrando o ponto de ênfase no tempo, no "e" antes da batida 3.

Para ouvir como a síncope funciona numa melodia conhecida, ouça a faixa 17 enquanto segue a música na Figura 8-15. Eu toco os quatro compassos de abertura da canção "After You've Gone", primeiro sem nenhum tipo de síncope, e depois com síncope. Continue batendo o pé no tempo durante todos os oito compassos e repare nas notas enfatizadas nas batidas fracas (quando o seu pé está no alto). As flechas marcam as notas sincopadas.

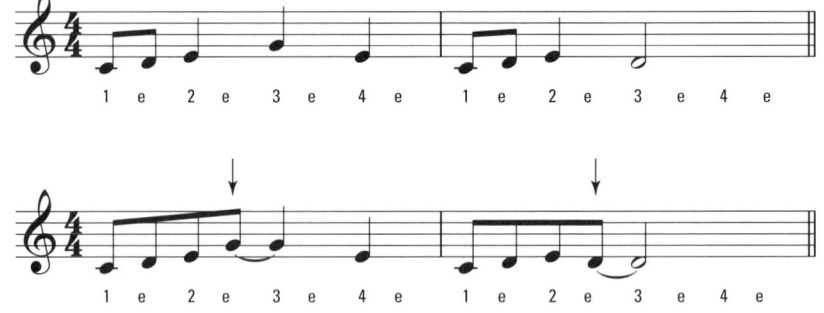

Figura 8-14: Síncope repentina enfatizando batidas fracas.

Se estiver no clima de síncope e estiver pronto para tocar uma canção que a contenha, tente "Limehouse Blues" na próxima seção.

Se toda esta conversa instigou o seu interesse, pule para o Capítulo 17, que explora as várias formas de transformar uma melodia simples em algo especial, com esse ritmo que anda fora da batida.

Figura 8-15: "After You've Gone" com ausência (acima) e presença (abaixo) de síncope.

Toque Músicas com Ritmos Desafiadores

As canções nesta seção contêm os truques rítmicos abordados neste capítulo, desde anacruses, passando por ligaduras e pontos, até colcheias de suingue e síncope.

Aqui vão algumas dicas para cada uma delas:

- **"When the Saints Go Marching In"**: esta canção tem uma anacruse com uma introdução de três batidas. O último compasso apresenta apenas uma batida que o completa. Repare que esta canção também possui ligaduras e pontos.

- **"Oh, Susannah"**: esta canção tem duas colcheias introdutórias equivalentes a uma batida, e são contadas como "4-e". Repare como o último compasso tem somente três batidas; isso é feito com frequência para completar as três batidas que faltam na anacruse. Juntos, a anacruse e o último compasso se igualam a um compasso completo.

- **"Scheherezade"**: você encontrará mínimas pontuadas espalhadas nas valsas em outras canções de métrica 3/4, como nesta música de Rimsky-Korsakov (o Capítulo 7 diz tudo sobre a métrica 3/4). Repare que esta melodia combina o uso de ligaduras e pontos. A ligadura simplesmente adiciona mais tempo à mínima pontuada. Por exemplo, no quarto compasso, precisará segurar a nota Si por quatro batidas.

- **"Swanee River"**: você ouvirá colcheias pontuadas em todos os tipos de música, mas especialmente em músicas para dançar. O compositor Stephen Foster fez um excelente uso das semínimas e colcheias pontuadas em sua obra. Talvez seja interessante ouvi-la algumas vezes antes de tentar executá-la.

- **"By the Light of the Silvery Moon"**: o ritmo "suingado" da letra já ajuda a entrar no clima das colcheias de suingue desta canção.

- **"I've Been Working on the Railroad"**: o ritmo desta canção (parecido com o barulho de um trem) se combina naturalmente com o ritmo de improvisação. As colcheias são de suingue, mas as tercinas subjacentes dão um ar mais pesado que no suingue normal.

- **"Limehouse Blues"**: a melodia desta canção possui síncope embutida, e você consegue praticar bastante com ela. Um compasso ou outro possui uma nota sincopada, unida por uma ligadura em direção ao compasso seguinte.

Faixa 18

When the Saints Go Marching In

Capítulo 8: Saia do Lugar Comum **127**

Faixa 19

Oh, Susannah

Rápido

Oh, I come from Al - a - bam- a with a ban- jo on my knee. And I'm goin' to Lou'- si - an - a my Su - san - nah for to see. Oh, Su - san - nah, Oh, don't you cry for me 'Cause I come from Al - a - bam- a with a ban- jo on my knee.

128 Parte II: O Som no Papel

Faixa 20

Scheherezade

Moderadamente Rápido

Capítulo 8: Saia do Lugar Comum **129**

Faixa 21

Swanee River

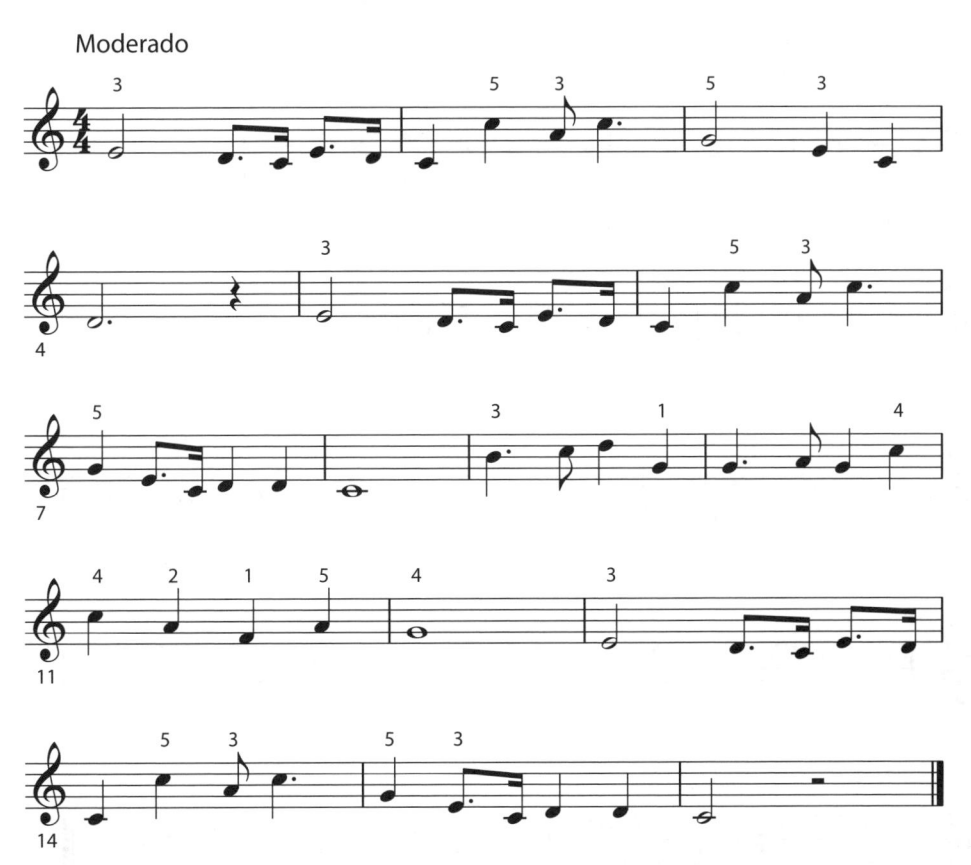

Moderado

130 Parte II: O Som no Papel

Faixa 22

By the Light of the Silvery Moon

Suingue ♪♪ = ♪♪³

By the light of the sil-ver-y moon,
I want to spoon to my hon-ey I'll croon love's
tune. Hon-ey- moon, keep a-shin-ing in June.
Your sil-v'ry beams will bring love dreams, we'll be cud-dl-ing
soon, by the light of the moon.

I've Been Working on the Railroad

Faixa 23

132 Parte II: O Som no Papel

Faixa 24

Limehouse Blues

Moderadamente Rápido

Parte III
Uma Mão de Cada Vez

A 5ª Onda Por Rich Tennant

"Eu sei que se deve praticar uma mão de cada vez, mas ela já está praticando a parte da mão direita de "Samba de uma Nota Só" há três horas!"

Nesta parte...

Tire as "rodinhas da bicicleta" e ponha o pé no pedal! Já está pronto para tocar mais músicas, de verdade!

Esta parte se inicia com você tocando melodias com a mão direita antes que a esquerda se junte à festa. Também aprenderá as escalas, e compreenderá por que elas são tão importantes na música.

Capítulo 9
Toque uma Melodia

Neste Capítulo

▶ Colocando a mão direita na posição correta para executar uma melodia

▶ Estenda a posição para alcançar mais teclas

As melodias proporcionam uma transformação maravilhosa na música: elas transformam um monte de notas aleatórias em canções que divertem, agradam aos ouvidos e às vezes grudam na cabeça. Posso até dizer que não tocamos de fato música se não tocarmos uma melodia.

Para realmente usufruir deste capítulo sobre melodias, você precisa ter os seguintes truques na manga, digo, dedos:

- Saber os nomes das teclas, tanto as brancas como as pretas (veja Capítulo 5)
- Saber todas as linhas e espaços de uma pauta (veja Capítulo 6)
- Contar ritmos e pausas, de semibreves a semicolcheias (veja Capítulo 7)
- Reconhecer diferentes fórmulas de compasso (veja Capítulo 7)
- Reconhecer anacruses, ligaduras e pontos (veja Capítulo 8)

Se ainda estiver um pouco inseguro sobre esses importantes elementos, por favor, releia os capítulos referentes a eles. Sem essas informações fundamentais, tentar tocar as melodias e canções desta parte pode ser frustrante.

Este capítulo o ajudará a tocar algumas melodias reconhecíveis ao piano, abordando a ideia de como as mãos se posicionam ao teclado, e depois explicando as posições mais comuns: Dó e Sol. Como não são todas as melodias que se iniciam nessas posições, também darei instruções sobre como se flexionar para estender as posições. Coloque essas técnicas em uso tocando melodias tiradas dos estilos clássico, folk e Tin Pan Alley.

Deixe Seus Dedos Caminharem

Para se tocar uma melodia ao piano, precisamos observar a maneira com que as mãos fazem contato com as teclas. Se não conseguir desenvolver movimentos que lhe sejam confortáveis, terá dificuldade para alcançar as notas que precisa tocar, e seus movimentos se parecerão mais com Charles Chaplin do que com Chopin.

Eu apresentei os dedos e seus respectivos números no Capítulo 5 – numere seus dedos de 1 a 5, sendo o polegar o número 1. Neste livro, eu me refiro aos seus dedos pelo número e às suas mãos com abreviaturas supermodernas: MD (mão direita) e ME (mão esquerda). Assim, quando disser MD 1, significa que deverá usar o polegar da mão direita.

Na Figura 9-1, o MD 2 está na tecla Ré. Repare na posição arqueada, porém relaxada, da mão e dos dedos. Repare também que os outros quatro dedos estão posicionados e prontos para tocar a nota seguinte, não importa qual seja. Óbvio, por ser uma figura, eles nunca tocarão outra nota (o Capítulo 5 dá mais detalhes sobre a postura do corpo e das mãos ao instrumento).

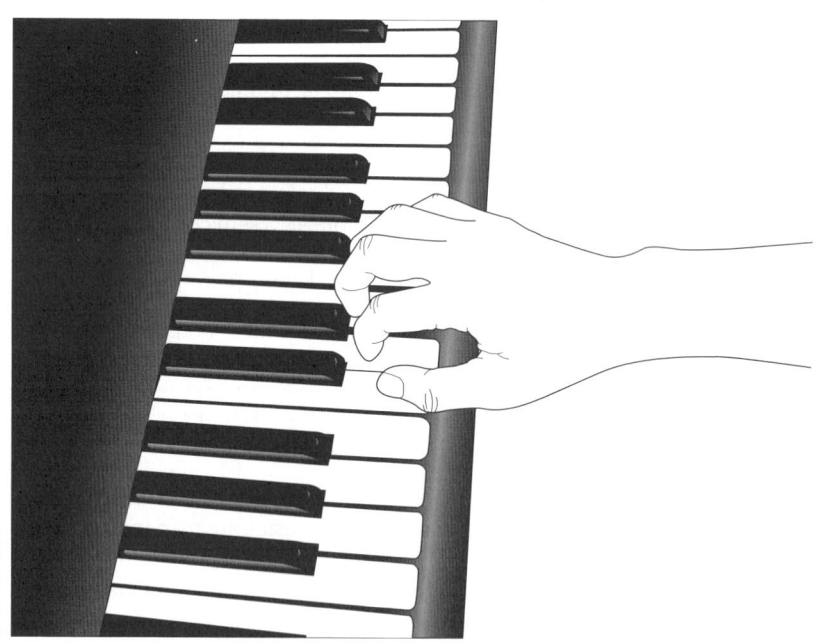

Figura 9-1: Tocando uma tecla.

Com a posição correta de mãos e digitação, os dedos literalmente caminham sobe as teclas. A prática propicia esse caminhar com movimentos fluidos e você comanda esses movimentos.

Enquanto toca uma melodia, seus dedos devem se mover graciosamente para cima e para baixo do teclado. Você não está digitando algo no computador ou jogando videogames, logo, não há necessidade de bater com força nas teclas.

Em Suas Posições!

Neste momento, você está ao teclado e suas costas estão apoiadas e eretas. As luzes estão acesas e a música está aguardando por você. E agora? Aonde vai a mão direita? Boa pergunta. Você precisa estar em posição.

Posição é um termo recorrente que se ouve, relacionado a qualquer instrumento musical. Há diversas delas para cada instrumento, dando ao músico pontos de referência no corpo do instrumento. Teclados e pianos não são exceções.

Aplicar o posicionamento correto das mãos é vital para tocar bem. De cada posição designada, pode-se facilmente chegar a determinadas notas, grupos de notas e acordes e, claro, mover-se para outras posições.

Quando sentar-se para tocar, analise a música rapidamente para ter uma ideia geral das posições de mãos que a peça exige e já prepare a posição para as primeiras notas.

Posição de Dó

Um grande número de melodias fáceis começa com o Dó central ou perto dele, logo você se verá com frequência na *posição de D*ó para iniciar uma canção. A posição de Dó simplesmente significa colocar o seu polegar direito na tecla Dó central e os outros dedos nas quatro teclas brancas subsequentes, conforme mostra a Figura 9-2. Em outras palavras, o MD 1 deve estar na tecla Dó e o MD 5 na tecla Sol, com os outros três dedos no meio. Se os outros dedos não estiverem no meio, algo de muito estranho está acontecendo com eles (o Capítulo 6 irá ajudá-lo a encontrar o Dó central).

Com a mão direita na posição de Dó, que também é por vezes chamada de *primeira posição*, toque a melodia de "Frère Jacques" na Figura 9-3, tocando uma nota de cada vez (para facilitar a posição de Dó para você, escolhi uma melodia conhecida e que é feita somente de semínimas). Talvez seja útil imaginar previamente os movimentos que seus dedos devem fazer enquanto ouve a Faixa 25 algumas vezes e depois disso, tocá-la.

Observe os *dedilhados* (números acima das notas). Esses números são assim chamados porque dizem qual dedo usar para cada nota. A maioria dos pianistas os aprecia, pois eles indicam o melhor padrão de movimento de dedos para executar essas notas. Claro, sendo o prodígio que é, talvez queira inventar outros movimentos. Mas por enquanto, siga as instruções úteis que estou oferecendo sobre dedilhados.

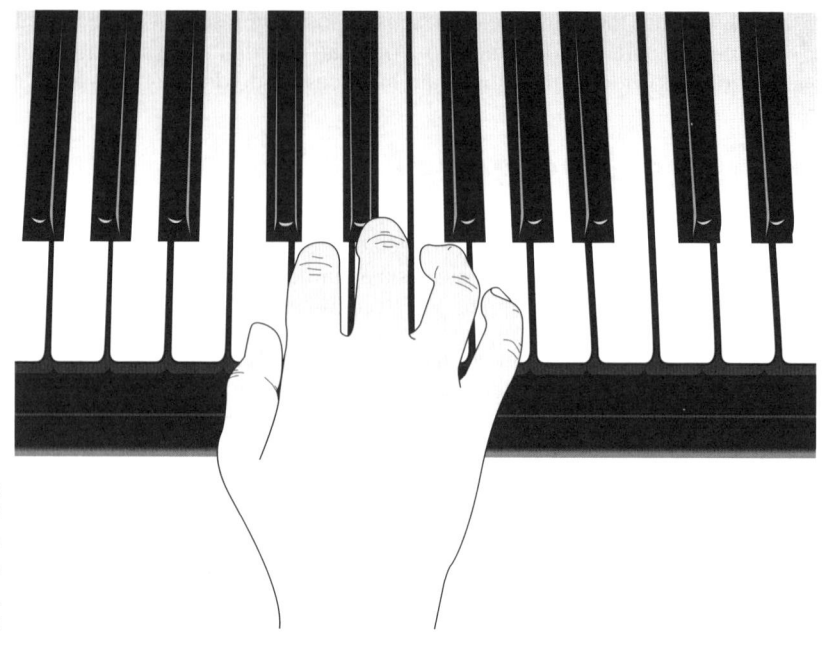

Figura 9-2: Entrando na posição de Dó.

Faixa 25

Figura 9-3: A melodia de "Frère Jacques" exige a mão direita na posição de Dó.

Tente outra música que usa a posição de Dó. Em "Ode à Alegria", a melodia se inicia no MD 3, viaja até o MD 5, depois mergulha até o MD 1. Beethoven, o compositor desta obra, era pianista, logo, é claro que ele sabia como esta melodia sairia quando tocada. A Figura 9-4 mostra a abertura de "Ode à Alegria".

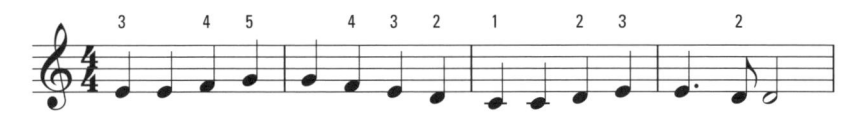

Figura 9-4:
A melodia de "Ode à Alegria" pede a posição de Dó.

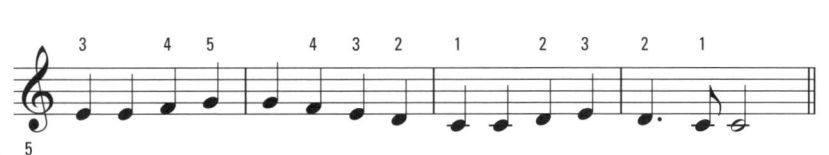

Para tocar a versão completa de "Ode à Alegria" agora, pule para a seção "Toque Melodias Com a Mão Direita", ao final deste capítulo.

Como já deve ter imaginado, não são todas as melodias que usam apenas cinco notas. De vez em quando, é preciso sair um pouco da zona de conforto das cinco teclas e estender alguns dedos acima ou abaixo. As seções a seguir irão guiá-lo através das extensões da posição de Dó básica.

Dando uma voltinha por Si só

A partir da posição de Dó, o seu polegar pode se esticar até a tecla Si. Enquanto toca a tecla com ele, deixe os outros dedos exatamente onde estavam.

Para tocar "Skip to My Lou" na Figura 9-5, simplesmente mova o polegar para uma tecla à esquerda, no compasso 3, para tocar a nota Si.

Faixa 26

Figura 9-5:
"Skip to My Lou" usa a posição de Dó, mas estende o polegar para alcançar Si.

Estique aí, mindinho!

Da posição de Dó, o MD 5 (o dedo mínimo da mão direita) também pode se esticar para a direita e tocar a nota Lá. Na clássica canção de acampamento "Kumbaya", pode-se antecipar essa extensão até a nota, mantendo os dedos 2 a 5 deslocados para a direita desde o início. Repare que esse deslocamento nos dedilhados aparece acima das notas na Figura 9-6: em vez de tocar a nota Ré com o MD 2, você tocará a nota Mi, mas mantendo o polegar no Dó central. **Nota:** "Kumbaya" começa com uma anacruse de duas batidas (veja o Capítulo 8 para saber mais sobre as anacruses).

Não leve a palavra "estender" muito ao pé da letra. Não quero que se machuque. Não tem problema em se deixar os dedos de 1 a 4 se moverem em direção ao 5 enquanto se prepara para alcançar a tecla Lá.

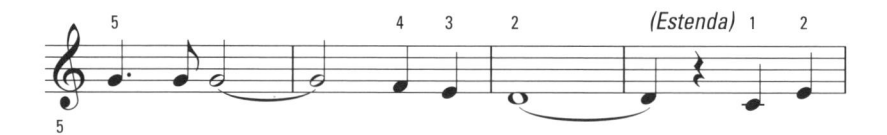

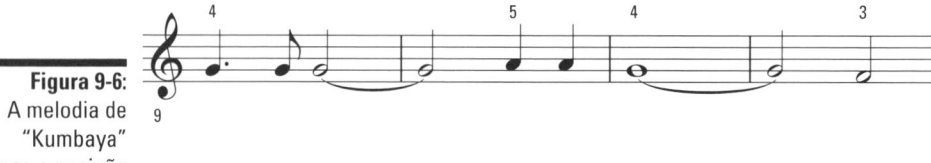

Figura 9-6: A melodia de "Kumbaya" usa a posição de Dó e estende o MD 5 para tocar a nota Lá.

Estendendo a posição de Dó até seus limites

Em muitas canções que começam com a posição de Dó, deve-se movimentar os dedos ou estender o MD 5 e o MD 1 para tocar todas as notas. "Chiapanecas" é um exemplo disso. Utilizando a música da Figura 9-7, tente executar esta canção latino-americana como se deve: bem apimentada. Talvez queira ouvi-la na faixa 27 antes de tentar tocá-la.

Verifique a fórmula de compasso antes de começar a tocar. Não fique pensando em "1, 2, 3, 4" se a canção for de métrica 3/4. Ah, e a propósito, "Chiapanecas" *está* em 3/4.

Faixa 27

Figura 9-7: "Chiapanecas" estende e desloca a posição de Dó.

Posição de Sol

Para ficar na *posição de Sol*, mova a mão direita para a direita (ou para cima no teclado) do teclado, de forma que o MD 1 fique sobre a tecla Sol (é a tecla ocupada pelo MD 5 na posição de Dó). A Figura 9-8 mostra essa nova posição assim como as notas que alcança. Repare como o MD 5 agora descansa na tecla Ré.

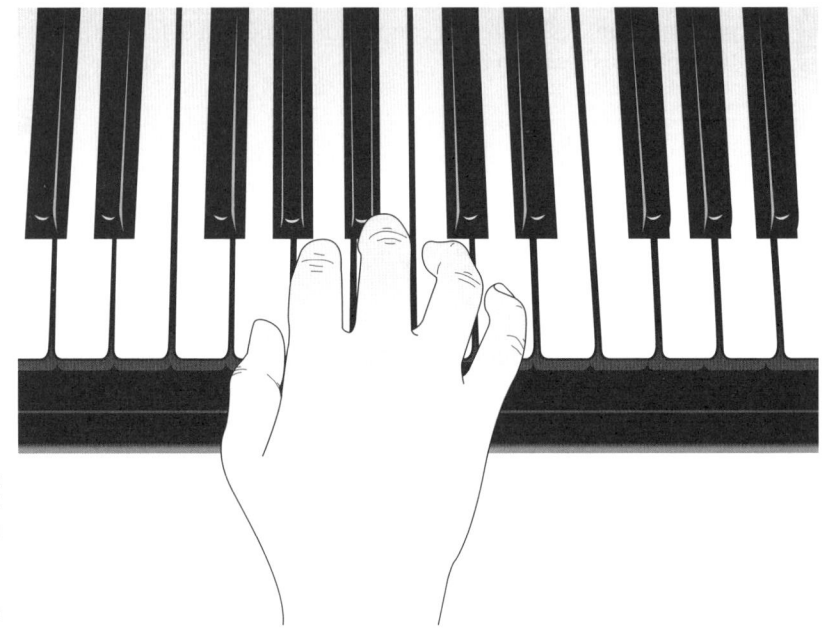

Figura 9-8:
O Sol está em uma ótima posição!

A melodia "Little Bo-Peep" se encaixa perfeitamente na posição de Sol. Dê uma olhada e toque a música da Figura 9-9.

Figura 9-9: "Little Bo-Peep" é moleza na posição de Sol.

Assim como na posição de Dó, na posição de Sol você pode estender o MD 5 e o MD 1 para a direita e esquerda, para acessar as notas Mi e Fá, respectivamente. Tente fazer essa posição de Sol estendida tocando a canção "This Old Man" na Figura 9-10. Observe o dedilhado e mova os dedos quando necessário.

Figura 9-10: "This Old Man" usa a posição de Sol com algumas extensões.

Mudando a mão de posição enquanto toca

Saber as duas posições é ótimo, mas só se consegue cinco ou seis notas em cada posição. Mover a mão para posições diferentes na mesma canção permite tocar mais notas. Para mudar as posições no meio de uma peça só é necessário prática e um pouco de planejamento. Uma boa estratégia, é simplesmente fazer bom uso de uma pausa na música e trocar a mão de lugar quando tiver a chance (a próxima seção aborda outros métodos de movimentação quando a música não apresentar pausas para trocas de posição).

Por exemplo, na Figura 9-11 toca-se os dois primeiros compassos na posição de Sol. Durante o resto, na batida 4 do segundo compasso, pode-se mover a mão para a esquerda e tocar a nota Sol no compasso 3 com o MD 5. Surpresa! Você acabou de mudar para a posição de Dó!

Figura 9-11: Uma música, duas posições de mãos.

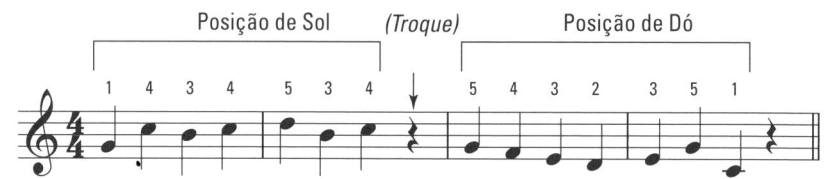

Cruze os Dedos e Torça para Que Dê Certo

Mudar as posições pode ser fácil e tranquilo quando há pausas envolvidas (veja a seção anterior), mas quando a melodia não para, deve-se encontrar alternativas para se mover entre as posições. A melhor maneira é usar uma manobra chamada *cruzamento de dedos*. O cruzamento de dedos é uma daquelas técnicas que podem parecer esquisitas de início, mas que valem muito a pena quando você pega o jeito da coisa.

Não tente fazer com que suas mãos, dedos e pulsos façam o impossível. Não quero ninguém com ligamentos rompidos! Quando passar os dedos por cima ou por baixo, deixe a sua mão e o seu braço seguirem os dedos em movimentos fáceis e fluidos. Tente manter o antebraço e a mão numa forma mais ou menos perpendicular ao teclado, sem nenhuma torção desnecessária.

Se progredir bastante com a sua técnica, sentir a liberdade incomparável que vem com os cruzamentos suaves de dedos e trabalhar em outros movimentos em todas as 88 teclas é o seu desejo, procure pelo livro *Piano Exercises For Dummies*, de David Pearl.

Passando por cima do polegar

Por que cruzar os dedos se é mais simples mover a mão? Na posição de Dó, o polegar pode se estender para a nota Si, mas nem sempre. Por exemplo, suponhamos que seja preciso tocá-la imediatamente seguida do Dó central. Se você estender e contrair o polegar a todo instante entre essas duas teclas, o som sairá estranho. Em vez disso, cruze o MD 2 por cima do polegar como mostra a Figura 9-12.

Observe suas mãos sobre as teclas quando cruza os dedos por cima ou por baixo, mas com a prática, o ideal é que saiba onde as teclas estão sem olhá-las. Olhando ou não, é importante manter as mãos arqueadas de maneira relaxada e evitar virá-las enquanto passa os dedos por cima do polegar.

Figura 9-12: Cruzando o dedo indicador por cima do polegar para tocar mais notas.

O famoso "Minueto" do *Pequeno Livro de Anna Magdalena Bach*, do compositor Johann Sebastian Bach, requer que o seu MD 2 passe por cima do polegar. Como verá na Figura 9-13, terá que trocar de posição nos compassos 3 e 11, mas o foco principal é o cruzamento de dedos em Si nos compassos 7 e 15.

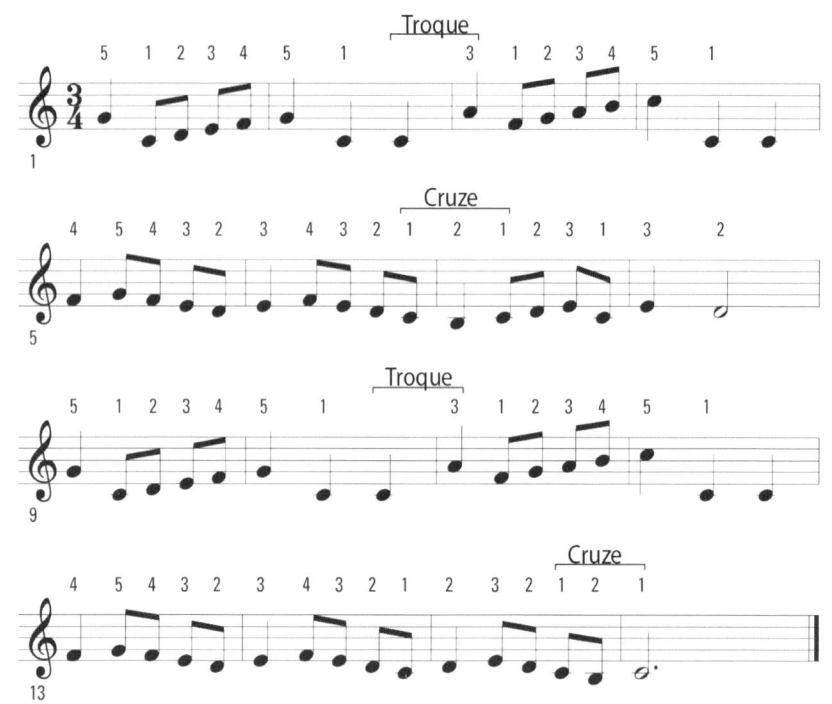

Figura 9-13: O "Minueto" de J.S. Bach apresenta um cruzamento de MD 2.

Passando o polegar por baixo

Você também pode passar o polegar por baixo do MD 2 para uma nova posição. A canção "Row, Row, Row Your Boat" permite estas pequenas trocas entre as posições (veja a Figura 9-14). Comece com a mão direita na posição de Dó (Dó central a Sol), mas no compasso 3, passe o polegar por baixo do MD 3 para tocar a nota Fá, e depois toque a nota Sol no início do compasso 5 com o MD 2. Você trocou de posição por baixo! Poderá então continuar com a mão nessa posição. A posição da sua mão irá mover naturalmente da posição de Dó alto no compasso 5, enquanto segue na melodia de volta para a posição de Dó, no compasso 6, onde deverá ficar para terminar a canção.

Figura 9-14: "Row, Row, Row Your Boat" é uma melodia clássica que requer que o polegar passe por baixo.

Toque Melodias com a Mão Direita

Quando você aprender as técnicas para tocar melodias com a mão direita, com certeza vai querer colocá-las em prática. Veja abaixo quatro melodias bastante conhecidas que permitem aplicar as posições das mãos, trocas de posição e cruzamentos de dedos abordados neste capítulo:

- **"Ode à Alegria"**: Pode ficar na posição de Dó a maior parte da melodia. No compasso 12, faça o movimento com o MD 1, para alcançar e tocar a nota Sol baixa, que é a única nota fora da posição de Sol.

- **"Outono"**: A sua MD fica na posição de Sol para esta melodia das *Quatro Estações* de Vivaldi. Devido às muitas repetições, esta melodia é excelente para se praticar ritmo e contagem (veja o Capítulo 8 para revisar os ritmos de colcheias pontuadas dos compassos 9 ao 15).

- **"Oranges and Lemons"**: Esta é uma canção folclórica inglesa que permite praticar as mudanças nas posições das mãos. Comece na posição de Dó, mova-se para a de Sol no compasso 8 e retorne no compasso 16 para repetir o verso de abertura. Lembre-se de usar as pausas para facilitar as trocas.

- **"Simple Melody"**: Esta canção de Irving Berlin permite praticar a passagem polegar sob o MD 2. Não acha tão simples? A música é tão cativante que você não vai se importar em praticá-la, até que sinta o movimento como natural.

148 Parte III: Uma Mão de Cada Vez

Faixa 28

Ode à Alegria

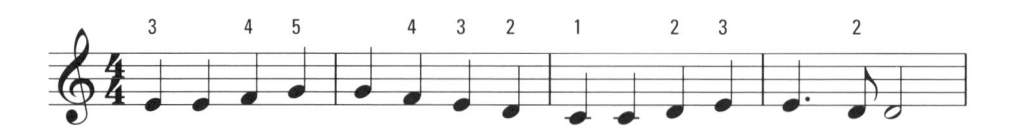

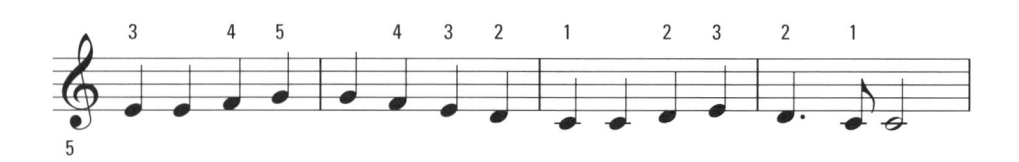

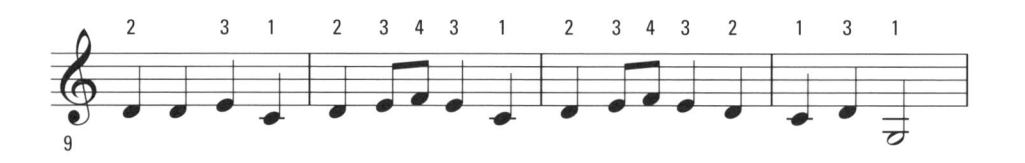

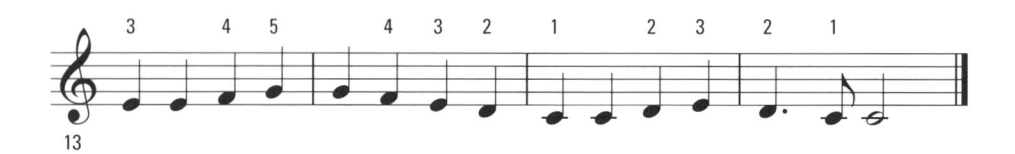

Capítulo 9: Toque uma Melodia **149**

Faixa 29

Outono

Moderado

150 Parte III: Uma Mão de Cada Vez

Faixa 30

Oranges and Lemons

Moderadamente Rápido

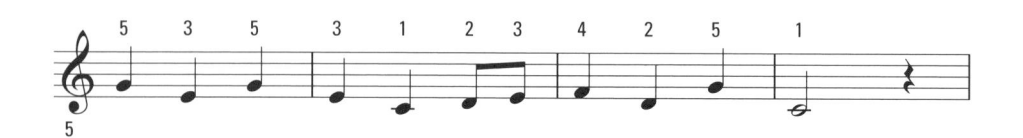

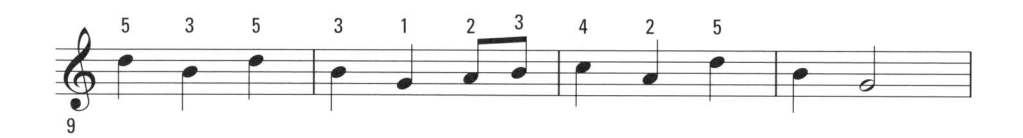

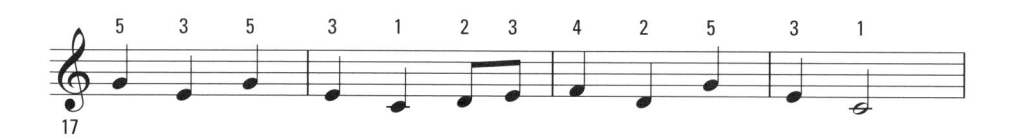

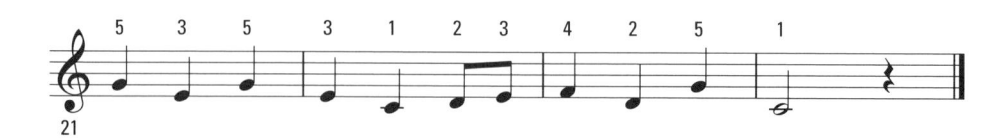

Capítulo 9: Toque uma Melodia **151**

Faixa 31

Simple Melody

Moderadamente Rápido

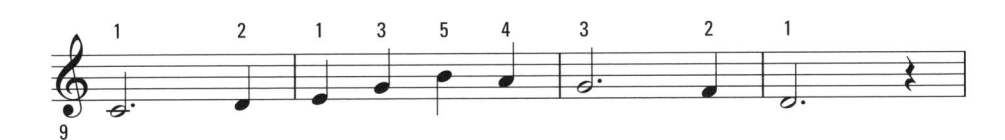

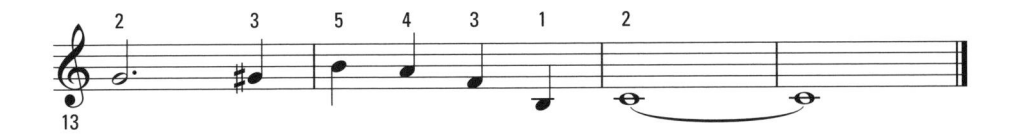

Capítulo 10
Escale Novas Alturas

Neste Capítulo

- Aprenda as noções básicas de escalas
- Crie escalas maiores e menores
- Toque melodias que contêm escalas

*V*ocê já ouviu algum destes comentários de seus amigos músicos?

- "Escala é chato!"
- "Escalas são difíceis."
- "Eu nunca toco escalas."
- "Uma escala de viagem dá menos dor de cabeça."

Bem, todas essas afirmações são mentiras, principalmente a última. Por diversos – e egoístas – motivos, eles não querem que você saiba a verdade: escalas são divertidas, fáceis, todos os músicos as tocam e seus amigos provavelmente nunca viajaram.

Podemos usar as escalas para fazer coisas muito legais ao piano – como por exemplo, tocar músicas inteiras. Está bem, admito que nem todas as escalas são canções, mas a verdade é que todas as canções foram criadas a partir delas – escalas inteiras ou somente algumas notas. Quer um exemplo? A canção "Dó, Ré, Mi", do filme "A Noviça Rebelde" é *baseada* em escalas e aquelas crianças adoraram cantá-la!

Neste capítulo, eu mostro que vale a pena dar uma chance às escalas. Além de usá-las para compreender as notas de uma melodia, elas podem ser usadas para fortalecer os dedos para o piano. E mais: quanto mais praticá-las, mais fácil será tocar.

Você já deve ter ouvido isso milhares de vezes, mas é verdade: a prática leva à perfeição. Mais adiante, neste mesmo capítulo, eu mostro diferentes tipos de escalas. Escolha as que gostar mais e toque-as de 5 a 10 minutos todos os dias. Essa prática aquece a musculatura dos dedos e proporciona-lhes maior destreza. Encare isso como as cobranças de falta praticadas todos os dias antes de um grande jogo de futebol. Você não entraria em campo sem praticar um pouco antes, entraria?

Construa uma Escala, Intervalo a Intervalo

De maneira bem simples, uma *escala* é uma sequência de notas numa ordem específica e consecutiva. Os tipos mais comuns são as escalas maiores e menores, e elas possuem os seguintes atributos:

- Possuem oito notas.

- A primeira e a última nota da sequência têm uma oitava de diferença, logo possuem o mesmo nome.

- A série segue um padrão de intervalos ascendentes ou descendentes e o nome de cada nota na escala segue a ordem musical da mesma forma.

Cada escala possui seu próprio – esquisito – nome, por exemplo, *Dó maior*. Uma escala tem seu nome derivado de duas coisas:

- A nota mais baixa da escala, ou seja, a *tônica*. Por exemplo, uma escala de Dó maior começa no Dó.

- O *padrão de intervalos* usado para criá-la. A música possui dois tipos de intervalos: *semitons* e *tons*, que são os blocos que constroem as escalas. O "maior" de Dó maior significa que a terceira nota da escala está situada num intervalo de uma terça acima da tônica (mais informações sobre intervalos no Capítulo 12).

Veja o teclado na Figura 10-1 e repare que algumas teclas brancas possuem uma tecla preta entre elas enquanto outras estão lado a lado. Num teclado de piano

- Duas teclas adjacentes (sejam elas pretas ou brancas) estão a um semitom de distância.

- Duas teclas separadas por uma tecla (preta ou branca) estão a um tom de distância.

- Dois semitons são equivalentes a um tom.

No Capítulo 5, eu explico como os sufixos *sustenido* e *bemol* são utilizados para dar nomes às teclas pretas. Quando você mede semitons, ajuda a definir as teclas pretas como sustenidos ou bemóis. Por exemplo, encontre qualquer tecla Ré no teclado. Suba um semitom e toque a tecla preta da direita, Ré sustenido. Agora, desça um semitom e toque a tecla da esquerda, Ré bemol.

Sabendo os pontos básicos sobre escalas, você poderá criar qualquer uma, começando de qualquer nota fundamental simplesmente aplicando o padrão correto (combinação de tons e semitons).

Capítulo 10: Escale Novas Alturas *155*

Figura 10-1:
Hora do intervalo.

(Tom, Semitom, Semitom, Tom)

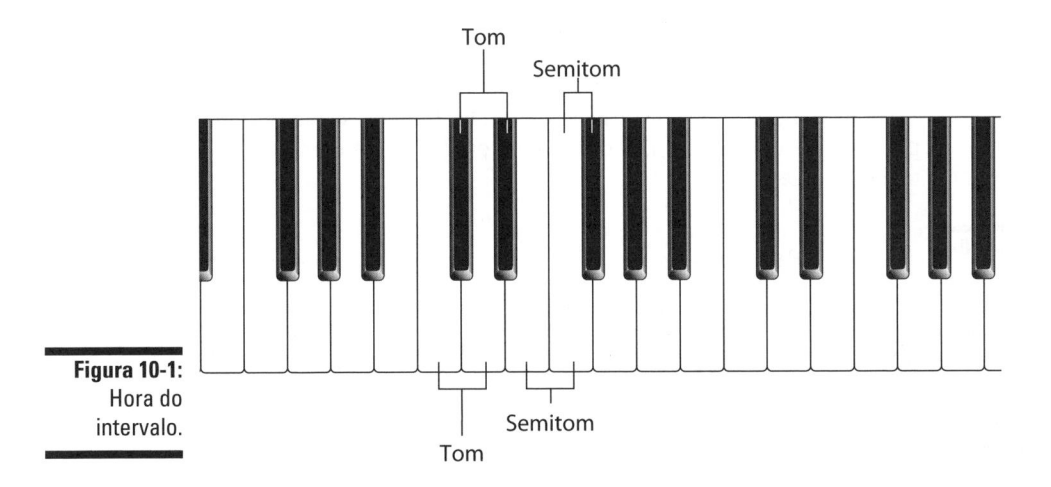

Escalando as Maiores

As duas escalas que usará com maior frequência – que são as mais famosas da música ocidental – são as *maiores e as menores*. Pode-se fazer uma escala maior ou menor a partir de qualquer tecla do piano. A diferença entre essas duas é o padrão de tons e semitons que usará para criá-las (se precisar refrescar a memória sobre tons e semitons, volte à seção anterior).

As escalas maiores possuem a reputação de soarem alegres e as escalas menores a de serem tristonhas, mas o que conta mesmo é como elas são usadas. Talvez tenha sido por isso que Pachelbel batizou sua famosa obra de quarteto de cordas de *Cânone em Ré Maior* e não *Cânone em Ré Feliz*. Ele queria ter certeza de que sua música seria tocada em casamentos *e* em filmes tristes.

Compreendendo as escalas maiores

Toda escala maior é feita da mesma forma. Não deixe nenhum vendedor lhe empurrar uma escala maior nova e aprimorada – isso não existe. Na verdade, você deve fugir de qualquer um que tente vender escalas.

O padrão ascendente de intervalos usado por todas as escalas maiores no planeta é:

Tom-Tom-Semitom-Tom-Tom-Tom-Semitom

Por exemplo, podemos formar uma escala de Dó maior começando em Dó e aplicando esse padrão. Toque qualquer Dó e depois toque o padrão de tons e de semitons acima até chegar ao próximo Dó. A Figura 10-2 mostra o caminho. Ao começar com Dó, a disposição das teclas brancas segue exatamente o padrão da escala e, assim, você a tocará em Dó maior completa somente nas teclas brancas.

Figura 10-2: A escala de Dó maior compreende todas as teclas brancas.

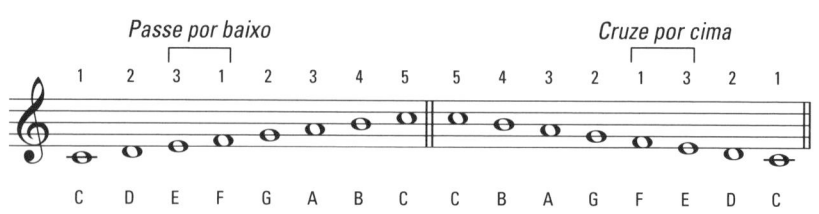

Passe por baixo — *Cruze por cima*

1 2 3 1 2 3 4 5 5 4 3 2 1 3 2 1
C D E F G A B C C B A G F E D C

DICA

Para subir e descer corretamente a escala, passe o polegar por baixo e depois cruze por cima dele nos locais indicados na pauta. Para mais dicas sobre cruzamento de dedos, veja o Capítulo 9.

LEMBRE-SE

Quando tocar escalas ascendentes ou descendentes, é importante perceber se o padrão de intervalos é o mesmo na descida e na subida. A única coisa de que precisa se lembrar é quais notas tocou quando subiu, e depois toque-as na ordem reversa.

Agora, para algo ligeiramente diferente: comece em Sol e execute o padrão da escala maior. Quando chegar ao sexto tom, note que alcançar um tom acima de Mi requer que você toque uma tecla preta, Fá sustenido. A Figura 10-3 mostra a escala de Sol maior em toda a sua glória.

Figura 10-3: A escala de Sol maior usa uma nota sustenizada: Fá sustenido.

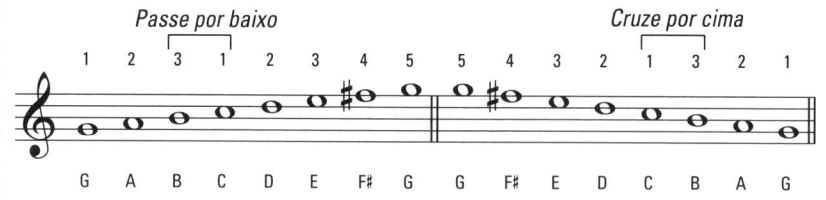

Passe por baixo — *Cruze por cima*

1 2 3 1 2 3 4 5 5 4 3 2 1 3 2 1
G A B C D E F# G G F# E D C B A G

A nota tônica e o padrão da escala determinam quais notas serão sustenizadas e quais serão bemolizadas. A escala de Sol maior usa uma sustenizada. Que tal uma escala maior que use uma bemolizada? Comece no Fá e aplique o padrão conforme mostra a Figura 10-4, e terá criado uma escala de Fá maior sozinho! (repare no novo dedilhado criado para este padrão).

Figura 10-4:
A escala de Fá maior usa o Si b.

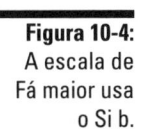

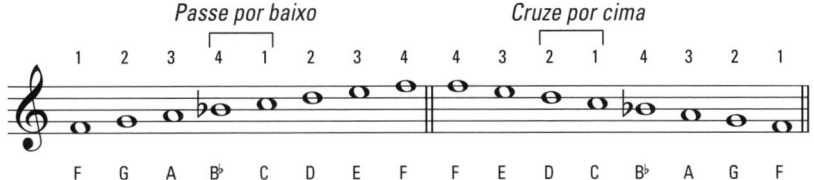

Como se sabe que a nota é um Si bemol e não um Lá sustenido? Excelente pergunta! A maneira mais fácil de saber, é entender que numa escala toda nota tem sua vez. Como a terceira nota da escala, ou terceiro *grau da escala*, é Lá, seria muito favoritismo chamar a quarta nota de Lá sustenido. Assim, o quarto grau da escala representa Si bemol, que está a um semitom acima.

Faça uso de seu recém-adquirido conhecimento e veja como ele se aplica na canção "Joy to the World" (veja a Figura 10-5), abrindo com uma escala de Dó maior descendente completa, e continua com padrão ascendente a partir do quinto grau da escala, até o oitavo, para finalizar o verso.

Faixa 32

Figura 10-5:
Uma melodia alegre feita em escala maior.

Claro, o compositor não é obrigado a usar numa melodia todas as notas de uma escala. A escala é simplesmente um cardápio para se fazer escolhas. Por exemplo, "The Farmer in the Dell" (veja a Figura 10-6) é baseada na escala de Fá maior, mas não usa a nota Si bemol. Seja ouvindo a faixa 33 ou tocando-a, tenho certeza de que você nem sentirá falta dessa nota.

Faixa 33

Figura 10-6:
Uma melodia simples precisa apenas de cinco notas da escala maior.

> ### Transformando escalas cantaroladas em lindas canções
>
> Você pode tocar as notas da escala de Dó maior começando com uma nota diferente, ou tocando-as numa ordem diferente. Os compositores fazem isso. Em vez de uma escala, você poderá ter uma bela melodia.

Vamos tentar um exercício de escala maior

Pratique os movimentos ascendentes e descendentes da escala de Dó com o exercício da Figura 10-7. Você pode usá-lo para reforçar mentalmente o padrão da escala, aperfeiçoar o seu dedilhado e melhorar o cruzamento de dedos. Comece num ritmo mais lento e aumente a velocidade à medida que se familiariza com as notas e com os movimentos.

Figura 10-7: Construindo os seus blocos com a escala de Dó maior.

Explore as Variações Menores

Quero deixar algo bem claro: as escalas menores não são menos importantes ou menores em tamanho que as escalas maiores. Elas apenas deram azar de ter esse nome. As escalas menores vêm em algumas variedades e cada uma delas será abordada nesta seção.

Assim como as escalas maiores, as escalas menores possuem oito notas, sendo que as mais altas e as mais baixas recebem o mesmo nome (tônicas). Mas as escalas menores possuem padrões próprios e únicos.

Escalas menores naturais

A *escala menor natural* utiliza o seguinte padrão ascendente de intervalos:

Tom-Semitom-Tom-Tom-Semitom-Tom-Tom

Claro, parece bastante com um padrão de escala maior, mas este leve reposicionamento de semitons e tons faz toda a diferença do mundo. A melhor maneira de compreender essa diferença é tocar e ouvir uma escala maior e menor em sequência. A Figura 10-8 mostra a escala de Dó maior, seguida imediatamente pela escala de Dó menor.

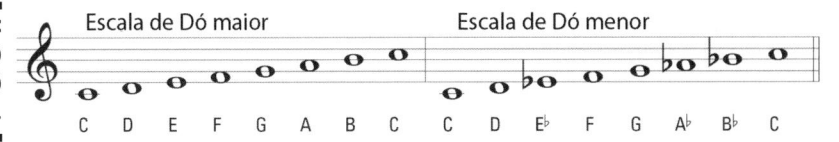

Figura 10-8: Escalas de Dó maior e de Dó menor.

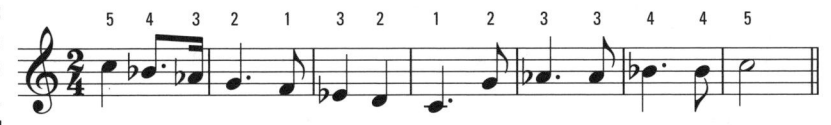

Figura 10-9: "Joy to the World" em Dó menor.

Ouviu a diferença? Agora tente esta: toque a melodia da Figura 10-9, onde as notas numa escala de Dó menor estão no mesmo ritmo da versão original de "Joy to the World". Repare na diferença do som.

Também é possível tocar uma escala menor somente com teclas brancas. Aplique o mesmo padrão de escala à nota tônica Lá, e terá a escala natural de Lá menor. Mas aplique o mesmo padrão a outras notas tônicas, e encontrará algumas escalas menores com sustenidos (como o Mi menor) e alguns com bemóis (Ré menor, por exemplo), como pode ver na Figura 10-10.

As notas das escalas menores também podem criar melodias inesquecíveis. Pule para a seção "Toque Músicas Feitas de Escalas", ao final do capítulo e toque "House of the Rising Sun".

Escala de Lá menor:

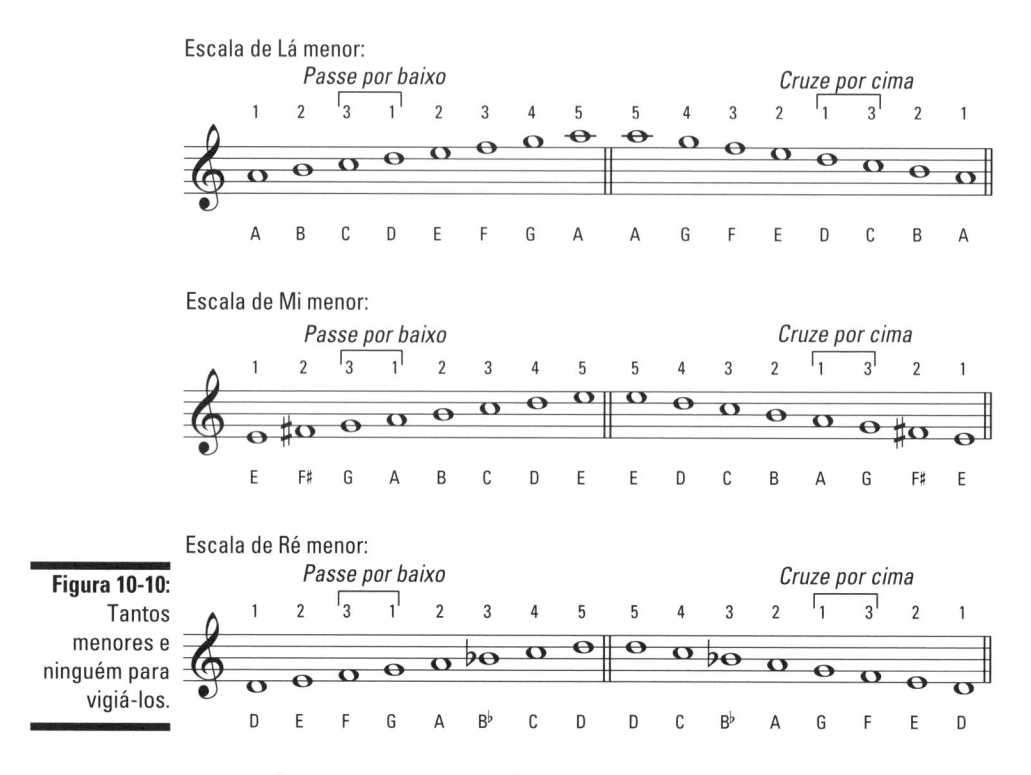

```
Passe por baixo              Cruze por cima
1  2 ⌐3⌐ 1  2  3  4  5    5  4  3  2 ⌐1⌐ 3  2  1
A  B  C  D  E  F  G  A    A  G  F  E  D  C  B  A
```

Escala de Mi menor:

```
Passe por baixo              Cruze por cima
1  2 ⌐3⌐ 1  2  3  4  5    5  4  3  2 ⌐1⌐ 3  2  1
E  F# G  A  B  C  D  E    E  D  C  B  A  G  F# E
```

Escala de Ré menor:

```
Passe por baixo              Cruze por cima
1  2 ⌐3⌐ 1  2  3  4  5    5  4  3  2 ⌐1⌐ 3  2  1
D  E  F  G  A  B♭ C  D    D  C  B♭ A  G  F  E  D
```

Figura 10-10: Tantos menores e ninguém para vigiá-los.

Escalas menores harmônicas

A *escala menor harmônica* difere da escala menor natural (veja a seção anterior) por apenas um semitom, mas ao fazer essa pequena mudança, você atingirá uma escala com um som totalmente novo. Por exemplo, para tocar a escala harmônica em Lá menor, siga esses passos:

1. **Comece tocando a escala natural de Lá menor;**

2. **Quando chegar à sétima nota, Sol, suba um semitom para Sol sustenido.**

    Essa mudança faz com que a distância do sexto para o sétimo grau seja de um tom e meio, e dá à escala menor harmônica seu som característico.

O padrão completo de uma escala menor harmônica ascendente é:

Tom-Semitom-Tom-Tom-Semitom-Um tom e meio-Semitom

Toque e compare a escala menor natural na Figura 10-11 com a escala menor harmônica logo depois. Bastante exótica, não? Você encontrará essa escala em muitas obras clássicas para piano (sobre as quais lerá mais no Capítulo 17).

Figura 10-11:
A escala natural de Lá menor e a escala harmônica de Lá menor.

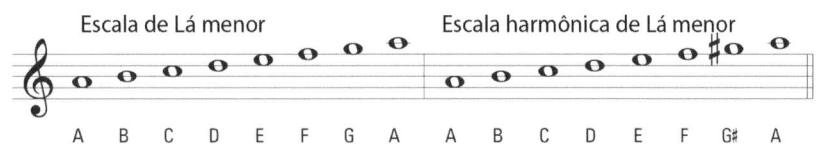

Escalas menores melódicas

Outra variação na escala menor é a *escala menor melódica*, que é digna de nota (desculpe pelo trocadilho) por possuir um padrão diferente, dependendo se está subindo ou descendo a escala. Isso mesmo – uma escala meio camaleônica que sobe de um jeito e desce de outro. Essa flexibilidade é útil quando se deseja que ela soe – muito bem, você adivinhou – melódica. Tente tocar a escala de Lá menor da Figura 10-12, e o som sairá agradavelmente melódico tanto subindo quanto descendo.

Figura 10-12:
A escala melódica de Lá menor.

Repare que o sexto e sétimo graus da escala são elevados em um semitom na subida e caem um semitom na descida. Provavelmente reconheceu que a escala descendente é idêntica à escala menor natural, logo, somente o padrão ascendente é realmente novo:

Tom-Semitom-Tom-Tom-Tom-Tom-Semitom

Os compositores às vezes combinam as escalas para a melodia de uma canção só para "dar uma temperada" nas notas. Para entender o que estou falando, na seção "Toque Músicas Feitas de Escalas", ao final do capítulo, toque "Greensleeves".

> ### Usando as escalas do jeito que quiser
>
> Escalas maiores e menores são definitivamente as mais populares, mas não são as únicas no mundo. Vamos lá, admita, você já fez um pouquinho desses padrões. A curiosidade praticamente implora que se insira aqui e ali um semitom no lugar de um tom, só para ver o que acontece.
>
> Bem, o que acontece é que você começa a formar outras escalas, se aventurando em territórios fora da fronteira do maior e do menor. Algumas têm um som bacana, outras nem tanto, e algumas soam meio exóticas. Criar suas próprias escalas além de ser aceitável, eu também recomendo. Escalas novas podem dar origem a novas melodias e harmonias.
>
> As pessoas experimentam e criam padrões de escala desde que o mundo é mundo, logo, vá em frente e faça suas próprias escalas! Improvise uma melodia ou uma linha para o baixo usando apenas algumas notas de uma escala. Escreva-as em folhas de partitura, grude-as nas paredes e decore sua vida com escalas!

Vamos praticar alguns exercícios de escala menor

Vamos praticar um pouco com as escalas natural, harmônica e melódica de Dó menor com os exercícios a seguir (Figuras 10-13a, 10-13b e 10-13c). Você pode usá-las como um aquecimento, juntamente com o exercício de escala de Dó maior da seção anterior.

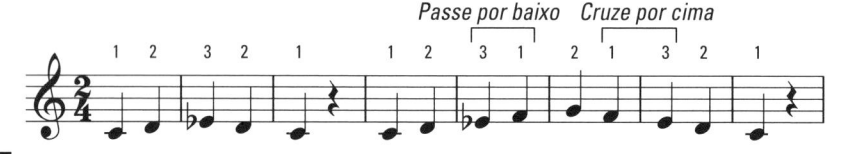

Figura 10-13: Exercite as três escalas em Dó menor: natural (a), harmônica (b) e melódica (c).

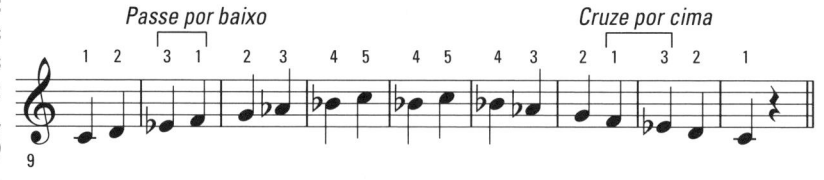

a

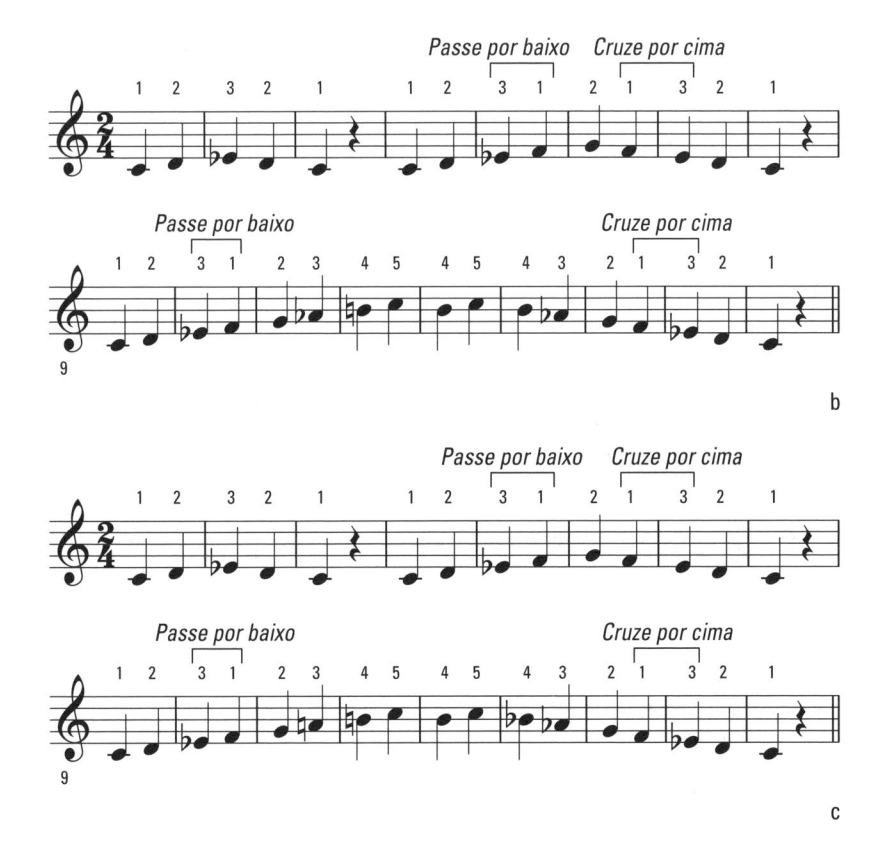

Escalas de Blues

Uma escala que eu particularmente adoro é a *escala de blues*. Pode-se ouvi-la no rock, country, jazz e claro... no blues.

Esta escala é uma rebelde total, praticamente jogando pela janela todas as regras para se construir uma escala. Claro, não há regras realmente rígidas para se construir uma escala, mas esta escala é, de qualquer forma, diferente. Veja por que:

- ✔ Começa com um intervalo de um tom e meio.
- ✔ Tem somente sete notas.
- ✔ Tem dois semitons seguidos.

O padrão de tons para esta pequena escala indisciplinada é:

Um tom e meio-Tom-Semitom-Tom-Um tom e meio-Tom

Para praticá-lo, toque a escala da Figura 10-14.

Figura 10-14:
Pegando o jeito do blues.

Você já viu uma escala com tanto charme? Fora deste livro, acho difícil. Depois de aprender a escala de blues, tocá-la é tão viciante quanto comer amendoim. Você poderá usar as notas na escala de blues, ou *blue notes*, para todos os tipos de melodia ou pequenos refrões, como o que aparece na Figura 10-15.

Figura 10-15:
Usando a escala de blues para uma melodia bacana.

Toque Músicas Feitas de Escalas

Na batalha milenar entre teoria e prática, não resta dúvida quando se diz que a prática é mais divertida. Seus esforços para compreender a teoria por detrás das escalas ao longo deste capítulo serão agora recompensados, colocando-as em bom uso nas músicas desta seção.

Aqui vão algumas dicas sobre elas:

- **"Danny Boy"**: a clássica canção "Danny Boy" usa todas as notas da escala de Fá maior, até o bom e velho Si bemol.

- **"House of the Rising Sun"**: "House of the Rising Sun" tem como base a escala natural de Mi menor. Toque esta obra com a faixa 35 e ouvirá como uma melodia menor (mas não menos importante) deve ser.

- **"Greensleeves":** "Greensleeves" usa a escala natural de Lá menor (compassos 1 a 5), a escala melódica de A menor (compassos 13 a 16) e a escala de Sol maior (compassos 17 a 20). É uma canção folclórica muito bem escrita!

166 Parte III: Uma Mão de Cada Vez

Faixa 34

Danny Boy

Oh, Dan-ny Boy, the pipes, the pipes are call-ing:

From glen to glen, and down the moun-tain side.

The sum-mer's gone and all the flow'rs are dy-ing

'Tis you, 'tis you, must go and I must bide.

Capítulo 10: Escale Novas Alturas   **167**

Faixa 35

House of the Rising Sun

There is a house in New Or-leans they call the Ris-ing Sun It's been the ru-in of man-y a poor girl, and Lord, I know I'm one.

Greensleeves

Faixa 36

Capítulo 11
Ei! Não Esqueça a Esquerda!

Neste Capítulo

- Coloque a mão esquerda em posição
- Toque melodias e escalas com a mão esquerda
- Explore os padrões de acompanhamento para a mão esquerda
- Toque canções com as duas mãos

Quer saber um segredo da indústria da música? Muitos pianistas que tocam com bandas quase nunca usam a mão esquerda. Sim, claro, você acha que a mão esquerda dele está tocando algo porque você a vê se movimentando para cima e para baixo no lado esquerdo do teclado, e ao mesmo tempo está ouvindo um monte de linhas para baixo e outros acordes. Engano seu, meu amigo! O baixista está apenas preenchendo as lacunas das linhas do baixo e o guitarrista cobre os acordes. O pianista não é tão bom assim... está só fingindo.

Tocar piano com a mão esquerda ou com ambas as mãos, é considerado mais difícil do que tocar somente com a mão direita. Mas não há necessidade de fingir durante toda a carreira. Você pode mostrar para esse bando de canastrões como um pianista de verdade toca! Neste capítulo, eu ensino como usar as duas mãos no teclado.

Nota: Neste capítulo, eu me refiro aos seus dedos com os números de 1 a 5. As mãos direita e esquerda serão, respectivamente, MD e ME.

Explore o Lado Oeste do Teclado

Se considerarmos o Dó central como o centro do piano, podemos pensar nas teclas à direita como o lado Leste, e nas teclas à esquerda como o lado Oeste (volte ao Capítulo 5 se tiver dificuldade em localizar o Dó central). Então, agora é hora de caminharmos em direção ao pôr do Sol.

Para explorar as teclas mais graves, vamos primeiro nos familiarizar com a Clave de Fá. O Capítulo 6 tem formas fáceis de lembrar as linhas e espaços desta clave normalmente esquecida, mas a melhor maneira de compreendê-la é mergulhar de cabeça e começar a tocar. Em breve você reconhecerá cada linha e espaço só de olhar, sem mesmo pensar neles.

Coloque-se em posição

Vimos no Capítulo 9 as duas posições para a mão direita: a posição de Dó e a posição de Sol. Essas posições são as mesmas para a mão esquerda, com a exceção de que a posição de Dó terá o ME 5 (o mindinho esquerdo) ocupando o Dó abaixo do Dó central, o segundo espaço acima na pauta da Clave de Fá. Na posição de Sol, o ME 5 desce até o Sol, a primeira linha da pauta. A Figura 11-1 mostra a localização correta da mão esquerda na posição de Dó.

Acostumando-se à nova vizinhança

Há diversas opções para tocar com a mão esquerda: podem-se tocar escalas, melodias, harmonias simples de uma nota só, acordes ou padrões básicos – e super bacanas – de acompanhamento (não é propaganda enganosa não, eles são bacanas mesmo). Nos Capítulos 12 e 14, respectivamente, eu falo sobre harmonias de uma nota só e acordes.

Para um exercício rápido (e estimulante), a Figura 11-2 ajuda a alongar os dedos da mão esquerda na posição de Dó. Diga em voz alta ou cante o nome de cada nota que tocar. Ver, tocar, dizer e ouvir tudo de uma vez ajuda muito a memorizar as notas na pauta.

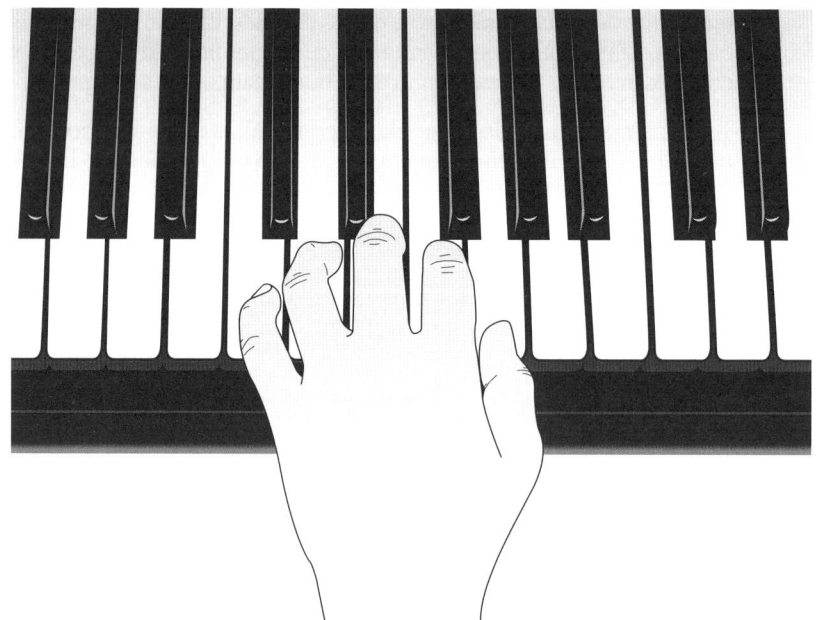

Figura 11-1:
Faça a posição de Dó com a mão esquerda.

Capítulo 11: Ei! Não Esqueça a Esquerda!

Mude a sua vida trocando as mãos

Se você não é canhoto por natureza, experimente usar essa mão pouco aproveitada nas tarefas diárias, que normalmente faria com a mão direita, tais como:

- Abrir portas
- Usar o controle remoto da TV
- Fazer curvas com o carro (só tome cuidado)
- Dar dinheiro a outra pessoa (principalmente a mim, se acontecer de nos conhecermos)
- Escovar os dentes
- Abrir potes apertados de palmito ou picles (boa sorte)

Se trocar de mãos *conscientemente* durante algumas semanas, você *subconscientemente* fará com que a sua mão esquerda fique mais forte, mais versátil e mais independente.

A Figura 11-3 apresenta um exercício similar, mas na posição de Sol. Mais uma vez, sugiro que fale cada nota em voz alta. Não se importe se os outros à sua volta pensarem que você está ficando meio maluco – eles estão com inveja porque você sabe tocar piano.

Figura 11-2: Leia e toque as notas da Clave de Fá começando com a posição de Dó na ME.

Figura 11-3: Notas graves da Clave de Fá, começando pela posição de Sol na ME.

Caso sinta-se pronto para tocar músicas com as duas mãos, pule para a seção "Toque Músicas com as Duas Mãos", ao final do capítulo.

Melodias para a Mão Esquerda

Às vezes, é bom tocar uma melodia com a mão esquerda. Talvez esteja com a mão direita cansada e queira ouvir a melodia num tom mais grave, ou queira variar a canção um pouco, ou está com uma coceira absurda que só a mão direita é capaz de coçar.

Não importa o motivo, eu tenho um segredo: tocar melodias com a mão esquerda ajuda a se familiarizar com as notas da Clave de Fá, ao mesmo tempo em que fortalece a coordenação da mão. Agora você não pode dizer que estou escondendo as coisas.

Melodias para a mão esquerda são muito divertidas, mas lembre-se de observar o dedilhado enquanto toca estes clássicos: "Swing Low, Sweet Chariot" (veja a Figura 11-4) e "Little Brown Jug" (Figura 11-5).

Capítulo 11: Ei! Não Esqueça a Esquerda! **173**

Faixa 37

Swing low, sweet char - i - ot, com - in' for to car - ry me home Swing low, sweet char - i - ot, com - in' for to car - ry me home.

Figura 11-4:
Melodia para a mão esquerda: "Swing Low, Sweet Chariot".

Faixa 38

Figura 11-5:
Outra melodia para a mão esquerda: "Little Brown Jug".

Escalas "Canhotas"

Eu sei que escalas não são as coisas mais interessantes do mundo, mas, ao tocá-las com a mão esquerda, você dominará – mesmo sem querer – os seguintes princípios essenciais:

- Ler a Clave de Fá
- Tocar com os dedos corretos
- Usar harmonias e padrões elegantes
- Perceber o quanto sente falta de tocar com a mão direita

Comece com algumas escalas maiores e menores, lendo e tocando as escalas abaixo para a mão esquerda (o Capítulo 10 diz tudo sobre escalas maiores e menores). Da mesma forma que tocava com a mão direita, lembre-se de usar o dedilhado correto conforme indicado pelos números acima de cada nota. Como e quando deve-se cruzar os dedos é muito importante para obter um som agradável e além de ser uma técnica confortável para a mão esquerda.

Dó, Sol e Fá maiores

A Figura 11-6 mostra as três escalas maiores para a mão esquerda. Pode-se usar o mesmo dedilhado para todas as três, subindo ou descendo. Se aplicar o padrão de escala maior (veja Capítulo 10), você estará tocando uma escala sem sustenidos ou bemóis (escala de Dó maior), um sustenido (escala de Sol maior) e um bemol (escala de Fá maior).

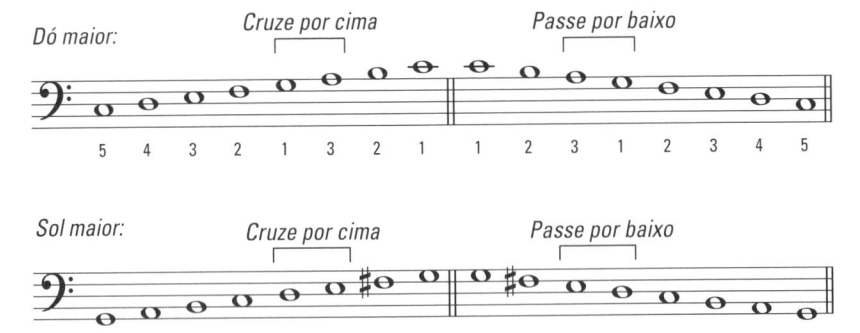

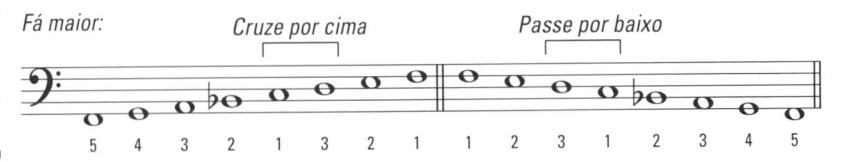

Figura 11-6: Escalas de Dó, Sol e Fá maiores para a mão esquerda.

Lá, Mi e Ré menores naturais

Use o padrão de dedilhado nas três escalas menores naturais da Figura 11-7 da mesma forma que fez nas maiores da Figura 11-6.

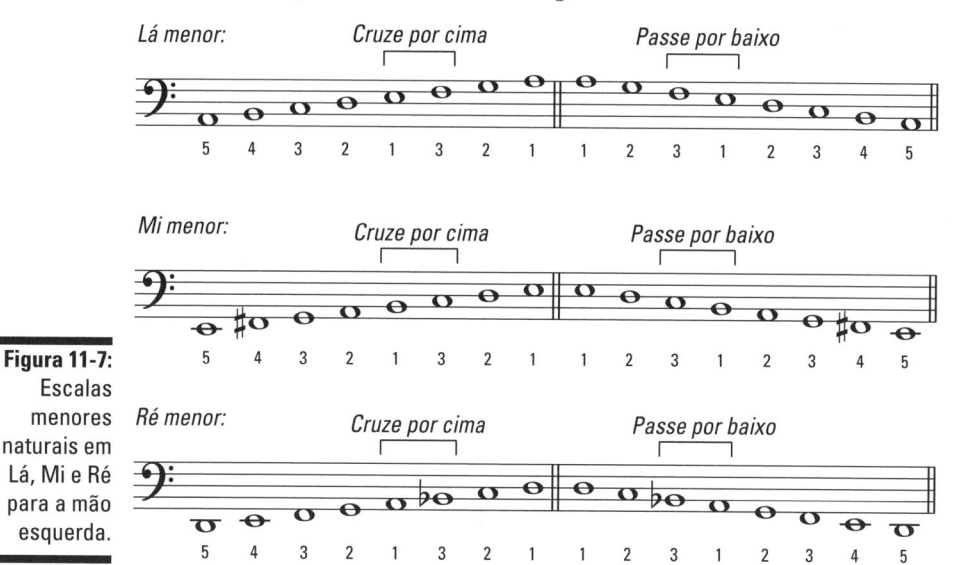

Figura 11-7: Escalas menores naturais em Lá, Mi e Ré para a mão esquerda.

Lá menor harmônica e melódica

As escalas na Figura 11-8 oferecem uma ótima oportunidade para praticar os cruzamentos e passagens de dedos com a mão esquerda. Os padrões da escala mudam no mesmo momento em que deve mudar a posição da mão. Ouça as transições suaves e os toques iguais ao longo de cada escala.

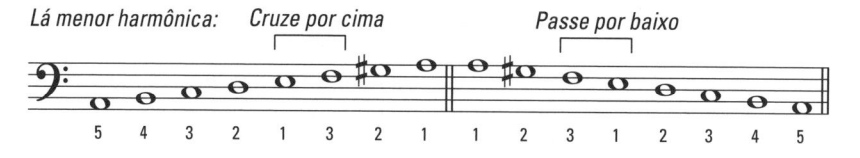

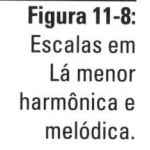

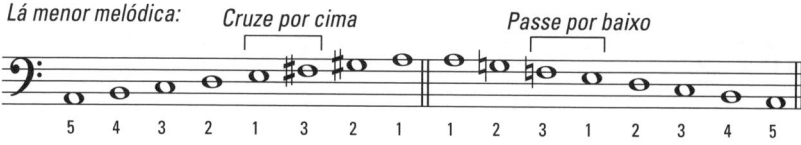

Figura 11-8: Escalas em Lá menor harmônica e melódica.

Padrões de Acompanhamento

Escalas e melodias são um excelente material para a mão esquerda, mas não são seu show principal. Na verdade, a mão esquerda praticamente implora para tocar *padrões de acompanhamento*, enquanto a mão direita faz todo o enfeite na melodia, ou então alguns acordes. Um dos acompanhamentos mais fáceis para a mão esquerda é chamado de *arpeggio* (eu mostrarei outro acompanhamento que tem mais jeito de jazz no Capítulo 14).

Ah, não! Mais italiano?! Sim! Assim como *pizza, rigatoni e ciao*, outra expressão italiana que deveria fazer parte do seu vocabulário diário é *arpeggio*. A tradução correta é *arpejo*, ou numa interpretação mais livre, "como harpa", que não significa absolutamente nada para pianistas. No entanto, depois de muitos anos de péssimas traduções, os músicos chegaram à conclusão que essa palavra significa "um acorde quebrado".

Bem, não há nada literalmente quebrado num arpejo – ele funciona perfeitamente. É só tocar as notas de um acorde uma de cada vez, ao invés de todas ao mesmo tempo (veja o Capítulo 14 para maiores informações sobre acordes).

Padrões de três notas

Em minha humilde opinião, padrões de três notas são os acompanhamentos mais fáceis e versáteis para a mão esquerda, sem mencionar que se "encaixam" perfeitamente nela. Por exemplo, coloque a mão esquerda na posição de Dó com o ME 5 em Dó, o ME 2 em Sol acima dele e o ME 1 no Dó central. Encaixa como uma luva, não?

As três notas que usará para este padrão são chamadas de fundamental, quinta e uma oitava acima da fundamental na escala apropriada (o Capítulo 10 fala mais sobre fundamentais e escalas). Se usar a escala em Dó maior, por exemplo, as notas serão Dó, Sol e Dó. Agora vem a parte versátil: o padrão de três notas é exatamente o mesmo na escala em Dó *menor*. Logo, pode-se aplicar o padrão de três notas a harmonias maiores ou menores, apenas tocando as notas fundamental, quinta e uma oitava acima da fundamental de uma escala, conforme mostra a Figura 11-9.

Figura 11-9: Padrões de fundamental, quinta e uma oitava acima da fundamental em Dó, Sol, Fá e Lá.

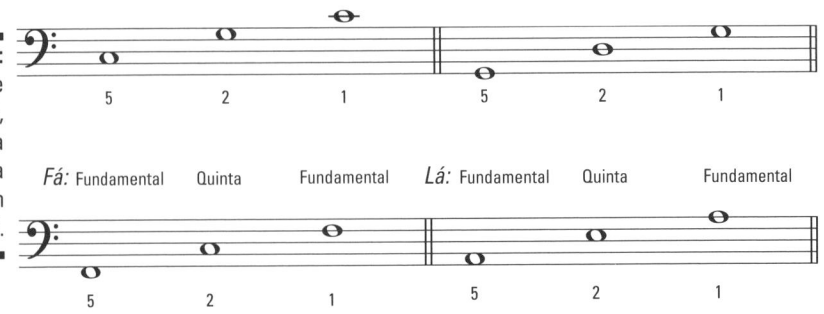

Tocando o padrão em semínimas

A maneira mais fácil de começar a tocar o padrão de três notas é com o ritmo de semínimas. Na métrica 4/4, você tocará num movimento de "subida e descida": fundamental, quinta, uma oitava acima da fundamental e quinta, de forma que cada compasso comece com a fundamental de cada arpejo. Na métrica 3/4, você sobe – fundamental, quinta, uma oitava acima da fundamental – e depois recomeça com a fundamental do próximo compasso.

A Figura 11-10 demonstra esses padrões de três notas com um ritmo simples de semínimas em ambas as métricas. Os oito primeiros compassos mostram como o padrão funciona em 4/4. Os oito seguintes mostram como o padrão funciona em 3/4. As letras acima da pauta são símbolos de acordes, que dizem de qual escala o padrão foi derivado.

Aplicando o padrão com colcheias

Toque o padrão de três notas usando colcheias para um arpejo mais rápido e energético. Você deverá tocar um conjunto completo: fundamental-quinta-uma oitava acima da fundamental-quinta a cada duas batidas; logo, as batidas 1 e 3 de cada compasso recomeçam na fundamental do arpejo. Balance a mão esquerda suavemente para frente e para trás sobre as teclas até que sinta esse movimento de maneira natural em seu corpo. Essas colcheias na métrica 3/4 são ligeiramente diferentes: você pode tocar todas as seis colcheias num padrão, ou modificar o padrão para lhe dar tempo de se mover para outras posições, conforme mostra a Figura 11-11.

Figura 11-10: Arpejos de três notas em padrões de semínimas.

Figura 11-11: Arpejos de três notas em padrões de colcheias.

Padrões de quatro notas

Ao adicionarmos mais uma nota ao padrão de três notas (veja a seção anterior), temos notas suficientes para fazer um acorde maior ou menor. Para esse arpejo, adicione a terceira nota da escala. O arpejo de quatro notas *maiores* utiliza as notas fundamental, terceira, quinta e uma oitava acima da fundamental da escala. Para formar um arpejo de quatro notas *menores*, simplesmente desça um semitom na terceira nota. Por exemplo, as notas de um arpejo em Dó maior são Dó, Mi, Sol e Dó. Para fazer um arpejo em Dó menor, é só descer a terceira, Mi, para Mi bemol, assim como fez na escala de Dó menor (veja a Figura 11-12).

Figura 11-12: Arpejos de quatro notas com base em Dó.

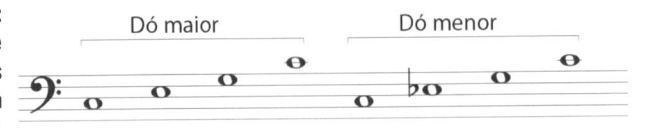

Tocando o padrão em semínimas

Assim como com os arpejos de três notas, as métricas diferentes lhe permitem mais opções rítmicas. Usando semínimas em métrica 4/4, você tocará a fundamental, a terceira, a quinta e uma oitava acima da fundamental ao menos uma vez em cada compasso. Cada compasso subsequente reiniciará com a fundamental. Para a métrica 3/4, você tocará em um compasso – fundamental, terceira e quinta – e atingirá a oitava acima da fundamental antes de descer no próximo compasso – oitava acima, quinta e terceira.

Analise os padrões de semínimas na Figura 11-13. Fale as notas em voz alta enquanto as toca; ouvi-las ajudará a reconhecê-las.

Tente os dedilhados alternados na Figura 11-13, mostrados entre parênteses, abaixo dos dedilhados sugeridos. Cada mão é diferente e você pode até achar algum deles mais confortável que outro.

Aplicando o padrão com colcheias

Com um ritmo de colcheias, você pode se divertir bastante explorando os diferentes padrões das quatro notas de um arpejo. É só lembrar as quatro notas corretas de cada escala – fundamental, terceira, quinta e uma oitava acima da fundamental – e tocar duas delas a cada batida no compasso. A Figura 11-14 mostra alguns exemplos de diferentes padrões.

Arpejo, seu amigo na hora de necessidade

Ali está você. Já é tarde. O pianista acabou de tocar os últimos acordes de "My Funny Valentine" e deixa o palco para um intervalo, já atrasado. Você decide impressionar seus amigos e rapidamente se senta ao piano. A plateia o aguarda... Você abre o livreto com partituras e a única coisa que vê à sua frente é a Clave de Sol e símbolos de acordes. O que houve com o resto?

O que você provavelmente tem à sua frente é um *livro de improvisação* ou um *fakebook* (leia mais sobre esses livros no Capítulo 19). É um livro de músicas, sim, mas contém apenas as melodias e os símbolos de acordes, permitindo ao pianista profissional trabalhar à vontade para "preencher" a parte da mão esquerda como ele bem entender, ou como a situação permitir. Claro que você *não* é um pianista profissional e *qualquer* mãozinha neste momento da noite faria a diferença. O que fazer?

Primeiro, respire fundo e não entre em pânico. Segundo, use a sua cartola mágica e tire dela alguns dos arpejos para a mão esquerda que mencionei neste capítulo. Use os símbolos de acordes – as pequenas letras do alfabeto acima da pauta – para localizar a nota mais grave (ou a fundamental) do arpejo, e toque à vontade. Dentro em breve, até pessoas que você nem conhecia vão querer sua amizade.

Figura 11-13: Subindo e descendo com os arpejos de quatro notas.

Figura 11-14: Padrões de arpejos de quatro notas em colcheias.

Combine Mão Esquerda e Direita

Não importa o quanto goste de tocar melodias com a mão direita e a esquerda separadamente. Chegou o momento de colocar estas duas grandes amigas juntas.

Há diversas coisas para se ter em mente quando tentamos tocar canções com as duas mãos:

- Quando se toca lendo diretamente da partitura, leia as notas primeiro verticalmente (de baixo para cima), para então lê-las horizontalmente (da esquerda para a direita).
- Toque a canção algumas vezes somente com a mão direita. Toque-a depois somente com a mão esquerda. Quando já estiver confiante e confortável com as notas de cada mão, poderá tentar tocar com as duas juntas.
- Toque lentamente de início, e acelere o andamento à medida que ficar mais confortável com a música.
- Tenha calma e paciência.
- Peça a possíveis ouvintes que saiam um pouco para lhe dar uma chance de praticar. Só os convide para o "concerto" quando estiver se sentindo bem para isso.

Partilhando a melodia com as duas mãos

Inicie a leitura da partitura passando a melodia por entre os dedos. Na Figura 11-15, a melodia de "When Johnny Comes Marching Home" começa com a mão esquerda, a direita assume quando a melodia adota um timbre mais agudo. Revise os nomes das notas uma ou duas vezes antes de tocar para se sentir mais confortável, reconhecer todas as notas e também para se mover entre as claves de Sol e de Fá. Assim poderá fazer uma transição mais tranquila para o piano.

Melodia e acompanhamento de uma nota

Mozart sabia se divertir com a música e isso aparece em sua obra "Uma Piada Musical". Ele pega uma melodia simples e a coloca numa escala maior, depois numa menor e, por fim, opta por voltar para a maior. Na Figura 11-16, a mão esquerda toca um acompanhamento de uma única nota para essa melodia, fazendo dela uma boa introdução para as duas mãos juntas.

Parte III: Uma Mão de Cada Vez

Faixa 39

Figura 11-15: MD e ME partilham uma canção.

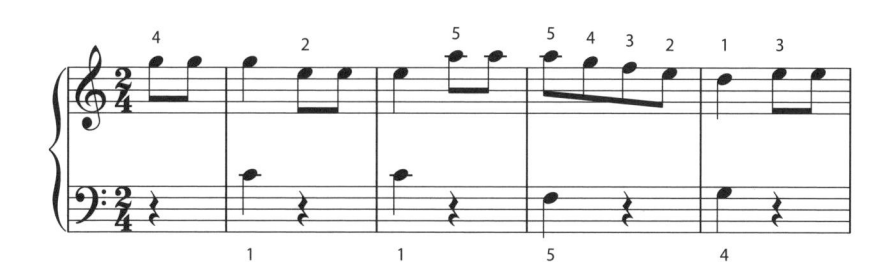

Figura 11-16: Uma melodia simples e um acompanhamento de Mozart.

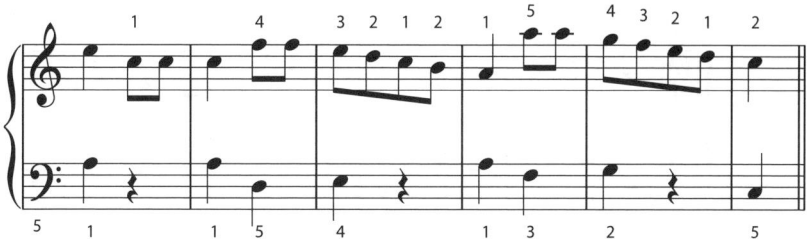

Melodia e acompanhamento de três notas

A canção "On Top of Old Smoky" (veja a Figura 11-17) faz você trabalhar a melodia com a mão direita e alguns arpejos para a mão esquerda. Depois de pegar o jeito, a sua mão esquerda começará a se mover para a frente e para trás nesses padrões "arpejados", sem nenhum esforço.

Se a Clave de Fá lhe parecer muito intimidadora, deixe a mão esquerda na posição de arpejo e mova o ME 5 para cada fundamental. A partir de cada fundamental, você poderá encontrar facilmente as outras notas do arpejo e se divertir...

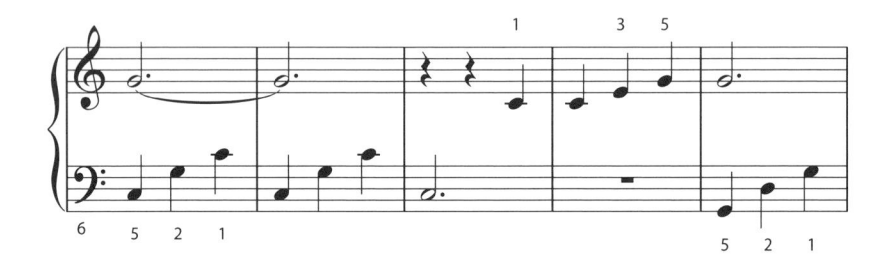

Figura 11-17: "On Top of Old Smoky" com acompanhamento de três notas para a ME.

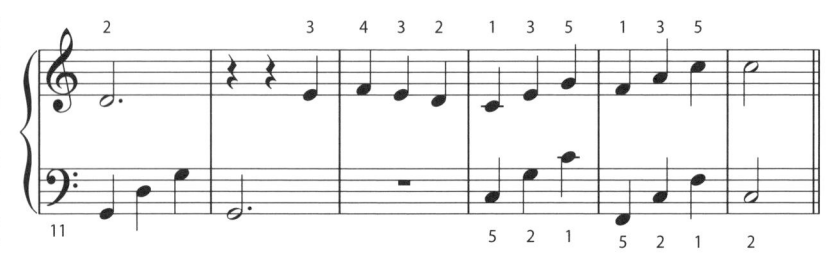

Melodia e oitavas em uníssono

Na clássica canção "Yankee Doodle" (veja a Figura 11-18), há outra forma de se ler em ambas as claves ao mesmo tempo, com uma melodia de "mão dupla". Embora as melodias pareçam ser completamente diferentes nas pautas, você estará tocando teclas de mesmo nome em ambas as mãos.

A esta altura do aprendizado, muitas pessoas conseguem reconhecer as notas na Clave de Sol mais rapidamente do que na Clave de Fá. Proponho um desafio interessante: olhe para a Clave de Fá *antes* de ler a nota correspondente na Clave de Sol para consolidar suas habilidades de ler a clave das notas graves.

Capítulo 11: Ei! Não Esqueça a Esquerda! 185

Figura 11-18: Duplique a melodia.

Toque Músicas com as Duas Mãos

Você já está pronto para fazer música com as duas mãos e agora quer melodias para colocar isso em prática. Você veio ao lugar certo: as músicas desta seção utilizam ambas as mãos. Aqui vão algumas informações que precisa saber para tocá-las:

- **"The sidewalks of New York":** para esta canção, você precisará ler a Clave de Fá (veja Capítulo 6), tocar (a maior parte do tempo) um acompanhamento de uma nota para a mão esquerda, ler sustenidos e tocar em métrica 3/4. Ah, claro, você provavelmente vai gostar do ritmo cadenciado.

- **"Stars and Stripes Forever":** para tocar esta canção, precisará saber anacruses (veja Capítulo 8), tocar em métrica 2/4 e com padrões de acompanhamento para uma melodia.

Capítulo 11: Ei! Não Esqueça a Esquerda! **187**

Faixa 42

The Sidewalks of New York

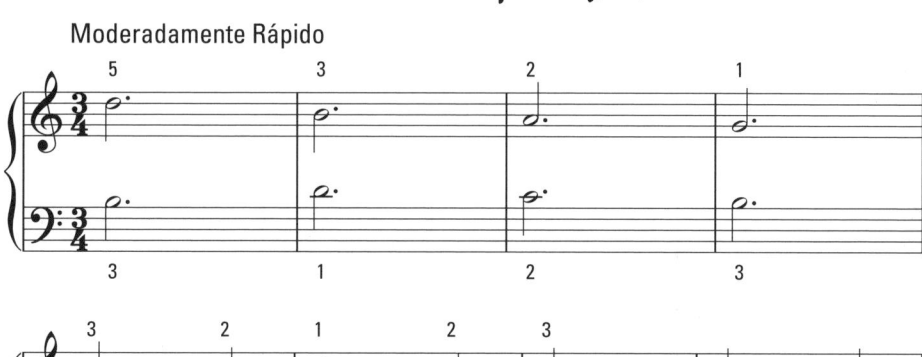

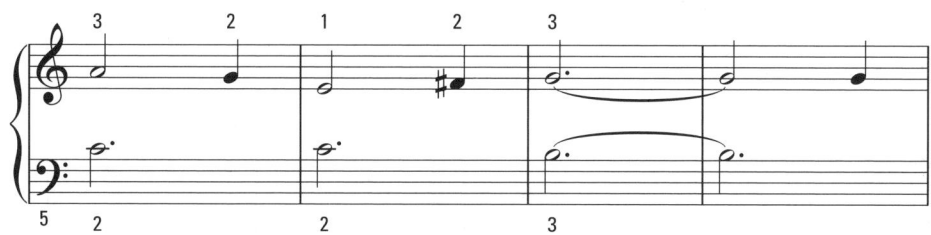

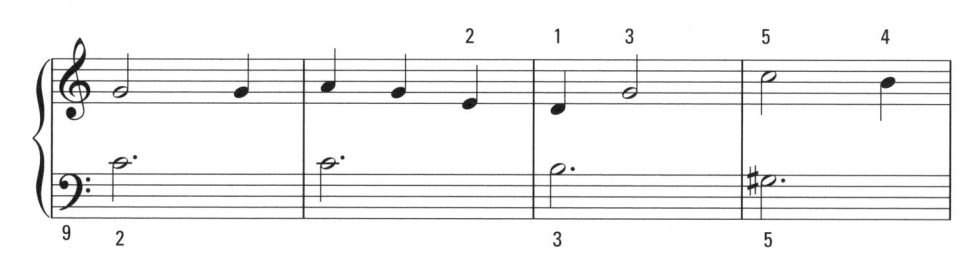

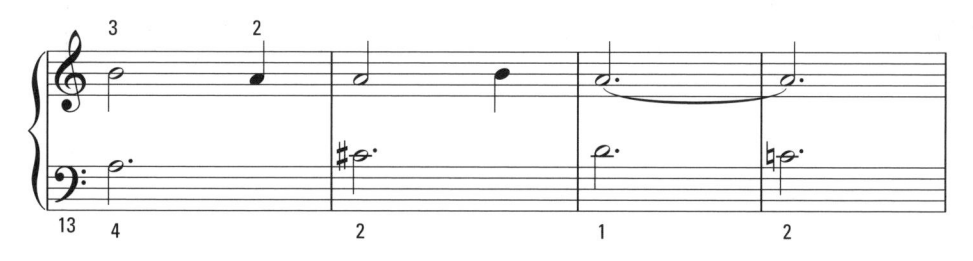

Moderadamente Rápido

188 Parte III: Uma Mão de Cada Vez

Capítulo 11: Ei! Não Esqueça a Esquerda! **189**

▶ Faixa 43

Stars and Stripes Forever

Marcha Rápida

190 Parte III: Uma Mão de Cada Vez

Parte IV
Vivendo em Perfeita Harmonia

A 5ª Onda   Por Rich Tennant

A Primeira Apresentação de Harriet

"Vamos! Allegro Vivace! Allegro Vivace!
Estamos vendendo sorvete, não caixões!"

Nesta parte...

Ah, a doce harmonia... a essência da vida, a força que une o mundo e o faz cantar numa só voz... tudo bem, talvez você não consiga trazer a paz ao mundo depois de ler esta parte, mas ao menos conseguirá tocar algumas doces melodias ao piano, o que já é um começo.

Esta parte mostra como criar acordes; como o sistema de tons organiza a música em teclas e como combinar harmonia, melodia e ritmo numa base para a música.

Capítulo 12
Os Blocos Que Constroem a Harmonia

Neste Capítulo

▶ Aprenda a medir a distância entre duas notas
▶ Ouça e toque intervalos
▶ Construa a harmonia
▶ Harmonize uma melodia

Quando ouvimos uma canção, a primeira coisa que nos chama a atenção é a melodia. Ao mesmo tempo, estamos menos conscientes das outras notas que estão sendo tocadas em conjunto para formar a *harmonia* da música.

Sem a harmonia, ouviríamos uma nota de cada vez. Ao piano, podemos tocar mais de uma nota de cada vez, dando a ele a cobiçada vantagem de ser um instrumento capaz de promover a harmonia. Claro, os outros instrumentos numa banda ou orquestra podem tocar coletivamente para formar a harmonia, mas podemos harmonizar tudo apenas com o piano.

A essência da harmonia é tocar várias notas simultaneamente. As notas que escolher e como elas serão arranjadas na melodia determinam o tipo de harmonia que será produzida, seja com muitas notas ou apenas uma para cada mão. Vá em frente e tente: toque duas, três, quatro ou até dez notas de uma vez. Ah, doce harmonia... ou uma tremenda bagunça, dependendo de quais notas tocar.

Meça os Intervalos Melódicos

A distância entre quaisquer duas notas musicais é chamada de *intervalo*. É necessário entender o conceito de intervalos e das notas que compreendem cada um deles, para que possamos identificar e selecionar notas para construir harmonias. Mas também é possível usar os intervalos para identificar e construir notas numa melodia. Enquanto toca ou canta as notas, a melodia pode seguir três caminhos: permanecer na mesma nota, subir ou descer. Esse deslocamento de subida e descida pode ser medido através de *intervalos melódicos*.

Pode-se medir um intervalo pelo número de tons ou semitons entre duas notas. Mas em virtude de este método envolver muita conta, memorização e aritmética complicada, achei uma solução mais fácil: use a escala maior como uma fita métrica (o Capítulo 10 fala sobre tons, semitons e escalas).

Cada escala maior contém sete notas diferentes mais a oitava – são oito graus que podem ser usados para dar nomes a intervalos. A Figura 12-1, por exemplo, mostra a famosa escala de Dó maior, com as notas numeradas de 1 a 8.

Figura 12-1: Notas numeradas na escala de Dó maior.

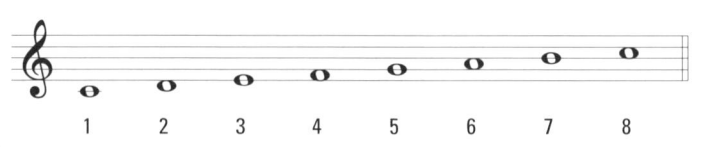

Pegue duas notas e conte as notas da escala entre elas (não as teclas do piano) para encontrar o nome do intervalo. Por exemplo, se tocar a primeira nota da escala de Dó maior (Dó), seguida da quinta (Sol), terá tocado um intervalo de *quinta* (notas, não categoria). Se contar a escala de notas entre Dó e Sol, terá cinco notas – Dó, Ré, Mi, Fá e Sol. O intervalo entre Dó e Mi (a *terceira* nota na escala) é um intervalo de *terceira* e assim por diante. Não são nomes que ganham prêmios de originalidade mas são fáceis, não acha?

Não é necessário começar com a primeira nota de uma escala para se fazer um intervalo de quinta. O conceito de intervalos baseia-se em distância. Pode-se construir um intervalo de quinta a partir da nota Sol subindo-se cinco notas de escala até a nota Ré. Caso queira comprovar se a construção está correta, basta contar as notas de escala entre elas.

A Figura 12-2 mostra a escala de Dó maior e seus intervalos.

Figura 12-2: A família dos intervalos na escala de Dó maior.

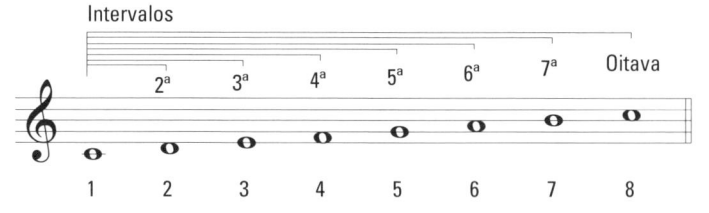

Eu usei a escala de Dó como um exemplo por causa da sua facilidade, sem sustenidos ou bemóis. No entanto, este método de nomeação dos intervalos como números ordinais funciona para todas as escalas maiores: simplesmente escreva a escala na pauta e numere as notas de 1 a 8, que o método funcionará sempre da mesma maneira.

Resumo dos intervalos

Assim como as escalas, os intervalos vêm em algumas variedades: *maior, menor, justo, diminuto* e *aumentado*. Saber dessa classificação ajuda a identificar e a construir harmonias para a música que se está tocando. Por exemplo, se quiser construir um acorde menor para harmonizar com uma melodia, deve fazer uso de um intervalo menor (o Capítulo 14 traz tudo sobre construção de acordes).

Aqui está o seu guia para construir os diferentes tipos de intervalos:

- **Intervalo maior:** mede uma segunda, terceira, sexta ou sétima, combinando a segunda, a terceira, a sexta ou sétima nota da escala maior e contando os semitons a partir da fundamental.
- **Intervalo menor:** pode-se criar um intervalo de segunda, terceira, sexta ou sétima menores, simplesmente abaixando o equivalente maior em um semitom.
- **Intervalo justo:** este título aplica-se apenas a quartas, quintas e oitavas.
- **Intervalo diminuto:** se quiser transformar qualquer intervalo num intervalo diminuto, abaixe-o em um semitom.
- **Intervalo aumentado**: se quiser transformar qualquer intervalo em um intervalo aumentado, é só subi-lo um semitom.

Numa eterna tentativa de serem preguiçosos, digo, eficientes, os músicos usam as seguintes abreviaturas quando falam sobre intervalos:

- *M para* intervalos maiores
- *m para* intervalos menores
- *J para* intervalos justos
- *dim para* intervalos diminutos
- *aum para* intervalos aumentados
- Números para o tamanho dos intervalos, por exemplo, 5 para um intervalo de quinta

Assim, quando vir *J5*, saberá que significa um intervalo de quinta justa[1]. Quando vir *M2*, significa um intervalo de segunda maior. Quando vir *m6*, saberá que é um intervalo de sexta menor.

Seria negligência não observar que os intervalos podem ser medidos para cima ou para baixo. Ou seja, quando tocar um intervalo Dó - Sol de quinta, pode-se dizer que Sol está uma quinta acima de Dó ou que Dó está uma quinta abaixo de Sol. Assim, um intervalo *descendente* é medido da nota superior à nota inferior. Da mesma forma, *ascendente* quer dizer... hum, acho que você entendeu.

Nas seções a seguir, eu falo sobre cada intervalo da escala e dou um exemplo de melodia famosa que usa esses intervalos. Eu o encorajo – chego ao ponto de implorar – a tocar cada um dos exemplos no seu piano. Nada treina melhor um músico do que tocar e ouvir ao mesmo tempo. Enfie esses intervalos na sua cabeça juntamente com as melodias correspondentes, e eu garanto que não irá esquecê-los.

---

1 Em cadernos de canções com cifras em inglês, que são a maioria, os intervalos justos são representados por "p" ao invé de "j".

Segundas

O primeiro intervalo que cantamos na canção "Parabéns a Você" é um *intervalo de segunda maior*, ou *M2*. Tente você mesmo. "Pa-ra-béns..." Pare! No "béns", você acabou de subir para um intervalo de segunda maior. Usando a escala de Sol, um M2 é a distância entre Dó e Ré.

Outra canção que também começa com um M2 é "London Bridge", que está na Figura 12-3. Toda vez que tocar "Lon-don" você estará subindo e depois descendo um intervalo de segunda maior. Tente no seu piano.

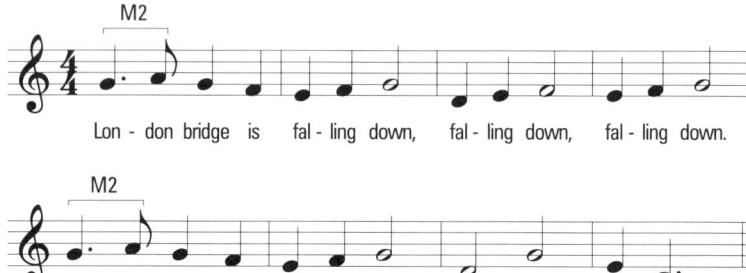

Figura 12-3: "London Bridge" usa intervalos de segunda maior.

Cria-se um *intervalo menor*, ou um *m2*, simplesmente fazendo o intervalo de segunda maior ser um semitom menor. Em outras palavras, é como tocar Dó seguido por Ré bemol. Eu sempre ouço um m2 como o famoso intervalo do tema de *Tubarão*, do compositor John Williams. A Figura 12-4 mostra um m2 da célebre composição "Für Elise", de Beethoven. Essa melodia é famosa em qualquer lugar e agora você sabe qual o seu intervalo de abertura.

Figura 12-4: Um intervalo de segunda menor em ação em "Für Elise", de Beethoven.

Terceiras

As quatro primeiras notas da legendária *Quinta Sinfonia* de Beethoven empregam um *intervalo de terceira maior*, ou *M3*. Se um compositor pudesse requerer patente de um intervalo, Ludwig van Beethoven teria a patente deste. Como se não fosse o bastante, Beethoven também quis para si o intervalo de *terceira menor*, ou *m3*, usando-o nas quatro notas seguintes do tema. Toque a Figura 12-5, um pequeno trecho da *Quinta Sinfonia*, e jamais esquecerá como devem ser as terceiras maiores e menores.

Figura 12-5: Intervalos de terceira maior e terceira menor juntos no tema da *Quinta* de Beethoven.

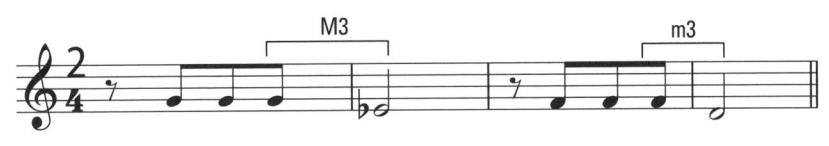

Também ouvimos frequentemente o intervalo M3 em canções religiosas. A Figura 12-6 mostra esse intervalo nas canções "Amazing Grace" e "Swing Low, Sweet Chariot".

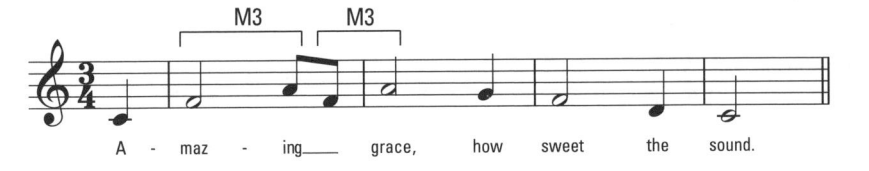

Figura 12-6: O intervalo de terceira maior faz bem para a alma.

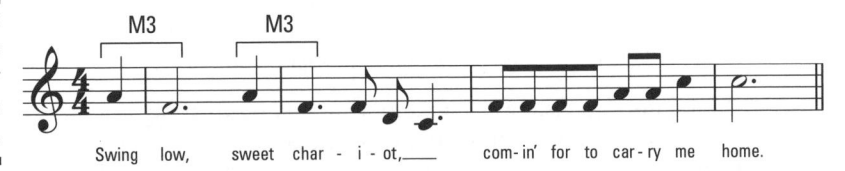

Por algum motivo desconhecido – até para o nosso amigo Beethoven – o m3 parece ter poder sobre crianças. Conforme verá na Figura 12-7, as notas de abertura das canções infantis "This Old Man" e "It's Raining, It's Pouring" formam m3, que é menor que o M3 em um semitom.

Figura 12-7: Um intervalo menor que as crianças adoram.

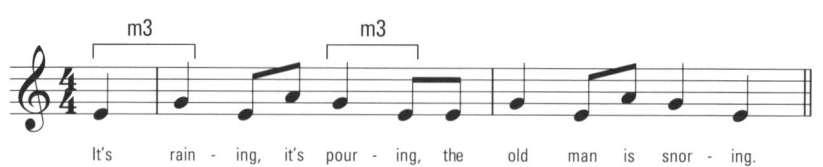

Quartas e quintas

Um intervalo de quarta recebe a classificação de justo quando está cinco semitons acima ou abaixo de outra nota. De Dó a Fá, temos um *intervalo de quarta justa,* ou um *J4*.

O som de um J4 (que também é conhecido como intervalo perfeito) é justo por passar praticamente qualquer tipo de emoção. Os compositores usam esse intervalo para transmitir heroísmo, amor, comédia e até mesmo o espaço sideral em suas melodias. Ele se encaixa até em canções folk! Toque e cante as notas de abertura de "I've Been Working On The Railroad" e você irá balançar para a frente e para trás num J4 até que o "the" estrague a brincadeira, conforme mostra a Figura 12-8.

Figura 12-8: O intervalo de quarta justo em movimento.

Também é possível lembrar-se do intervalo J4 descendo e depois subindo na obra de Schubert, *Sinfonia Inacabada* (veja Figura 12-9).

Outro intervalo justo é o intervalo de quinta justa, ou *J5*. Por que ele é tão justo? Porque praticamente toda música já escrita na humanidade tem, pelo menos, um J5 em algum lugar. Veja só, ele se encaixa perfeitamente na mão: de Dó até Sol, tudo é executado na posição de Dó (o Capítulo 9 explica essa posição).

Figura 12-9: Embora inacabada, a *Sinfonia Inacabada* de Schubert ainda é um intervalo de quarta justa.

Enquanto toca as duas primeiras notas da Figura 12-10, você verá estrelas. Tanto a canção "Brilha, Brilha, Estrelinha", quanto o tema de *Guerra nas Estrelas* começa com um J5.

Figura 12-10: Uma estrela brilhante, o intervalo de quinta justa.

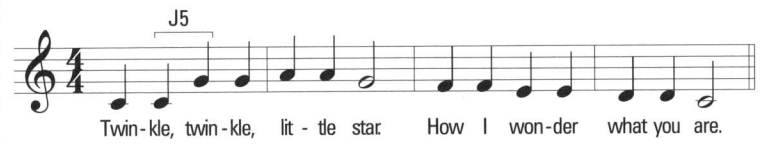

Toque um J5 descendente de Sol a Dó e reconhecerá o clássico imortal "Feelings" e a música tema de *Os Flintstones*. Por falar em clássicos, a música "Just the Way You Look Tonight" também inicia com um J5 descendente, com as palavras "Some day". O "Minueto" de Bach, que tocou no Capítulo 9, também abre com um J5 descendente, conforme mostra a Figura 12-11.

Figura 12-11: Um intervalo de quinta justa descendente.

Uma maneira fácil de lembrar os intervalos de quarta e quinta justas é murmurar as notas de abertura da "Marcha Nupcial", na qual um intervalo convenientemente segue o outro (veja a Figura 12-12).

A "Marcha Nupcial" tem sua origem cantada na ópera *Lohengrin*, de Richard Wagner. Você pode até se recusar a ouvir esse trecho na ópera de três horas e meia, mas eu já assisti a cerimônias de casamento que pareciam durar o dobro, e nem assim ouvi música tão bonita quanto essa.

Figura 12-12: Um intervalo de quarta e de quinta justas juntos para sempre na "Marcha Nupcial".

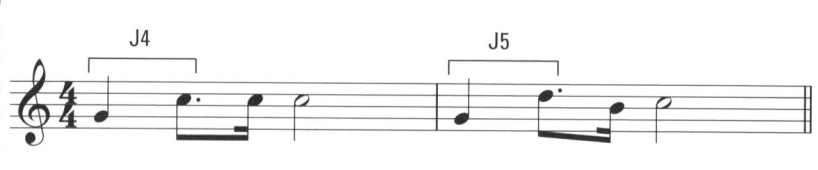

Entre J4 e J5 existe um intervalo que é exatamente metade de uma oitava (veja na Figura 12-13). A partir de Dó, conte seis semitons até Fá sustenido ou Sol bemol. Se o chamar de Fá sustenido, deverá chamar o intervalo de *quarta aumentada*, pois é maior do que um de quarta, mas não é um de quinta. Se o chamar de Sol bemol, o intervalo é de *quinta diminuta*, pois ele equivale ao de quinta justa, descendo um semitom. Muitas pessoas lembram esse intervalo cantando "Maria" do musical *West Side Story* – as duas primeiras notas são um intervalo de quarta aumentada.

Figura 12-13: Intervalo de quarta aumentada ou de quinta diminuta, dependendo de como nomeou as notas.

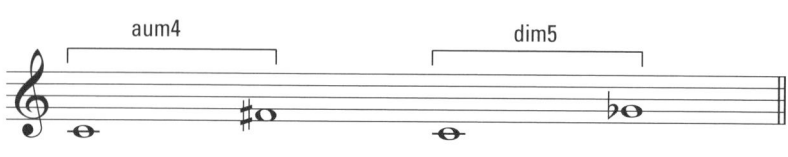

Embora se possa aumentar ou diminuir qualquer intervalo, subindo ou descendo um semitom, os únicos intervalos aumentados ou diminutos neste livro, e na maioria dos livros de piano para iniciantes, são os de quarta e de quinta.

Sextas e sétimas

Um *intervalo de sexta maior*, ou *M6*, é o intervalo de abertura de "My Bonnie Lies Over the Ocean". O trecho "My Bon" é o intervalo M6, de Dó a Lá. Se você tocar Dó até Lá bemol, terá um *intervalo de sexta menor*, ou um *m6*. A Figura 12-14 mostra os dois.

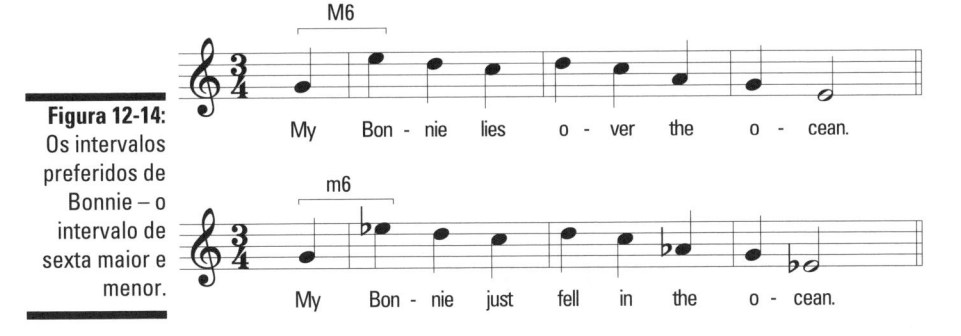

Figura 12-14: Os intervalos preferidos de Bonnie – o intervalo de sexta maior e menor.

O *intervalo de sétima maior (M7)* e o *de sétima menor (m7)* são os últimos intervalos numerados numa escala. Você pode perceber um m7 quando canta as duas primeiras notas da canção "Somewhere" do musical *West Side Story* (combinando as duas primeiras palavras da frase "There's a place for us"). Não são muitos compositores que começam uma melodia com um intervalo de sétima maior; talvez seja por isso que existam poucos exemplos marcantes.

De qualquer modo, é um intervalo que deve ser lembrado, pois o intervalo de sétima ajuda a formar o terceiro acorde mais popular em todas as músicas (o Capítulo 14 diz tudo sobre acordes). Aprenda o tamanho destes dois intervalos e veja por si mesmo como eles soam melódicos, especialmente depois de tocar as notas da Figura 12-15.

Figura 12-15: Intervalo de sétima (maravilha).

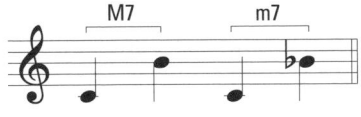

Oitavas

Você deve estar pensando que o último intervalo da escala se chama "intervalo de oitava". Você está parcialmente certo. Por algum motivo, as pessoas que deram os nomes aos intervalos (outra profissão que não deu muito certo) se cansaram de usar números depois do intervalo de sétima, tentaram dar uma animada nos nomes e inventaram um mais, digamos, chique. Eles usaram o prefixo latino *octa*, que significa "oito" (pense num polvo, que tem oito tentáculos, ou um octógono, figura geométrica de oito lados). Bingo! Um intervalo de oitava é chamado de... *oitava* (*J8*)! Os criadores dos nomes ficaram tão orgulhosos que até o classificaram como intervalo justo.

A Figura 12-16 mostra um intervalo de oitava justa, eternizado na canção "Somewhere Over the Rainbow", com Judy Garland, no filme *O Mágico de Oz*. Na palavra de abertura, de "some" até "where", temos um salto de intervalo de oitava. Outra forma fácil de lembrar este intervalo, é lembrar que ambas as notas têm o mesmo nome.

Figura 12-16: Além do arco-íris... (de notas).

Combine as Notas para Intervalos Harmônicos

Na seção anterior, você aprendeu a tocar cada intervalo como notas separadas para ver e ouvir a distância entre elas. Mas isso não é harmonia. É necessário tocar os intervalos juntos para consegui-la.

Toque duas notas juntas

A Figura 12-17 mostra cada intervalo – justo, diminuto, aumentado, maior e menor – de segunda a oitava. Tente tocar as notas de cada intervalo ao mesmo tempo. Repare que elas estão empilhadas. Quando duas notas parecem estar assim, ou ligadas à mesma linha, significa que deverá tocá-las ao mesmo tempo. Em harmonia, entendeu?

Elas soam lindas juntas; mas como usamos esses intervalos para criar harmonia? Você pode:

- Adicionar intervalos para a mão direita sob uma linha melódica.
- Tocar intervalos com a mão esquerda enquanto a direita continua a melodia.
- Fazer as duas coisas.

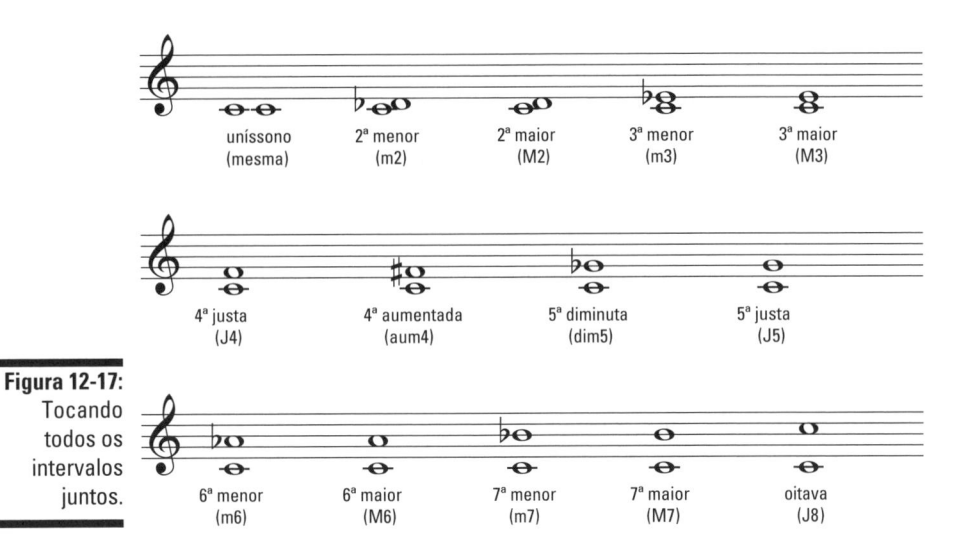

Capítulo 12: Os Blocos Que Constroem a Harmonia **203**

Figura 12-17: Tocando todos os intervalos juntos.

uníssono (mesma) | 2ª menor (m2) | 2ª maior (M2) | 3ª menor (m3) | 3ª maior (M3)

4ª justa (J4) | 4ª aumentada (aum4) | 5ª diminuta (dim5) | 5ª justa (J5)

6ª menor (m6) | 6ª maior (M6) | 7ª menor (m7) | 7ª maior (M7) | oitava (J8)

Para começar a tocar canções com intervalos harmônicos, pule para a seção "Toque Músicas com Mais Harmonia", ao final deste capítulo.

Adicione intervalos às melodias

Adicionar intervalos harmônicos às melodias, realmente preenche o som. A Figura 12-8 traz a melodia de "Aura Lee", com uma nota só na frase de abertura, seguida da mesma tocada com intervalos para a mão direita e adicionados sob a melodia para o segundo verso. Enquanto toca os dois versos, ouça a diferença que esta harmonia faz.

Figura 12-18: "Aura Lee" é uma melodia que implora por harmonia.

Não é necessário se matar para descobrir como adicionar esses intervalos à melodia. O compositor já fez isso e os anotou na música impressa pela qual você se orienta para tocar, mas, por favor, compreenda que esses intervalos se combinam com a melodia para fazer um tom harmônico. Claro, pode-se simplesmente tocá-la somente com a nota superior de cada grupo, mas os ouvintes vão gostar do seu esforço extra ao tocar os intervalos. Além disso, para que você acha que servem seus dez dedos?

Claro, se quiser adicionar você mesmo, intervalos a uma melodia, escolha o intervalo de uma terceira abaixo ou de uma sexta sob a nota da melodia. Pegue uma canção simples como "Yankee Doodle" e adicione um intervalo de sexta sob cada nota melódica da mão direita. Veja como isso é feito na Figura 12-19.

Figura 12-19: Harmonizando "Yankee Doodle".

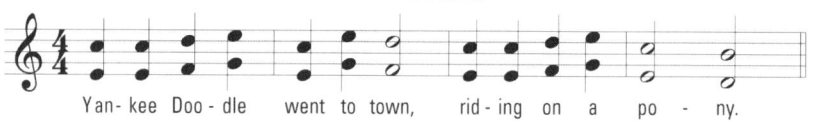

Se você já cantou um refrão, ou se já criou uma harmonia para cantar junto da sua canção favorita, sabe que algumas notas soam bem juntas e outras não. Alguns intervalos soam mais estáveis que outros. Os mais sólidos são os de terceira, quinta e sexta; os de segunda, quarta e sétima não são tão firmes (os de oitava soam bem, obviamente porque combinam as mesmas notas da melodia). Dependendo do contexto, os intervalos estáveis são mais *consoantes* (harmônicos e agradáveis), enquanto os instáveis soam mais *dissonantes* (desarmônicos e ásperos).

Harmonize com a mão esquerda

Uma das maneiras mais fáceis de adicionar harmonia à música é tocando notas únicas com a mão esquerda, que formam intervalos quando combinadas com as notas da melodia da mão direita. Normalmente toca-se uma nota com a mão esquerda e se sustenta essa nota por diversos compassos enquanto se continua com a melodia.

Capítulo 12: Os Blocos Que Constroem a Harmonia

Na Figura 12-20, a mão direita toca a frase de abertura de "America, the Beautiful", enquanto a esquerda toca as semibreves na pauta de baixo. Os intervalos harmônicos são movidos simplesmente a uma oitava abaixo, fazendo uso de uma tonalidade mais grave do piano e criando um som rico e agradável.

Figura 12-20: "America, the Beautiful" com participação harmônica de uma única nota com a ME.

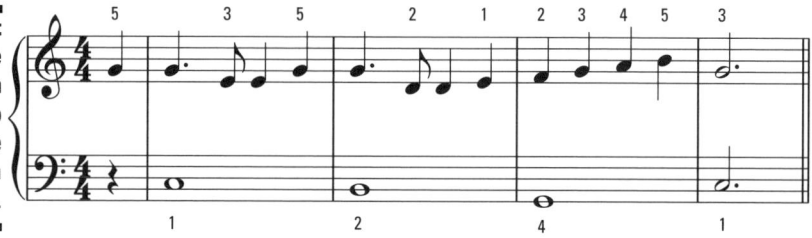

É possível dar ainda mais consistência ao som adicionando um intervalo harmônico na parte da mão esquerda, conforme demonstrado na Figura 12-21. Quando a parte que cabe à mão esquerda consiste de ritmos, de semibreves e de mínimas, adicionar esse intervalo é relativamente fácil.

Figura 12-21: Adicionando mais harmonia à parte da mão esquerda.

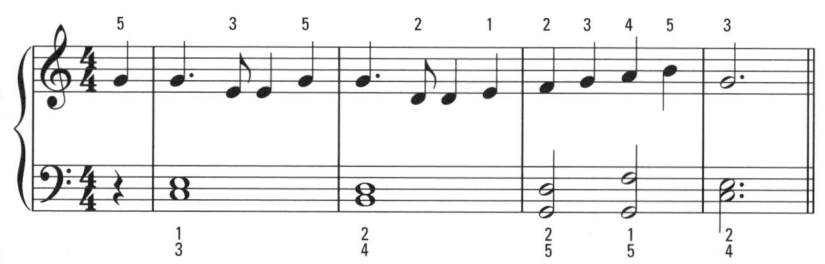

Na Figura 12-21, a mão esquerda toca intervalos estáveis e sólidos (terceiras e quintas), exceto em um caso: o intervalo não estável de sétima na batida 3 do compasso 3 só se estabilizará em um intervalo de terceira ao final da frase, numa harmonia mais consoante.

Outra forma de fazer isso é adicionar um intervalo harmônico abaixo da melodia com a mão direita e uma nota grave na mão esquerda, conforme mostra a Figura 12-22.

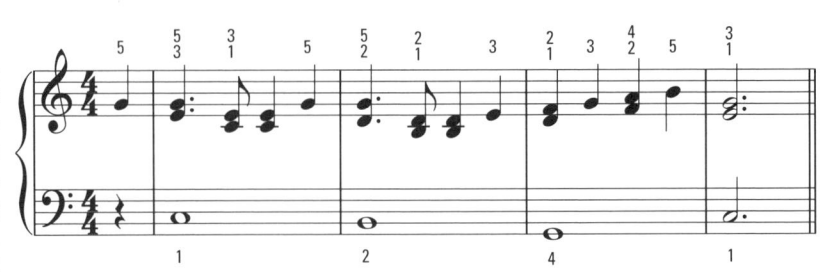

Figura 12-22: Adicionando mais harmonia sob a melodia na parte da mão direita.

Para dar um pouco mais de movimento à canção, pode-se tocar uma parte harmônica, com a mão esquerda, que combine com a melodia nota a nota (veja a Figura 12-23).

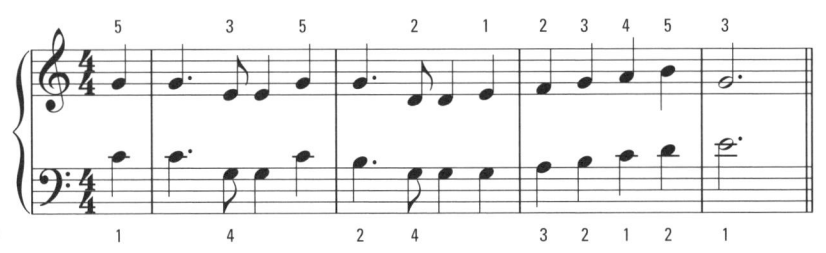

Figura 12-23: A harmonia da mão esquerda combina com o ritmo da melodia.

Para a harmonia definitiva, faça dela um estilo de quatro partes com intervalos simples para ambas as mãos. Apenas algumas notas criam um som consistente e agradável, conforme mostra a Figura 12-24.

Figura 12-24: Um tratamento harmônico rico e com um certo estilo de coral.

Toque Músicas com Mais Harmonia

Está pronto para tocar música com mais harmonia? Cada uma das canções abaixo explora maneiras diferentes de usar intervalos harmônicos.

- **"I'm Called Little Buttercup"**: nesta canção, a mão esquerda toca notas graves, com a mão direita tocando a melodia. As duas partes se movem de forma diferente, assim, caso você ache difícil tocá-la de início, tenha paciência e execute a parte de cada mão separadamente até que se sinta confortável com as notas. Só então toque com as duas.

- **"Marianne"**: você poderá ver e ouvir nesta canção o poder de uma harmonia de duas notas. É de grande ajuda tocar a melodia algumas vezes somente com a mão direita, junto à faixa do CD. Execute depois somente a parte da mão esquerda. Apenas quando estiver relaxado e confiante, ponha as duas mãos juntas para tocar.

- **"Aura Lee"**: adicionar um intervalo melódico abaixo da melodia da mão direita e colocar a mão esquerda no conjunto é simples e muito gratificante. Se acontecer de se perder enquanto toca, diminua o ritmo e tente usar cada mão separadamente, até que sinta mais facilidade em uni-las novamente. Talvez conheça a melodia da canção que ficou famosa na voz de Elvis Presley. Tudo bem, Elvis usou uma letra diferente – algo sobre alguém que o amava com ternura.

- **"Shenandoah"**: nesta peça, as duas mãos tocam o mesmo ritmo, com a esquerda "espelhando" a melodia com uma harmonia tranquila. Ouça atentamente enquanto toca, para combinar os ritmos com as duas mãos, assim como duas vozes cantando juntas.

- **"Auld Lang Syne"**: a mão esquerda não se limita a notas únicas ou a certos intervalos. O compositor pode lhe dar segundas, quartas ou qualquer outra coisa que ele queira. Dê uma oportunidade às mãos de tocarem a harmonia de quatro partes desta canção, que mistura vários tipos de intervalos em ambas as mãos. Acho que não custa repetir uma vez: pratique com cada mão separadamente antes de pôr as duas para trabalharem juntas.

208 **Parte IV: Vivendo em Perfeita Harmonia**

I'm Called Little Buttercup

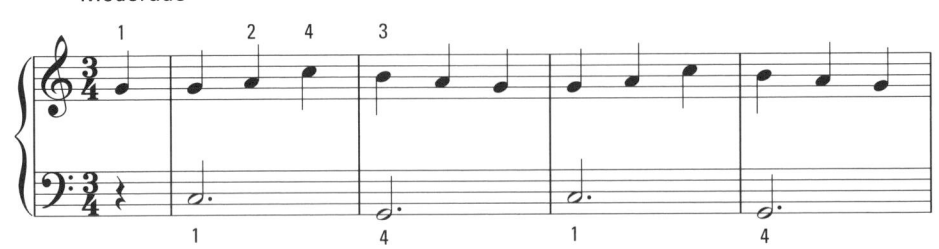

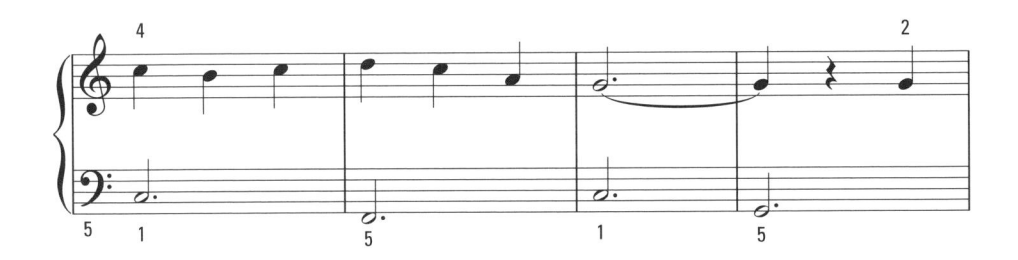

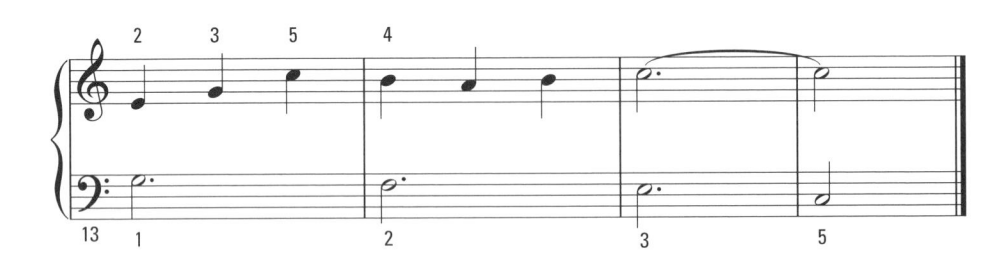

Moderado

Capítulo 12: Os Blocos Que Constroem a Harmonia 209

▶ Faixa 45

Marianne

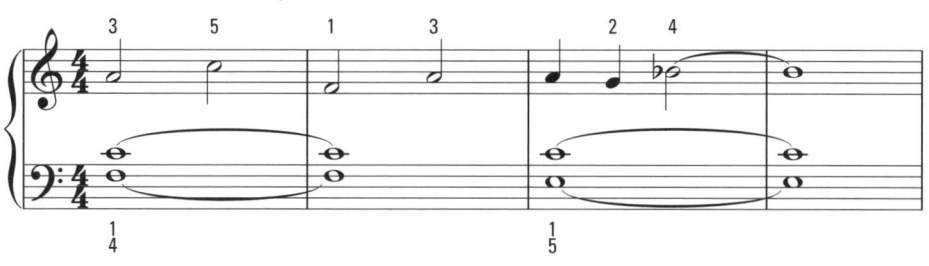

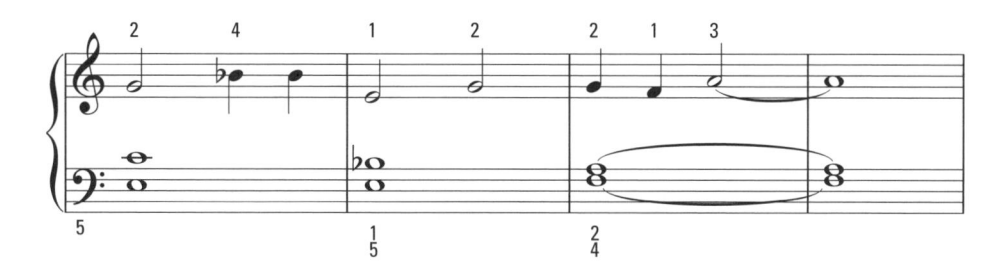

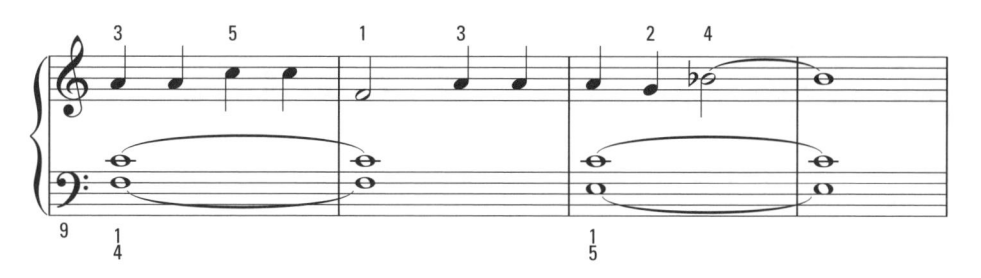

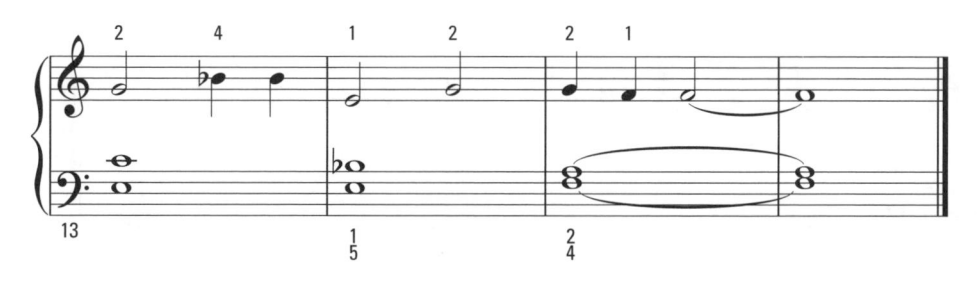

Moderadamente Rápido

210 Parte IV: Vivendo em Perfeita Harmonia

Faixa 46

Aura Lee

Moderadamente Lento

Capítulo 12: Os Blocos Que Constroem a Harmonia **211**

Faixa 47

Shenandoah

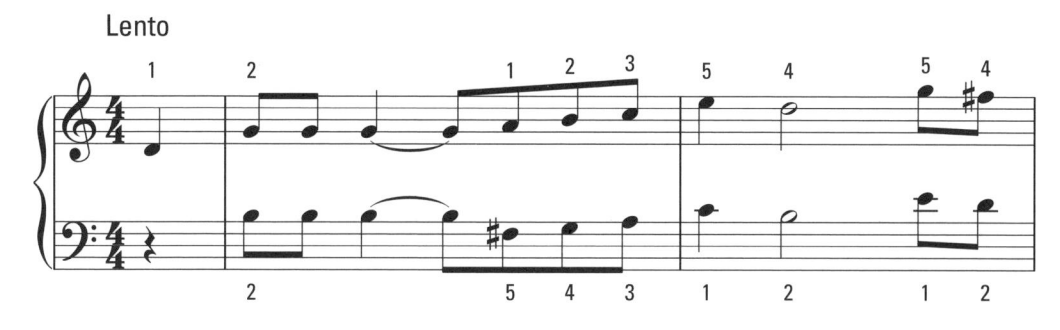

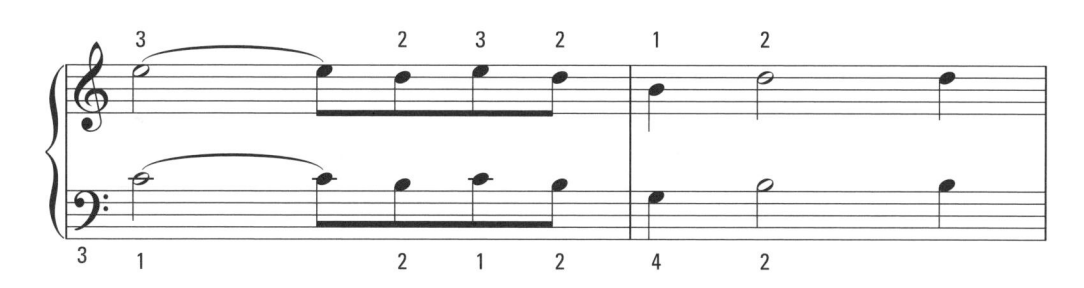

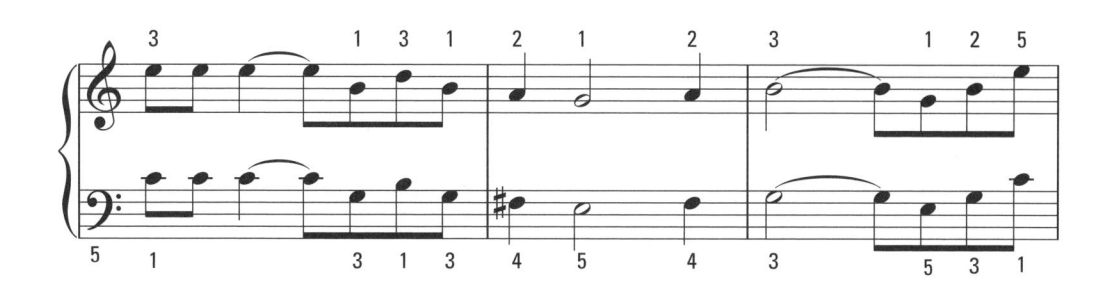

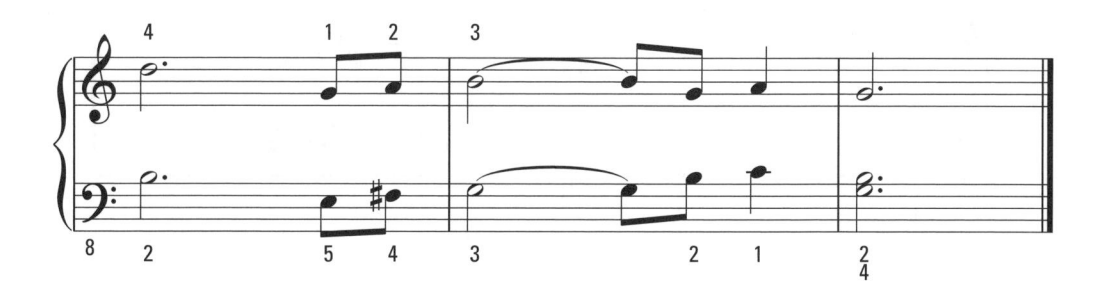

Lento

212 **Parte IV: Vivendo em Perfeita Harmonia**

Faixa 48

Auld Lang Syne

Moderado

Capítulo 13
Compreendendo os Tons

Neste Capítulo

▶ Encontre o tom inicial da sua música
▶ Interprete as armaduras de clave
▶ Toque canções com armaduras de clave

*O*s tons ou tonalidades permitem decorar ambientes de formas diferentes, optar por roupas de diversos estilos e até interpretar mapas. Alguns podem até causar incômodo – como o tom de voz de certas pessoas, mas ainda são uma ferramenta essencial em nossas vidas, e na música.

Neste capítulo, eu falo sobre as tonalidades ou tons musicais. Não estou falando sobre as teclas brancas e pretas que se pressiona no teclado. Este é um tipo completamente, inteiramente, totalmente diferente de tom. Um *tom* é um conjunto de notas que corresponde a uma determinada escala (veja mais sobre escalas no Capítulo 10). Tons e escalas proporcionam uma base de notas compatíveis que os compositores usam para construir melodias e harmonias.

Tom Doce Tom

O tom musical é como a casa de uma canção, dizendo diversas coisas sobre ela: quais sustenidos e bemóis são utilizados (veja o Capítulo 6 para mais informações sobre sustenidos e bemóis), em qual escala ela se baseia (veja o Capítulo 10 para mais informações sobre escalas), qual das notas da escala é a mais importante da canção, entre outros.

Uma canção sempre possui uma única nota inicial e todas as outras nela contidas estão relacionadas com essa nota, dependendo da distância. Assim, compreender o tom musical significa também compreender as relações das notas entre si. Uma canção pode ser considerada uma viagem musical e compreender aonde uma canção vai em sua viagem é parte da diversão de fazer música.

Quando uma canção está *em tom de Dó*, significa que está primariamente baseada na escala de Dó maior, usando em sua maior parte (ou somente) notas daquela escala para a melodia ou harmonia. Ao longo da canção, seus ouvidos se acostumam com as notas da escala de Dó maior. Se o compositor jogar um número muito grande de notas de outra escala (Fá sustenido, por exemplo), seus ouvidos irão estranhar. Quando a canção retornar ao tom original, com as notas da escala de Dó maior, eles se sentirão novamente em casa.

A definição verdadeira de tom não é, obviamente, servir como lar de uma canção. Como os que possuem uma mente mais musical perceberão rapidamente, o tom de uma música é *o centro tonal,* representado pelos tons da escala que sustenta a melodia e a harmonia.

Um arco-íris de tons

A música usa muitos tons diferentes que recebem seus nomes de notas diferentes do teclado. Em outras palavras, temos um tom musical para as notas Lá, Si, Dó, Ré, Mi, Fá e Sol, mais todos os sustenidos e bemóis.

Cada tom tem sua própria personalidade, aparência, sensação e som. Um compositor usa um determinado tom para dar o som certo e a sensação apropriada à sua música. Eu poderia falar outras 30 páginas sobre as diferenças entre os tons, mas você iria cair no sono antes até de conseguir dizer "poupe-me". A melhor forma de mostrar a diferença que eles podem fazer na música é fazer com que ouça a mesma canção executada em dois tons diferentes. Toque "Good Night, Ladies" conforme demonstrada na Figura 13-1, que está no tom de Dó.

Faixa 49

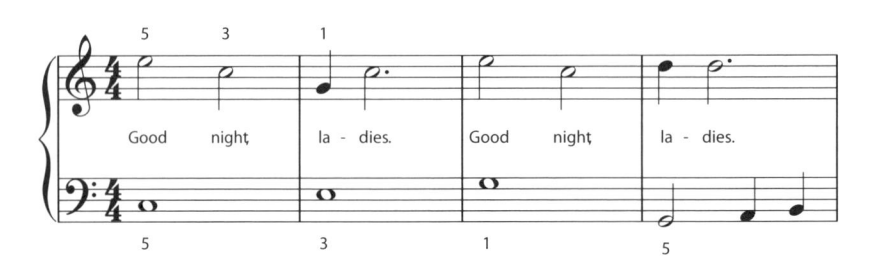

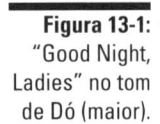

Figura 13-1: "Good Night, Ladies" no tom de Dó (maior).

Toque "Good Night, Ladies" no tom de Fá (veja a Figura 13-2). Embora os *intervalos* (o relacionamento de cada nota com a nota seguinte) permaneçam os mesmos, o som e a personalidade da canção mudam sutilmente, simplesmente por se mudar os tons, neste caso, movendo a canção para o tom de Fá (para saber mais sobre intervalos, leia o Capítulo 12).

Os compositores e intérpretes acham os tons muito, muito úteis, pois eles permitem que as seleções musicais sejam modificadas para se adaptarem aos diferentes intérpretes. Por exemplo, se um compositor criou uma obra em tom de Sol, mas a melodia é muito aguda para um determinado cantor, a canção pode ser mudada para um tom mais baixo (como Mi ou Fá) para que ela se adapte à voz dele. Todo compositor gosta que sua obra não seja afetada, apenas admite essa *variação*, que é o quão agudo ou grave a melodia pode ficar. O processo de mudar o tom musical de uma canção é chamado de *transposição*, e é uma ocorrência bastante comum na música.

Aplique os tons na música

Como intérprete, reconhecer e ler os tons numa partitura é uma habilidade valiosíssima e vai muito além de saber se um som é grave ou agudo. Compreender os tons ajuda a tocar melhor, pois o tom de uma música diz quais notas tocar e quais não.

Figura 13-2: "Good Night, Ladies" no tom de Fá (maior).

Por exemplo, se tocar uma melodia em tom de Sol, tocará na maior parte do tempo as notas pertencentes à escala de Sol maior. O seu conhecimento de escalas (veja Capítulo 10) o faz lembrar que a escala de Sol contém o Fá sustenido; assim, espera-se que toque todos os fás da canção como sustenidos.

Para economizar tinta, todos os compositores usam uma ferramenta chamada *armadura de clave*. Situada imediatamente após a clave em cada linha de música, uma armadura de clave permite:

- Evitar escrever todos aqueles pequenos símbolos de jogo da velha ao lado de cada nota sustenizada da música.
- Evitar escrever os bemóis ao lado de todos os bemóis na canção.
- Mostrar imediatamente ao intérprete (esse é você!) em que tom a canção está.

À medida que a música se torna mais e mais complexa, confie em mim quando digo que é desagradável ver sustenidos e bemóis se acumulando na partitura que está tentando ler.

Leia as armaduras de clave

Ler armaduras de clave e tonalidades ajuda em quê?

- Facilita a leitura da música, pois você saberá por quais notas esperar em cada tom.
- Faz com que produzir música seja muito mais divertido, pois você começa a identificar o que difere uma canção da outra quando entende a noção de que elas podem ser inseridas em tons.
- É uma ferramenta que o ajuda a lembrar da música, pois você identifica uma certa personalidade no contexto de cada tom. Por exemplo, se a melodia se inicia na terceira nota de uma escala maior e você sabe em qual tom está, poderá tocar essa nota imediatamente.

A Figura 13-3 mostra duas armaduras de clave: uma para o tom de Sol e outra para o tom de Fá. A primeira mostra um símbolo de sustenido na última linha da pauta, que ordena tocar toda nota Fá como Fá sustenido. A escala de Sol maior contém um sustenido, logo, esse deve ser o tom de Sol. A segunda armadura usa um bemol na linha do meio da partitura, dizendo que devemos tocar todas as notas Si como Si bemol. Este deve ser o tom de Fá, pois a escala de Fá maior possui um bemol: o Si bemol.

Você pode estar pensando que somente as notas Fá na última linha de uma pauta são alteradas pela assinatura de sustenido na armadura da clave. Não! A armadura se aplica a **todas** as notas Fá, não só às da última linha. Esta é, como de costume, mais uma decisão tomada pelo compositor para economizar tinta e tempo.

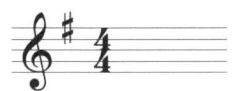

Figura 13-3: O sinal na linha.

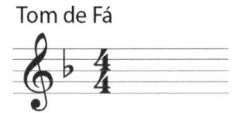

Tom de Sol

Tom de Fá

A única situação em que a mesma nota é marcada como um sustenido ou bemol duas vezes numa armadura de clave é quando se tem duas pautas. Neste caso, uma armadura serve para a Clave de Sol e a outra para a Clave de Fá, conforme mostra a Figura 13-4.

Figura 13-4: Uma armadura de clave em cada mão.

Tocar uma melodia que tenha uma armadura de clave não é mais difícil que tocar uma canção que não apresente uma. Somente é preciso lembrar (com uma pequena ajuda da sua amiga armadura de clave, lógico) quais notas serão bemolizadas ou sustenizadas ao longo da peça. A Figura 13-5 apresenta a melodia de abertura de uma canção chamada "Worried Man Blues", em tom de Sol. Quando tocar, lembre-se de que todas as notas Fá são, na verdade, Fás sustenidos.

Figura 13-5: Tocando uma melodia em tom de Sol.

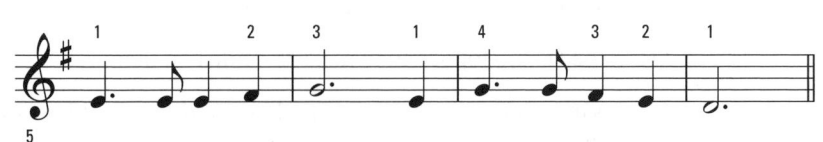

Tente depois a mesma canção em tom de Ré, que possui dois sustenidos. Repare na armadura de clave na Figura 13-6, e lembre-se que todas as notas Fá e Dó são sustenizadas.

Figura 13-6: Experimentando a mesma melodia no tom de Ré.

Para tocar a melodia completa de "Worried Man Blues" com a parte da mão esquerda, pule para a seção "Toque Músicas com Armaduras de Clave", ao final deste capítulo.

Uma armadura de clave mostra instantaneamente em qual tom a canção deve estar. Você pode até pensar: "Bem, terei que contar todos os sustenidos e bemóis e depois descobrir em qual escala eles estão e isso com certeza não é instantâneo!". Com um pouco de prática, você começará a reconhecer as armaduras mais comuns. Sem contar, sem tocar – sem mesmo pensar sobre isso –, você "bate o olho" na armadura de clave e sabe imediatamente em qual tom a música está. A maioria das músicas de piano para iniciantes possuem armaduras com poucos sustenidos ou bemóis, ou até mesmo são desprovidas deles.

O Círculo de Quintas

Por sorte, existe uma lógica dentro da loucura das armaduras de clave, uma sequência que se inicia sem sustenidos ou bemóis e percorre o ciclo dos doze tons. A Figura 13-7 mostra o *Círculo de Quintas* com os nomes das notas para cada possível centro tonal. Enquanto "viaja" ao redor dele, você encontrará cada um dos doze tons do sistema tonal. Os números dentro do círculo dizem quantos sustenidos ou bemóis existem em cada armadura de clave.

Enquanto estuda o Círculo de Quintas, observe o seguinte:

- Cada tom é uma quinta acima do tom anterior, no sentido horário (veja o Capítulo 12 sobre a distância entre os intervalos).

- O tom de Dó, no topo, não possui sustenidos ou bemóis.

- Os tons na metade da direita do círculo são todos sustenidos, com um sustenido em cada posição, partindo-se do topo em sentido horário.

- Os tons do lado esquerdo do círculo são todos bemóis, com um bemol em cada posição, partindo-se do topo, mas em sentido anti-horário.

- Os três tons da parte inferior do círculo podem ser tanto sustenidos como bemóis; o compositor decide.

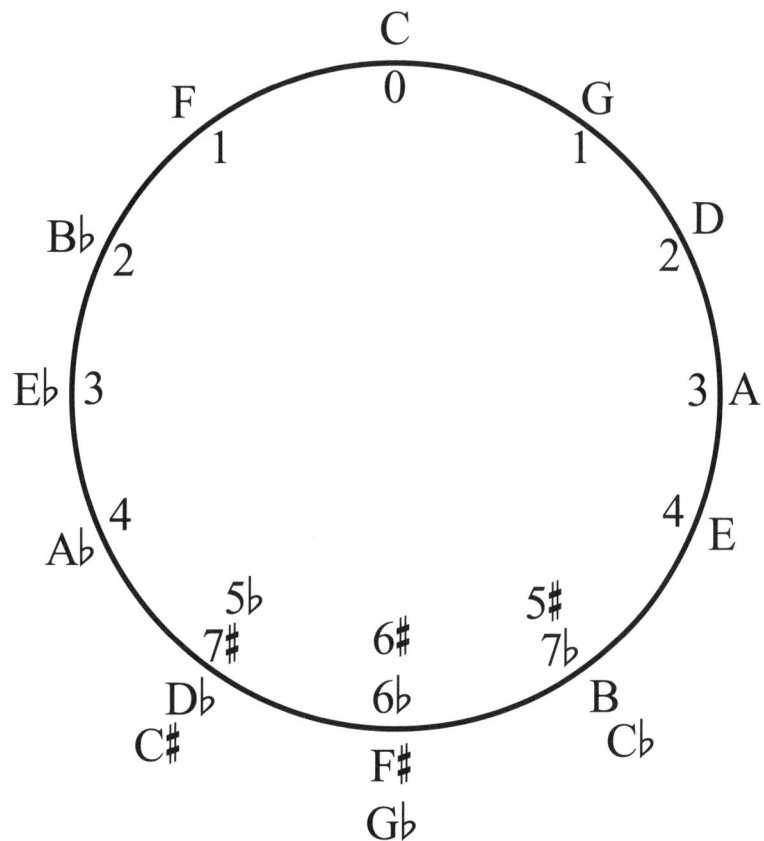

Figura 13-7: O Círculo de Quintas.

Dentre as maravilhas deste oráculo de tonalidades, o Círculo mostra a relação dos tons entre si. Os tons que são vizinhos têm muito em comum, como por exemplo sete ou oito tonalidades de escala. Muito frequentemente, uma canção passeia tranquilamente por um tom vizinho durante sua jornada musical. Os tons que estão mais distantes entre si têm pouco em comum e uma viagem de um lado a outro do círculo tem um efeito muito brusco na canção.

A ordem de sustenidos e bemóis, da maneira como é escrita na partitura, segue o Círculo de Quintas, adicionando um sustenido ou bemol na mesma ordem do Círculo.

Armaduras de clave com sustenidos

Digamos que deseje tocar uma música que possui dois sustenidos na armadura de clave. Se consultar o Círculo de Quintas na Figura 13-7, rapidamente verá que o tom que possui dois sustenidos está a duas posições de distância de Dó, logo, a canção estará no tom de Ré.

Por fim, você deseja ter a capacidade de saber qual é o tom de uma canção sem ao menos olhar para o Círculo. Veja como:

Para ler uma armadura de clave que possui sustenidos:

1. **Localize o último sustenido (o que está mais próximo à extremidade direita), tanto na Clave de Sol quanto na de Fá.**

2. **Suba um semitom a partir desse sustenido para encontrar o nome do tom.**

Por exemplo, se você tem dois sustenidos, Fá e Dó, o último tom é Dó sustenido. Subindo-se um semitom a partir de Dó sustenido está Ré. Logo, a canção estará em tom de D.

A Figura 13-8 mostra as armaduras de clave para todos os tons de sustenido.

Figura 13-8: Tons de sustenido.
G D A E B F# C#

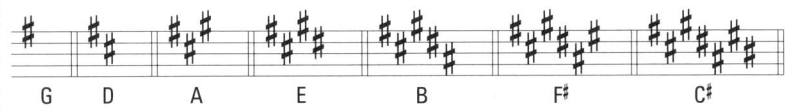

Dar nomes aos tons com muitos sustenidos requer um pouco de trabalho mental porque a grafia deles pode pregar algumas peças. Por exemplo, no teclado, o tom que fica a um semitom acima de Mi é Fá. Tecnicamente falando, esse Fá também pode ser chamado de Mi sustenido. Logo, se a sexta sustenizada na armadura de clave for Mi sustenido, você deverá elevá-la em um semitom para determinar o tom correto, que é Fá sustenido. Não se pode determinar o tom como Sol sustenido porque estaremos pulando Fá na sequência de nomes de notas, conforme foi explicado no Capítulo 10.

Armaduras de clave com bBemóis

Para ler uma armadura de clave que contém bemóis, devemos:

1. **Localizar o bemol imediatamente anterior ao último (o segundo, da esquerda para a direita) na armadura de clave.**

2. **Aquele bemol dará nome ao tom.**

Por exemplo, se encontrar três bemóis numa armadura de clave – Si bemol, Mi bemol e Lá bemol –, a nota seguinte à última é Mi bemol e a música estará no tom de Mi bemol. A Figura 13-9 mostra todos os tons bemóis.

Figura 13-9: Tons bemóis.
F B♭ E♭ A♭ D♭ G♭ C♭

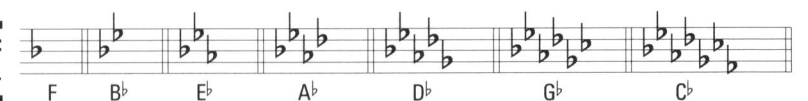

Vai uma mãozinha?

Uma forma fácil de encontrar a armadura de clave dos tons mais comuns é usando fórmulas mnemônicas. Só precisará de cinco dedos e de um pouquinho de memória.

Os tons mais comuns que tocamos são os de Dó, Fá, Sol, Ré, Lá, Mi e Si. Os dois primeiros são facílimos de lembrar: Dó não tem sustenidos ou bemóis e Fá só apresenta Si bemol. Para os outros cinco tons comuns (que ocorrem de serem todos sustenidos), siga estes passos:

1. **Memorize a ordem G-D-A-E-Si com uma frase mnemônica de sua escolha:**
   - ✔ **G**randes **D**romedários **A**ndam **E**m **B**andos
   - ✔ **G**igantes, **D**uendes e **A**nões **E**stavam **B**rincando
   - ✔ **G**ororoba **D**e **A**ngu **E**straga a **B**uchada

2. **Conte os tons nos dedos na ordem, até encontrar o tom que precisa.**

Para o tom de Lá, conte Sol, Ré, Lá. Quantos dedos está mostrando? Três. O tom de Lá possui três sustenidos.

Os sustenidos numa armadura de clave sempre aparecem em ordem ascendente de quintas, começando pelo Fá sustenido. Assim, os três sustenidos do tom de A são Fá sustenido, Dó sustenido e Sol sustenido.

O único tom no qual esse método de nomeação não se aplica é o tom de Fá. Como só possui uma nota bemolizada (Si bemol), não existe algo "imediatamente anterior ao último" para se ler. Dessa forma, deve-se lembrar que um único bemol na armadura de clave significa que a canção está em tom de Fá. Pode-se ainda lembrar que Fá é o tom com um bemol, pois é a posição antes de Dó no Círculo de Quintas, ou seja, está uma quinta abaixo de Dó (conte as cinco notas nos dedos), logo, possui apenas um bemol.

Saindo e retornando ao tom inicial

Não importa a aparência ou o estilo da sua casa, a função básica dela é ser o local para onde você retorma depois de ter estado longe. O mesmo ocorre com os tons.

As melodias e harmonias costumam se aventurar para longe do tom inicial de uma canção. Especialmente no jazz, os intérpretes agitavam a música dando a ela um som completamente novo, explorando notas e acordes fora do tom original. Compositores fazem uso de diversos tons para levar a música a novos e inusitados lugares desde épocas muito antigas. Depois de tantas experiências "fora do tom", sente-se uma nostalgia imensa quando voltamos ao tom original.

Para uma melhor compreensão deste conceito de viagem musical, ouça o trecho da canção "After the Ball", na faixa 51. Ela começa no tom de Sol e viaja até o Lá por alguns compassos antes de retornar a Sol. Apenas ouça e veja se consegue dizer quando a canção deixa o tom inicial e quando retorna. Ouça a peça novamente enquanto acompanha a música na Figura 13-10.

Figura 13-10: Mudando os tons e depois voltando ao original.

Ouviu? No compasso 5, a música começa a se aventurar fora do centro tonal de Sol e depois retorna suavemente no compasso 9.

Para tocar "After the Ball" inteira e com a mão esquerda em conjunto, pule para a próxima seção "Toque Músicas com Armaduras de Clave".

Toque Músicas com Armaduras de Clave

As canções desta seção permitem ler e tocar partituras com armaduras de clave. Aqui estão alguns pontos a se considerar para a execução de cada peça:

- **"Worried Man Blues"**: esta é a versão completa da canção que introduz armaduras de clave no início do capítulo. Escrita em tom de Sol, possui um sustenido (Fá sustenido) que deve ser lembrado enquanto toca. A parte da mão esquerda é bem simples, mas talvez seja necessário rever o dedilhado e as mudanças de posição nos cinco últimos compassos antes de tentar tocar com as duas mãos juntas.

- **"After the Ball"**: esta também é a versão completa de uma canção apresentada anteriormente no capítulo. Ela ilustra uma melodia em tom de Sol que faz uma visita a outro tom antes de retornar, por fim, ao tom inicial. Verifique o símbolo de "natural", que precede Dó na parte da mão direita, no compasso 26. Este lembrete útil cancela os sustenidos de dois compassos antes.

Capítulo 13: Compreendendo os Tons 223

▶ Faixa 52

Worried Man Blues

Moderadamente Lento

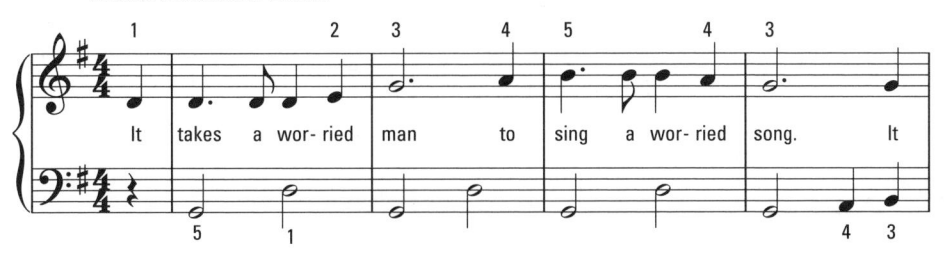

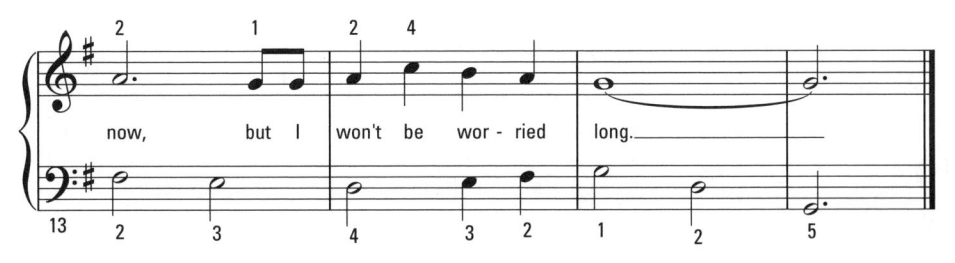

224 Parte IV: Vivendo em Perfeita Harmonia

Faixa 53

After the Ball

Moderadamente Rápido

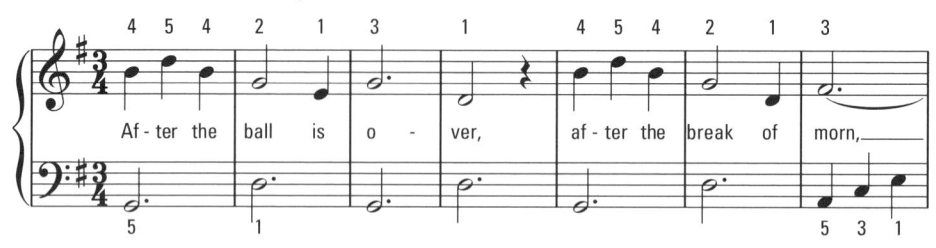

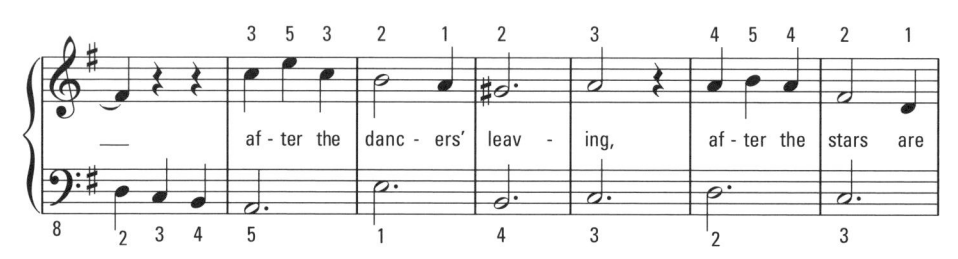

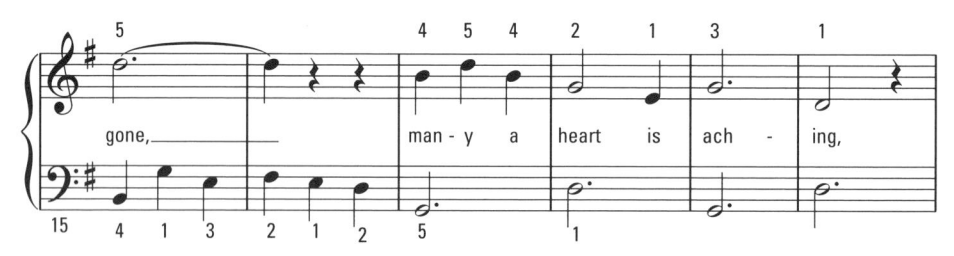

After the ball is over, after the break of morn, after the dancers' leaving, after the stars are gone, many a heart is aching, if you could read them all. Many the hopes that have vanished after the ball.

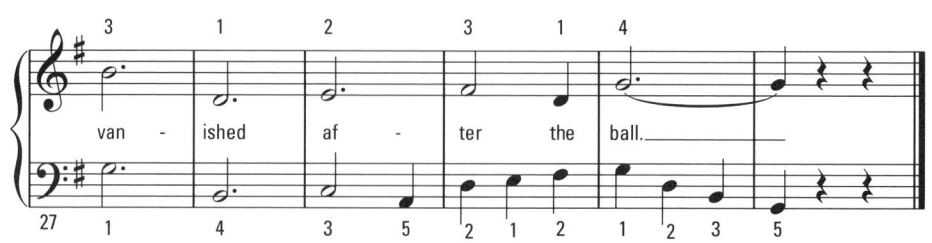

Capítulo 14
Preencha os Sons com Acordes

Neste Capítulo

▶ Crie acordes de todos os tipos
▶ Interprete símbolos de acordes
▶ Inverta as notas de um acorde
▶ Toque canções com acordes maiores, menores e de sétima

Uma rápida olhada neste capítulo com certeza o fará pensar: "Para que preciso aprender a criar acordes?". Eu tenho uma resposta que poderá agradá-lo: para impressionar seus amigos. Não, espere, tenho mais uma: para tocar como um profissional.

Executar uma melodia é muito bacana, mas harmonia é a chave para fazer com que sua música soe melhor, mais rica e muito, muito boa. Tocar acordes com a mão esquerda é talvez a forma mais fácil de harmonizar uma melodia, e usar a direita também é uma excelente maneira de acompanhar um cantor, guitarrista ou outro músico.

Este capítulo mostra passo a passo como construir acordes e usá-los para acompanhar qualquer melodia.

O Poder dos Acordes

Três ou mais notas tocadas ao mesmo tempo formam um *acorde*. Eles podem ser executados com uma ou duas mãos. Os acordes têm um objetivo simples em suas vidas: promover a harmonia (o Capítulo 12 traz tudo sobre harmonia).

Você já deve ter visto acordes em diversas situações, incluindo as seguintes:

✔ Diversas notas musicais empilhadas umas sobre as outras em música impressa.

✔ Símbolos estranhos acima da Clave de Sol que não fazem sentido algum quando você as lê, como por exemplo: F#m7(-5), Csus4(add9).

- Quando ouve uma banda ou uma orquestra tocando.
- Quando aperta a buzina do carro.

Sim, meu amigo, a buzina de um carro é um acorde, mesmo que cause dores de cabeça. Assim como um quarteto de vozes, um coral de igreja ou um acordeonista de calçada (a gorjeta é por sua conta). Mas creio que você não usará buzinas de carro ou quartetos de vozes para acompanhar suas melodias – acordes para piano são muito mais práticos.

A Anatomia de uma Tríade

Os acordes começam de maneira bem simples. Assim como as melodias, os acordes se baseiam em escalas (o Capítulo 10 traz o básico de escalas). Para fazer um acorde, selecionamos qualquer nota e colocamos outras notas da escala sobre ela.

Normalmente, a nota mais grave de um acorde é chamada de *fundamental*, que dá nome ao acorde. Por exemplo, um acorde que tem Lá como sua fundamental será chamado acorde Lá. As notas que usar sobre essa nota darão *caráter* ao acorde, que eu explico mais adiante, neste mesmo capítulo, começando por acordes maiores e menores.

A maioria dos acordes começa com *tríades*, ou três *(tri)* notas adestradas *(ade)* que sempre ficam em grupo. Admito, este não é o desmembramento correto da palavra, mas irá ajudá-lo a lembrar o que ela significa. Uma tríade consiste em uma nota fundamental e duas outras: uma de intervalo de terceira e uma de quinta (o Capítulo 12 fala sobre toda a diversão e brincadeiras envolvidas nos intervalos). A Figura 14-1 mostra uma tríade típica, tocada nas teclas brancas Dó, Mi e Sol. Dó é a fundamental, Mi representa o intervalo de terceira de Dó, e Sol, o de quinta.

Figura 14-1: Este acorde Dó é uma tríade simples.

Podem-se construir novos acordes alterando esta tríade de Dó das seguintes maneiras:

- Subindo ou descendo as notas da tríade em um tom ou semitom;
- Adicionando notas à tríade;
- As duas coisas.

Por exemplo, a Figura 14-2 mostra quatro formas diferentes de modificar a tríade de Dó e, a partir dela, fazer quatro novos acordes. Toque cada um deles para entender como soam. Eu marquei os intervalos das notas em cada acorde (o Capítulo 12 explica esses intervalos e abreviações).

Figura 14-2: Criando novos acordes a partir da tríade de Dó.

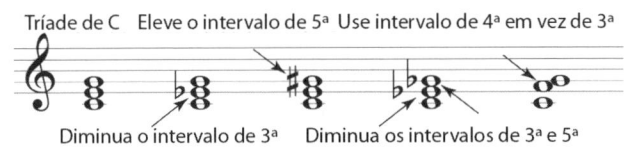

Tríade de C   Eleve o intervalo de 5ª   Use intervalo de 4ª em vez de 3ª

Diminua o intervalo de 3ª   Diminua os intervalos de 3ª e 5ª

Comece com Acordes Maiores

Acordes maiores são, talvez, as tríades mais frequentes, mais familiares e mais fáceis de usar. Não é errado dizer que a maioria das canções Pop e Folk que conhecemos possui um ou mais acordes maiores.

LEMBRE-SE

Acordes maiores podem ser construídos com notas e intervalos de uma escala maior (para uma revisão sobre escalas maiores, veja o Capítulo 10). Você poderá construir uma escala maior iniciando com a fundamental e depois adicionando outras notas da escala de acordes desejada. Por exemplo, digamos que você queira criar um acorde Sol maior. Toque a fundamental Sol e adicione as notas dos intervalos correspondentes a partir da escala de Sol maior, acima desta fundamental.

Acordes maiores, assim como os quatro da Figura 14-3, são tão comuns que os músicos os tratam quase como se fossem uma regra. Esses acordes são chamados pelo nome da fundamental e os músicos dificilmente dizem "maior". Em vez disso, eles dizem apenas o nome do acorde e usam o símbolo do acorde escrito acima da pauta para indicar o nome dele.

Figura 14-3: Acordes maiores.

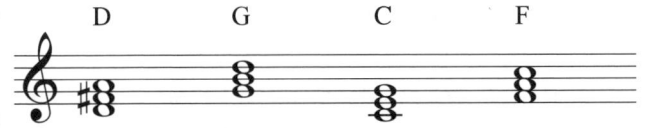

D   G   C   F

Use os dedos 1, 3 e 5 para tocar os acordes maiores. Se estiver tocando acordes de mão esquerda (veja Figura 14-4), comece com o ME 5 na fundamental. Para acordes de mão direita, comece a fundamental com o MD 1.

Figura 14-4: Acordes maiores, também para a mão esquerda.

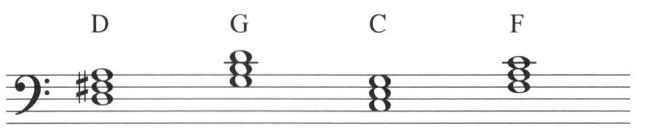

D   G   C   F

Para tocar uma canção com acordes maiores de mão esquerda, imediatamente, pule para a seção "Toque Músicas com Acordes", ao final deste capítulo, e toque "Down by the Station".

Progrida com Acordes Menores

Assim como um acorde maior, um *acorde menor* é uma tríade composta de uma fundamental, um intervalo de terceira e um de quinta. Escrito em cifra, os acordes menores ganham o sufixo *m*. As canções em tons menores dão grandes oportunidades de se tocar acordes menores.

Não se engane pelo nome "menor". Esses acordes não são menores em nada, nem menos importantes que os acordes maiores. Eles simplesmente são criados em escalas menores, em vez de maiores. As escalas menores estão para as maiores, assim como a sombra está para a luz, e o *yang* para o *yin*.

Pode-se fazer um acorde menor de duas formas:

- **Toque a fundamental e adicione a terceira e quinta notas da escala menor sobre ela.** Por exemplo, toque a nota Lá como fundamental e adicione a terceira Dó e a quinta Mi da escala de Lá menor.

- **Toque um acorde maior e desça em um semitom a nota do meio, ou intervalo de terceira.** Por exemplo, um acorde Dó maior tem as notas Dó-Mi-Sol. Para tocar um acorde Dó menor, desça o Mi para Mi bemol.

A Figura 14-5 mostra diversos acordes menores. Recomendo que você os toque e depois os compare com seus equivalentes maiores na Figura 14-3.

Assim como para tocar acordes maiores, para os menores, use os dedos 1, 3 e 5. Para acordes menores de mão esquerda, toque a fundamental com o ME 5 e para a mão direita, toque a fundamental com o MD 1.

Figura 14-5: Acordes menores, não insignificantes.

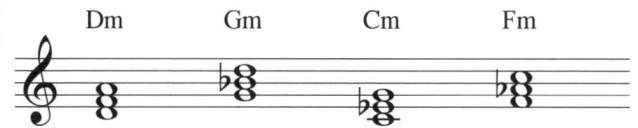

[Partitura: Dm, Gm, Cm, Fm]

Para tocar "Sometimes I Feel Like a Motherless Child", uma canção em tom menor com diversos acordes menores, vá direto para a seção "Toque Músicas com Acordes" ao final deste capítulo.

Explorando Outros Tipos de Acordes

Acordes maiores e menores são, de longe, os mais populares, mas outros tipos também têm oportunidades de brilhar na música. Estes são formados pela alteração das notas de um acorde maior ou menor, ou pela adição de notas a um acorde maior ou menor.

Quebrando a quinta: Acordes aumentados e diminutos

Acordes maiores e menores são diferentes entre si somente no intervalo de terceira. A nota superior e o intervalo de quinta são os mesmos para os dois tipos de acordes, logo, ao alterar o intervalo de quinta de um acorde maior ou menor, você pode criar dois novos tipos de acordes, ambos tríades.

Um *acorde aumentado* contém uma fundamental, um intervalo de terceira maior (M3) e uma *quinta aumentada* (aum5), que nada mais é do que um intervalo de quinta justa (J5) (consulte a seção "Resumo dos Intervalos") elevado em um semitom. Pense num acorde aumentado como se fosse um acorde maior simples com a nota superior um semitom acima. A Figura 14-6 mostra diversos acordes aumentados.

Figura 14-6: Acordes aumentados elevam a quinta em um semitom.

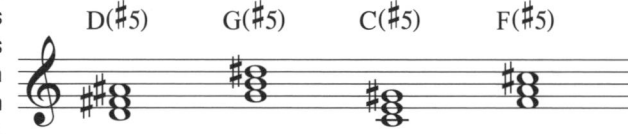

[Partitura: D(♯5), G(♯5), C(♯5), F(♯5)]

Quando se está escrevendo o símbolo de acorde, os sufixos para acordes aumentados incluem os símbolos +, *aum ou #5*. Eu prefiro usar o último, pois ele diz exatamente o que fazer para modificar o acorde: aumentar a quinta.

Um *acorde diminuto* contém uma fundamental, um intervalo de terceira menor (m3) e uma *quinta diminuta* (dim5), que é um intervalo de quinta justa (J5), situado a um semitom abaixo. A Figura 14-7 traz uma seleção de acordes diminutos.

Figura 14-7: Acordes diminutos descem a quinta em um semitom.

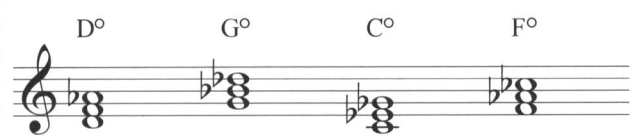

Repare no sufixo usado para assinalar o acorde diminuto: °. Você ainda verá o sufixo *dim* no símbolo de acorde, como em *Fdim* (A Tabela 14-1, mais adiante, neste mesmo capítulo, oferece um guia bastante útil de símbolos de acordes).

Você perceberá que é mais fácil tocar os acordes aumentados e diminutos com os dedos 1, 2 e 4 para a mão direita – para a esquerda, use os dedos 5, 3 e 2.

A Figura 14-8 mostra um exemplo de como poderá encontrar acordes aumentados e diminutos numa canção. A melodia é o último verso da canção "Old Folks at Home", de Stephen Foster. Dê uma volta com esses acordes e veja como afetam sutilmente a harmonia de uma canção.

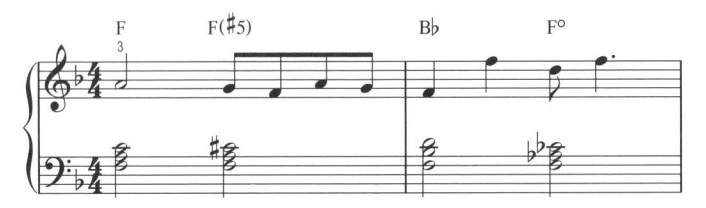

Figura 14-8: Acordes aumentados e diminutos em "Old Folks at Home".

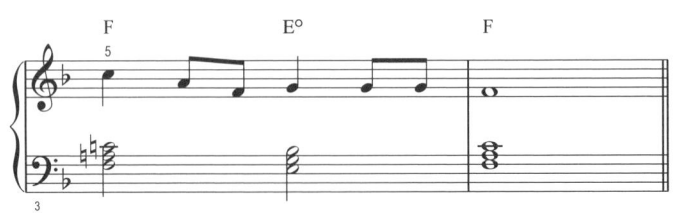

Aguarde a conclusão: Acordes suspensos

Outro tipo popular de acorde de três notas – embora tecnicamente não seja considerado uma tríade – é o *acorde suspenso*. O som de um acorde suspenso, como o nome sugere, sempre nos deixa esperando pela próxima nota ou acordes.

Os dois tipos de acordes suspensos são o *suspenso de segunda* e o *suspenso de quarta*. Por causa de seus sufixos abreviados, estes acordes são normalmente chamados de acordes *sus2* e *sus4*; você os verá grafados como *Csus2* ou *Asus4*, por exemplo. Veja abaixo como criá-los.

 ✔ **Um acorde sus2** é formado por uma fundamental, um intervalo de segunda maior (M2) e um intervalo de quinta justa (J5).

 ✔ **Um acorde sus4** possui uma fundamental, um intervalo de quarta justa (J4) e um de quinta justa (J5).

O acorde sus4 é tão popular que os músicos o chamam frequentemente de *acorde sus*. Então, quando o líder da banda disser "um acorde sus na batida 1", isso provavelmente significará tocar um acorde de quarta suspensa. Mas sugiro que se esclareça primeiro.

A Figura 14-9 mostra alguns acordes suspensos.

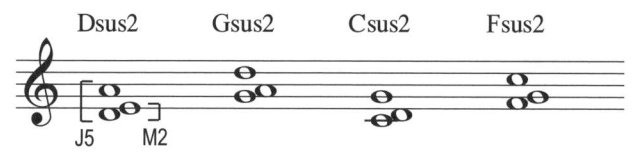

Figura 14-9: Acordes suspensos.

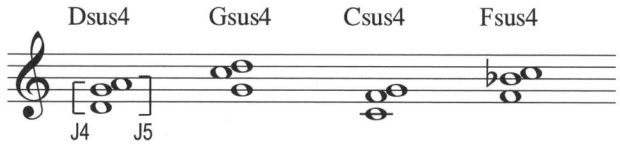

Mas o que foi suspenso, na verdade? A terceira. Um acorde suspenso o deixa na expectativa de uma conclusão, que aparece quando a segunda ou a quarta se completam com a terceira. Isso não significa que todos os acordes sus precisam optar por tríades maiores ou menores. Na verdade, eles já são muito legais sozinhos.

O dedilhado de acordes suspensos é bastante simples. Com a mão direita, use os dedos 1, 2 e 5 para os acordes sus2; para os acordes sus4, use 1, 4 e 5. Com a mão esquerda, use os dedos 5, 4 e 1 para os acordes sus2; nos acordes sus 4, 5, 2 e 1.

Toque junto com a Figura 14-10 e ouça como o acorde que segue cada acorde sus parece resoluto.

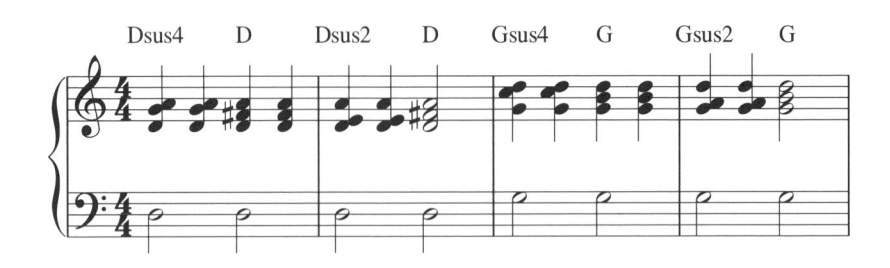

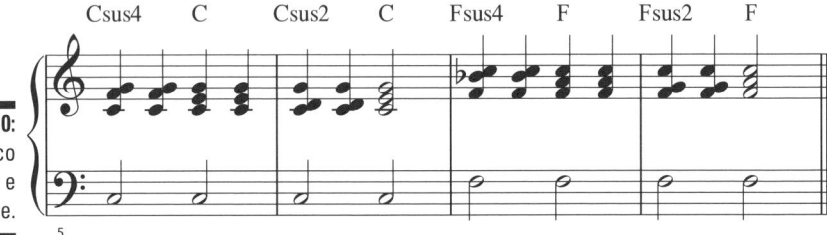

Figura 14-10: Um pouco de tensão e suspense.

Adicionando a Sétima a Acordes de Quatro Notas

Adicionar uma quarta nota a uma tríade preenche o som de um acorde. Os compositores costumam usar acordes de quatro notas – ou mais – para criarem tensão musical através de sons não conclusivos. Quando ouvimos essa tensão, nossos ouvidos imploram por uma resolução, normalmente encontrada num acorde maior ou menor que vem a seguir. Esses acordes cheios de tensão nos fazem, no mínimo, querer continuar a ouvir, e para um compositor, isso sempre é bom sinal.

O acorde de quatro notas mais comum é o *acorde de sétima*, construído ao adicionar um intervalo de sétima acima da fundamental de uma tríade. Tocado isoladamente ao piano, esse intervalo não soa muito bem, mas fica ótimo quando adicionado a uma tríade. Na verdade, o resultado é talvez o terceiro acorde mais popular da música ocidental. Eu gosto muito dele e você ficaria surpreso ao saber do número de canções que usam acordes com intervalos de sétima.

Qualquer um dos quatro tipos de acordes de três notas que apresentei neste capítulo – maior, menor, aumentado e diminuto – pode se tornar um acorde de sétima. É só adicionar um intervalo de sétima (a sétima nota da escala) sobre qualquer uma dessas tríades e ele se transformará num acorde de sétima.

O acorde básico de sétima usa o intervalo de *sétima menor*, que é a sétima nota acima da escala, a partir da fundamental do acorde, mas baixado num semitom. Por exemplo, se a fundamental é Dó, a sétima nota acima na escala é Si. Desça essa nota em um semitom e obterá um intervalo de sétima menor acima de Dó, ou seja, Si bemol.

Os acordes de quatro notas mostrados na Figura 14-11 são todos acordes de sétima. O símbolo do acorde é simples e fácil: é o número arábico 7, sucedendo o símbolo da tríade.

Figura 14-11: São acordes de sétima, mas com certeza não são simples.

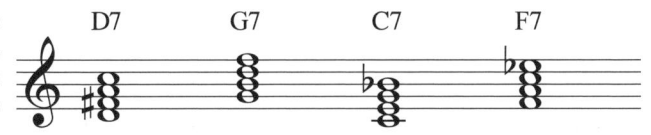

Os sufixos usados pelos acordes de sétima são colocados *após* o sufixo do tipo de tríade. Por exemplo, se adicionar uma sétima menor numa tríade menor, o sufixo 7 virá depois de *m*, gerando *m7* como o sufixo completo do acorde para grafar um acorde de sétima menor.

Para tocar acordes de sétima, use os dedos 1, 2, 3 e 5 da mão direita. Poderá até usar o MD 4 em vez do MD 3 para alguns acordes, quando o formato do acorde for mais natural com o MD 4. Com a mão esquerda, toque a fundamental com o ME 5 e a nota superior com o ME 1.

Para tocar a música "Lullaby" de Brahms, que apresenta sete acordes para a mão esquerda, pule para a seção "Toque Músicas com Acordes", ao final deste capítulo.

Leia Símbolos de Acordes

Quando lemos partituras ou livros de partituras que só contêm melodias e letras, normalmente vemos três pequenas letras e símbolos chamados *símbolos de acorde* acima da pauta, conforme já foi mostrado em muitas figuras neste capítulo. Saber como construir os acordes a partir desses símbolos é uma habilidade extremamente valiosa. Ela nos ajuda a fazer um acorde diminuto em Sol, por exemplo, quando sabemos interpretar o símbolo *G°*.

O símbolo de um acorde comunica duas coisas sobre ele: *a nota fundamental* e o *tipo*:

- **Fundamental**: a letra maiúscula à esquerda diz qual é a fundamental do acorde. Assim como nas escalas, a fundamental dá o nome ao acorde. Por exemplo, a fundamental de um acorde Dó é a nota Dó.

- **Tipo**: qualquer sufixo formado por letra e/ou número após a fundamental do acorde indica seu tipo. No início deste capítulo, falei sobre sufixos como o *m* para os menores e 7 para acordes de sétima. Acordes maiores não possuem sufixos, somente a letra do nome, logo, uma letra maiúscula por si só indica que deve tocar uma tríade maior.

A música escrita com símbolos de acorde é o seu conjunto de plantas para construir o tipo ideal de acorde para a sua melodia. Para quaisquer tipos que encontrar durante sua vida musical (e há muitos acordes por aí), deverá construir o acorde selecionando os intervalos apropriados ou escalas de notas sobre a fundamental. Por exemplo, *C6* significa tocar um acorde Dó e acrescentar o intervalo em sexta (Lá); *Cm6* significa tocar um acorde Dó menor e acrescentar o mesmo intervalo.

A Figura 14-12 mostra a canção "Bingo" com os símbolos de acorde escritos acima da Clave de Sol. As notas na Clave de Fá se combinam com eles e mostram uma maneira de tocar um acompanhamento de acorde simples com a mão esquerda.

Toque o acorde com a nota da melodia que estiver imediatamente abaixo do símbolo do acorde. O acorde durará até que se veja a mudança no próximo símbolo de acorde. Assim, se vir um acorde Dó no início do compasso 1, como na canção "Bingo", por exemplo, toque-o na batida 1. Se não houver nenhuma mudança, como no compasso 5, poderá ou não tocá-lo de novo – a escolha é sua.

Faixa 55

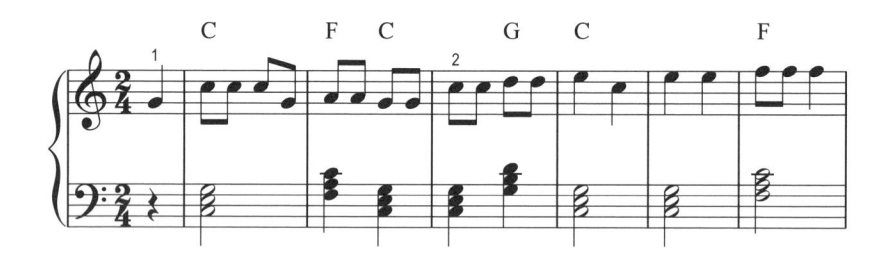

Figura 14-12: Transformando símbolos de acordes em notas na pauta.

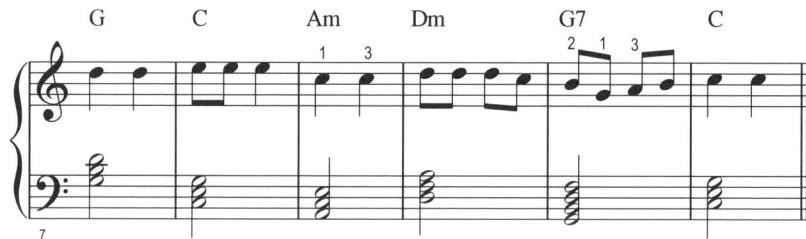

Para tocar agora uma canção com símbolos de acordes, pule para a seção "Toque Músicas com Acordes", ao final deste capítulo, e toque "Scarborough Fair".

Você ainda verá nas músicas que muitos símbolos de acordes têm aspecto curioso. A Tabela 14-1 traz uma listagem dos símbolos mais comuns e fáceis de usar, assim como as possíveis variáveis de escrita; traz ainda o tipo de acorde e a receita para construí-lo. **Nota**: Todos os exemplos na tabela usam Dó como fundamental, mas pode-se aplicar essas receitas em qualquer fundamental e criar o acorde que quiser.

Tabela 14-1   Receitas para a Construção de Acordes

Símbolo(s) do Acorde	Tipo de Acorde	Receita da Nota na Escala
C	Maior	1-3-5
Cm	Menor	1-♭3-5
Caum; C(#5); C+	Aumentado	1-3-#5
Cdim; C°	Diminuto	1-♭3-♭5
Csus2	Segunda suspensa	1-2-5
C9	Maior com nona	1-2-3-5
Cm9	Menor com nona	1-2-♭3-5
Dsus4	Suspenso de quarta	1-4-5
C(♭5)	Bemol com quinta	1-3-♭5
C6	Maior com sexta	1-3-5-6
Cm6	Sexta menor	1-♭3-5-6
C7	Sétima	1-3-5-♭7
C7M	Sétima maior	1-3-5-7
Cm7	Sétima menor	1-♭3-5-♭7
C°7; Cdim7	Sétima diminuta	1-♭3-♭5-6
C7sus4	Sétima, quarta suspensa	1-4-5-♭7
Cm(M7)	Menor, sétima maior	1-♭3-5-7
C7#5; C7+	Sétima, sustenido com quinta	1-3-#5-♭7
C7(♭5)	Sétima, bemol com quinta	1-3-♭5-♭7
Cm7(♭5)	Sétima menor bemol com quinta	1-♭3-♭5-♭7
C7M(♭5)	Sétima maior bemol com quinta	1-3-♭5-7

A Figura 14-13 mostra exatamente como fazer um acorde a partir de uma receita da Tabela 14-1. Eu apliquei o padrão 1-3-#5-7 da receita a três fundamentais diferentes – Dó, Fá, Sol – para ilustrar como a construção de acordes funciona com diferentes fundamentais e assim, com diferentes notas de escala. Por falar nisso, o resultado do acorde é chamado de *C7M#5*, porque se acrescenta o intervalo de sétima e se "sustentiza" (sobe um semitom) o intervalo de quinta.

Figura 14-13: Construindo um acorde a partir de um símbolo.

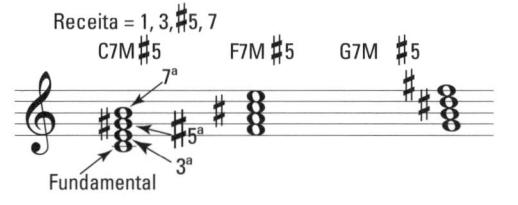

Toque com Inversões de Acordes

Quando um acorde apresenta a nota fundamental ou a mais grave na posição inferior, estamos tocando o acorde na *posição fundamental*. Mas não é necessário sempre colocar a nota fundamental na posição inferior do acorde. Graças a algumas liberdades civis e a alguns direitos incontestáveis, podemos rearranjar as notas de um acorde livremente, sem alterar o seu tipo. Este rearranjo ou reposicionamento de notas num acorde é chamado de *inversão de acordes*.

Quantas inversões são possíveis em um acorde? Depende do número de notas que ele contém. Além da posição fundamental, pode-se criar duas inversões numa tríade. Se for um acorde de quatro notas, pode-se fazer três inversões.

Coloque as inversões para trabalhar

Por que mexer em um acorde que funciona perfeitamente? Toque os acordes da mão esquerda na Figura 14-14 e repare o quanto ela se move sobre o teclado.

Figura 14-14: Voltando aos fundamentos.

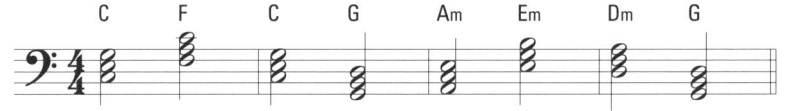

Executar todos os acordes da Figura 14-14 fazendo sua mão pular constantemente pelo teclado pode se tornar cansativo e o som não fica muito bom. A solução é usar inversões de acordes. Toque o trecho da Figura 14-15 e repare a diferença. Você tocará os mesmos acordes do exercício anterior, mas não precisará mover a mão esquerda para cima e para baixo no teclado.

Figura 14-15: Há menos esforço nestes acordes invertidos.

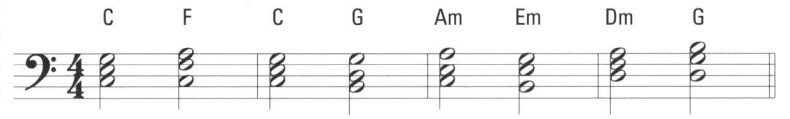

Tornar uma música mais fácil é apenas um dos motivos para se fazer inversões de acordes. Eles também ajudam no seguinte:

- **Chamar a atenção para a nota superior**: na maior parte do tempo ouvimos a nota superior de um acorde acima das outras. Ressaltar a melodia fazendo com que as notas superiores a componham pode ser um bom negócio.

- **Tédio de acordes**: a posição fundamental tende a ficar entediante se usada com muita frequência. As inversões trazem variedade para a música.

- **Progressões suaves de acordes**: cada canção tem sua própria progressão de acordes. As inversões ajudam a encontrar a combinação de posições que soa melhor.

Inverta as notas com excelência

Qualquer tríade pode ter três possíveis posições de acordes: posição fundamental, primeira inversão e segunda inversão. A *posição fundamental* determina que a fundamental fique na parte inferior, conforme mostra a Figura 14-16.

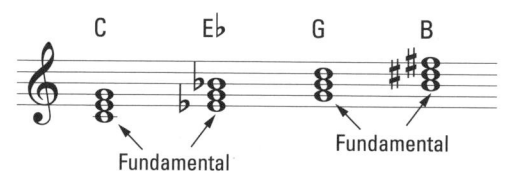

Figura 14-16: Aprofundando-se na posição fundamental.

Na *primeira inversão*, movemos a fundamental de sua posição inferior para a superior, uma oitava acima de sua posição original. O intervalo de terceira do acorde move-se para a posição inferior. Veja a Figura 14-17 para exemplos de primeiras inversões.

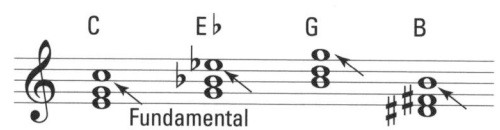

Figura 14-17: Primeiras inversões põem as terceiras na posição inferior e as fundamentais na superior.

A *segunda inversão* põe o intervalo de terceira na posição superior (ou uma oitava acima de sua posição original). A quinta fica na posição inferior e a fundamental se transforma na nota central do acorde. A Figura 14-18 mostra alguns acordes de segunda inversão.

Figura 14-18: Segundas inversões põem as fundamentais no meio.

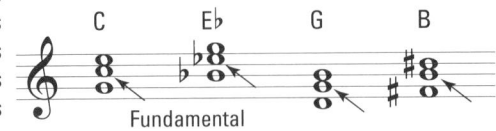

Use exatamente o mesmo processo para inverter os acordes de quatro notas. A única diferença é que uma outra inversão é possível quando se tem quatro notas: a *terceira inversão*. É bem fácil de adivinhar o que se deve fazer: continue a inverter as notas até que o intervalo de sétima, ou a quarta nota, fique na posição inferior e as três notas que estiveram anteriormente abaixo, subam. A Figura 14-19 ilustra esse processo com G7 e C7.

Figura 14-19: Acordes de sétima e sua terceira inversão.

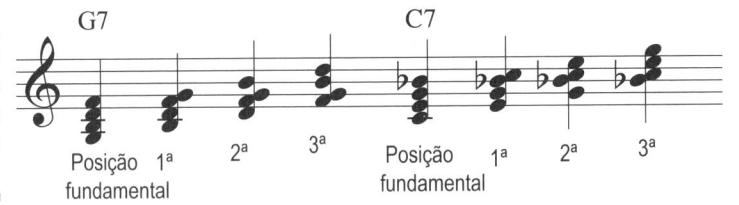

Experimente estas inversões em vários tipos de acordes, pois quando estiver tocando com um livro de improvisação, saberá quais inversões funcionam melhor para você (o Capítulo 19 explica melhor o que são livros de improvisação).

Para tocar uma canção com acordes invertidos, vá para a próxima seção e toque "Red River Valley".

Toque Músicas com Acordes

As músicas desta seção permitem experimentar a adição de acordes a canções familiares. Enquanto toca as canções, tente identificar os acordes que toca com a mão esquerda e os associe com os símbolos escritos acima da Clave de Sol. Primeiro localize a fundamental, depois a terceira, quinta e sétima (se estiver presente). Caso encontre inversões, veja como afetam a progressão dos acordes e da melodia.

- **"Down by the Station"**: esta canção permite tocar alguns acordes maiores com a mão esquerda. Se tocar em conjunto com a faixa 56 do CD, perceberá que o intérprete na gravação (eu mesmo!) tocou os acordes e a melodia. Toque somente a parte da mão esquerda até que sua mão se sinta confortável com a estrutura dos acordes. Só depois adicione a melodia.

- **"Sometimes I Feel Like a Motherless Child"**: esta canção religiosa permite a prática de acordes menores e alguns maiores. Traz ainda algumas inversões, portanto, se acha que precisa dar uma revisada nelas, volte à seção anterior.

- **"Lullaby"**: encontramos todos os tipos de acordes de sétima em todos os tipos de música, da clássica ao pop. Mas esta famosa canção de ninar de Johannes Brahms é um exemplo de como os acordes de sétima podem criar uma pequena variedade harmônica. Só não permita que ela o faça dormir.

- **"Scarborough Fair"**: esta canção está em Ré menor (para saber mais sobre tons maiores e menores, veja o Capítulo 13). Ela permite tocar acordes com a mão esquerda através dos símbolos. Caso ainda tenha dificuldade para construí-los, veja as seções de acordes maiores e menores, no início deste capítulo. A Clave de Fá está em branco para que você escreva as notas de cada acorde.

- **"Red River Valley"**: esta canção pede por muitas inversões de acordes. Possui tríades e acordes de sétima juntamente com primeira, segunda e terceira inversões, e algumas variações das posições de fundamental nos acordes. Repare como a mão esquerda toca os acordes de semitons, com algumas mudanças de semínimas em pontos importantes. Você poderá mudar a inversão quando os símbolos de acordes forem raros, como nesta canção folclórica.

Down by the Station

Moderado

Down by the station early in the morning,
see the little puf-fer-bil-lies all in a row.
See the en-gine driv-er pull the lit-tle han-dle
Puff! Puff! Toot! Toot! Off they go!

Capítulo 14: Preencha os Sons com Acordes **241**

Faixa 57

Sometimes I Feel Like a Motherless Child

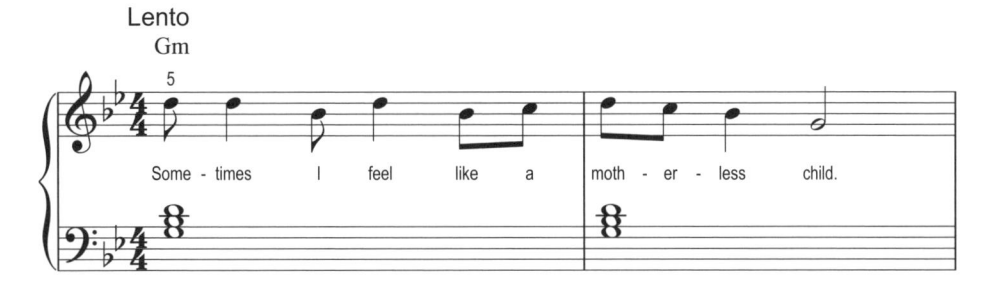

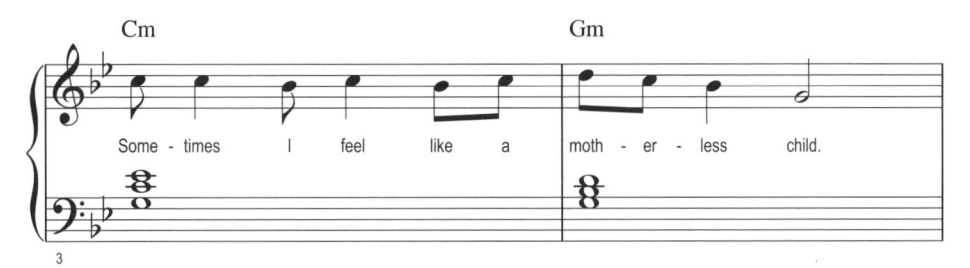

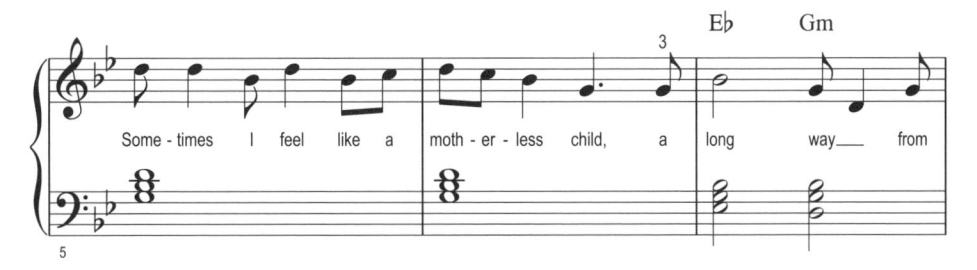

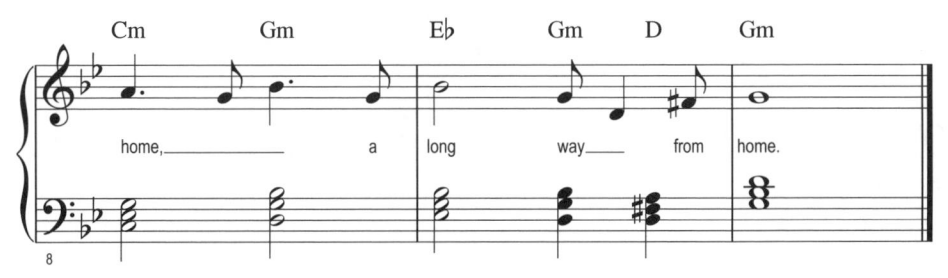

242 Parte IV: Vivendo em Perfeita Harmonia

Faixa 58

Lullaby

Moderadamente Lento

Capítulo 14: Preencha os Sons com Acordes **243**

Scarborough Fair

Moderado

Are you go-ing to Scar-bor-ough Fair? Pars-ley, sage, rose-mar-y, and thyme. Re-mem-ber me to one who lives there. She once was a true love of mine.

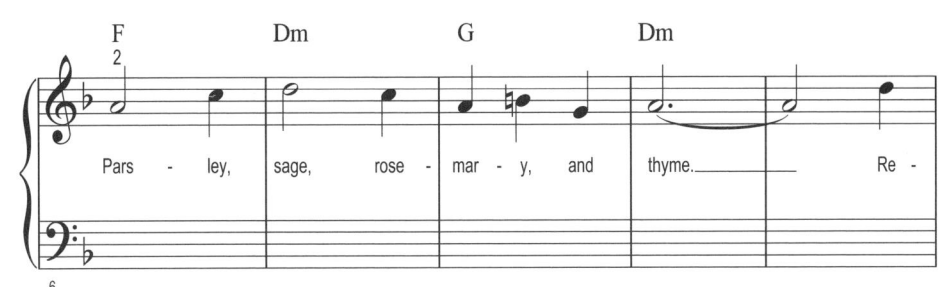

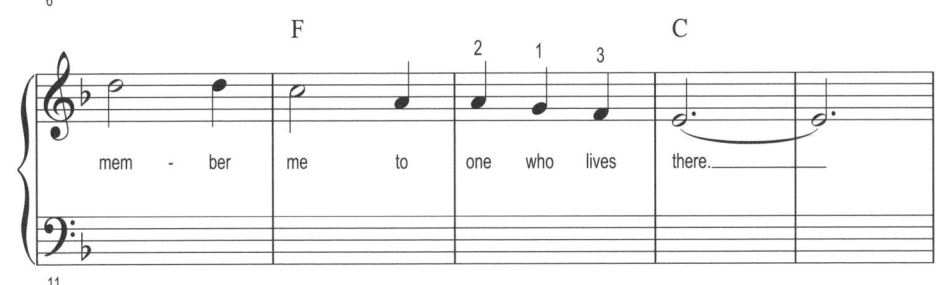

Parte IV: Vivendo em Perfeita Harmonia

Red River Valley

Lento

From this valley they say you are going. We will miss your bright eyes and sweet smile. For they say you are taking the sunshine that brightened our pathway awhile.

Parte V
Técnica É Essencial

A 5ª Onda Por Rich Tennant

"Pobre Jake... nunca soube terminar uma canção."

Nesta parte...

Quando se aprende o básico, chega a hora de explorar as coisas legais. Esta parte mostra como ornamentar sua música de forma que as pessoas não duvidem quando você disser que toca piano há anos (seja isso verdade ou não).

Mesmo que toque piano há anos, você poderá se beneficiar lendo a Parte V. As dinâmicas e articulações com o uso dos pedais e ornamentos musicais melhorarão, e muito, sua habilidade. Você terá a oportunidade de praticar excelentes padrões para a mão esquerda, aberturas, finalizações, mudanças de tom e linhas de baixo. Como se isso não fosse o bastante, terá um apanhado dos diferentes estilos musicais – tudo mesmo, de música clássica e country até jazz e rock. Esta é a parte em que tocar piano fica realmente divertido!

Capítulo 15
Ornamente Sua Música

Neste Capítulo

▶ Faça experiências com volume e ênfase

▶ Utilize os pedais para diferentes efeitos

▶ Dê identidade à música com apogiaturas, trinados e tremolos

É importante tocar as notas e ritmos corretos de uma canção, mas *como* você os executa é ainda mais. Tocar música com sentimento, técnica e paixão faz com que uma performance valha a pena ser ouvida. Ornamentar a música e fazer com que ela fique a sua cara, significa mais do que simplesmente produzir as notas. Colocar alguns efeitos especiais na canção não faz mal a ninguém.

Adicionar técnicas e efeitos deslumbrantes na sua música mantém a plateia atenta, às vezes sentada na beira de seus assentos. Com um pouco de prática, todos esses efeitos são fáceis. Quando os coloca em pontos estratégicos na canção, a sua performance se engrandece e você parece um verdadeiro profissional.

Dinamicamente Falando

O volume correto com que se deve tocar depende 5% do que o compositor quer, e 95% da proximidade dos seus vizinhos. O compositor normalmente solicita que determinadas notas sejam tocadas em certos volumes, porém seu vizinho normalmente requer que todas as notas sejam tocadas numa sala à prova de som. Estas variações de volume dão à música uma dinâmica diferente, e, exatamente assim que os níveis de volume são chamados na música: *dinâmica*.

Assim como os aparelhos de TV, sons automotivos e bebês chorando, o mundo do volume possui uma grande variedade: do muito suave ao muito alto. Os compositores perceberam isso rapidamente e dizem aos intérpretes o exato espectro de volume no qual eles devem tocar. Claro, para fazer com que tudo fique mais chique, todas as dinâmicas na música são escritas em italiano.

Comece com as mudanças básicas de volume

Quando falamos de volume, normalmente dizemos que está "alto" ou "baixo". Esta descrição é um excelente ponto de partida, pois a partir daí, deve-se explicar o *quanto* o volume está alto ou baixo. A música usa o mesmo princípio: começa-se com duas palavras em italiano, *piano* (suave) e *forte* (alto), para descrever o volume das notas.

No Capítulo 2, descobrimos que o piano, conhecido formalmente como *pianoforte*, teve seu nome derivado da capacidade de emitir sons suaves e altos de um mesmo instrumento. A redução do nome para "piano" provavelmente foi feita devido a algum senhorio rabugento.

Ao se escrever *piano* ou *forte* sob alguma melodia, o compositor está dizendo para tocar as notas em volume baixo ou alto. Muitos frascos de tinta depois, as abreviaturas para essas palavras são agora a regra geral. Você verá as ideias de alto ou baixo grafadas simplesmente como *p* ou *f*, escritas em letras estilizadas e rebuscadas.

Quando vir alguma marca de dinâmica, não importa qual seja ela, deverá continuar tocando esse volume até que veja outra marca de dinâmica.

Vamos aplicar isso a uma canção. A Figura 15-1 possui dois versos da canção "Hickory Dickory Dock" marcados com *piano* e *forte*. Repare no contraste dinâmico enquanto toca.

Figura 15-1: Contrastes dinâmicos de *piano* e *forte*.

Aumente a variedade

Se os únicos volumes disponíveis fossem alto e baixo, os aparelhos de som não teriam reguladores de volume, mas interruptores com duas posições. Mas, como você já sabe, não importa para onde gire o botão de volume, você obterá uma variedade bem maior: "meio baixo", "não tão alto assim", "estourando os tímpanos", à gosto do ouvinte. Em vez de fazer descrições rebuscadas de palavras italianas polissilábicas, só é preciso lembrar uma abreviação entre os volumes: *m*, que significa *mezzo* (meio). Coloque esta palavra entre *piano* ou *forte* e terá mais duas variedades de volume.

Para os extremos de volume, tais como "muito suave" ou "insanamente alto", é só jogar outros *p* ou *f* juntos. Quanto mais tiver, mais tocará; ou seja, *pp* significa "muito baixo" (sem piadinhas, por favor). A palavra por extenso não é *piano-piano*. Em vez disso, usamos um sufixo italiano *–issimo*, que, assim como no português, é um superlativo: *pianissimo* (baixíssimo). O símbolo *ff* seria "altíssimo" ou *fortissimo*.

Reúna todas as palavras, abreviações e sufixos, e terá uma lista de variações dinâmicas, conforme mostra a Tabela 15-1.

Tabela 15-1		Marcações Dinâmicas
Abreviação	*Nome*	*Como a Nota Soa*
ppp	Pianississimo	Quase inaudível
pp	Pianissimo	Muito baixo
p	Piano	Baixo
mp	Mezzo piano	Medianamente baixo
mf	Mezzo forte	Medianamente alto
f	Forte	Alto
ff	Fortissimo	Muito alto
fff	Fortississimo	Absurdamente alto

Efetue mudanças graduais no volume

Dois símbolos dinâmicos que encontramos com muita frequência são aqueles que indicam um gradiente de volume indo do mais baixo ao mais alto ou vice-versa. Para mim, esses símbolos se parecem com bicos de aves. Uma ave canta mais alto quando o bico está aberto e mais baixo quando ele se fecha. Com esta maravilhosa analogia à Audubon[1], observe a Figura 15-2 e veja se consegue compreender o que esses sinais significam.

Quando o gradiente de volume é crescente, chama-se *crescendo*; da mesma forma, é chamado *diminuendo* quando decrescente. Os compositores que se opõem a usar o símbolo do bico de ave escrevem essas palavras italianas longas, ou usam as abreviações *cresc.* e *dim*.

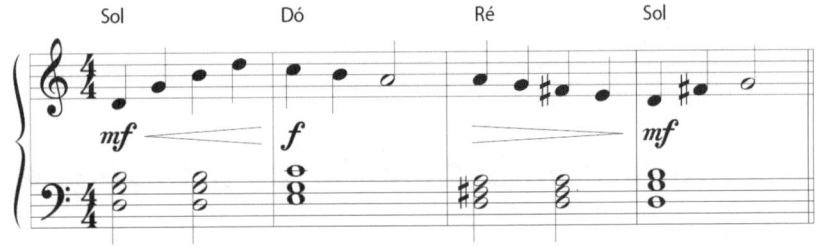

Figura 15-2: Indicadores de gradientes de volume.

---

1   John james Audubon foi um naturalista americano, especializado na ilustração científica de aves, que viveu entre os séculos XVIII e XIX. Seu trabalho mais conhecido, *The Birds of America*, alcançou sucesso comercial e deu-lhe prestígio científico.

Embora as abreviações e símbolos se pareçam com palavras, essas instruções são quase sempre precedidas ou seguidas de uma marcação de dinâmica que dizem para tocar gradualmente do volume A até o volume B. O compositor talvez queira que o intérprete vá de baixíssimo (*pp*) até altíssimo (*ff*), ou talvez que a música sofra uma mudança sutil de mezzo piano (*mp*) para mezzo forte (*mf*). Seja qual for o caso, ficará a seu critério decidir como tocar essas mudanças de volume.

Às vezes, o compositor pede que o volume aumente e em seguida diminua, numa espécie de efeito sobe e desce. Muitos músicos chamam essa marcação dinâmica de *hairpin* (grampo de cabelo), como mostra a Figura 15-3.

Figura 15-3:
Toque alto, toque baixo, seja dinâmico.

Para tocar dinâmicas agora, pule para a seção "Ornamente Suas Canções", ao final do capítulo, e toque "Polovtsian Dance".

Para quê se importar com mudanças de volume? Por que não tocar tudo bem alto de forma que todos ouçam? Essa abordagem funciona muito bem para muitos clássicos de heavy metal, mas para o piano as mudanças sutis de volume permitem mostrar toda sua habilidade em transmitir emoção enquanto toca. É lógico que você não fará ninguém chorar com um crescendo, mas seus esforços vão melhorar o clima. Já estou com os olhos marejados só de pensar.

Articule Positivamente

Não pense que estou repreendendo você quando digo para articular enquanto toca. Estou apenas me referindo à maneira com que toca cada nota. As diversas maneiras de tocar uma nota são chamadas *articulações*, também referidas como *golpes* ou *ataques*, que – em minha opinião – implicam um pouco mais de força do que é realmente necessário, por isso optei por uma palavra menos agressiva.

Interpretando símbolos de articulação

As articulações vêm em todas as formas. Cada uma delas é representada por um símbolo que diz como tocar a nota: acentuada, longa, curta e assim por diante. É possível mudar todo o som e estilo de uma canção só trocando algumas articulações. A Tabela 15-2 mostra os símbolos mais utilizados por compositores para indicar as diversas articulações.

Para adicionar essas articulações à música, o compositor simplesmente coloca o símbolo correspondente bem embaixo ou acima da nota.

Tabela 15-2 — Articulações Musicais

Símbolo	Nome	Como Tocar a Nota
.	Staccato	Curta
–	Tenuto	Longa
>	Acentuada	Forte
∧	Acentuada (casinha)	Mais forte
≳	Acentuada com staccato	Forte e curta
≥	Acentuada com tenuto	Forte e longa

Além dos símbolos da Tabela 15-2, que se aplicam a somente uma nota, os compositores usam uma marcação de articulação que se aplica a um grupo de notas. Na música, um *legato* é uma linha curva sobre duas ou mais notas de diferentes timbres, que indica que elas devem ser executadas *em ligação*, de uma maneira suave. Pense em tocar as notas dentro de um legato como se elas estivessem sendo cantadas por alguém que possui uma linda voz.

CUIDADO! Tome muito cuidado para não confundir uma *ligadura* com um *legato*. Um legato é aplicado em notas de diferentes timbres e normalmente em grupos que possuem várias notas numa frase melódica. Uma ligadura também é uma linha curva, mas ela conecta uma cabeça de nota com outra que seja do mesmo timbre (veja o Capítulo 8 para saber mais sobre ligaduras). Legatos começam e terminam perto da cabeça da nota ou da haste, conforme mostra a Figura 15-4, um trecho de "O Sole Mio".

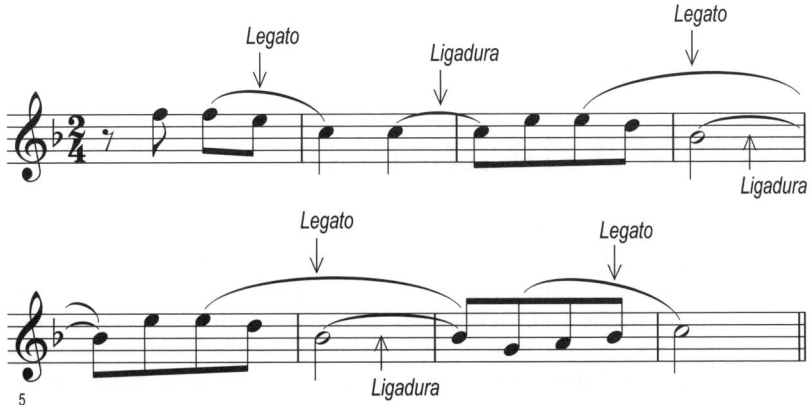

Figura 15-4: Notas agrupadas por um legato (tocado suavemente) e por uma ligadura (sustentada pelos valores de ambas as notas).

O poder da articulação

Se tocar música sem articulações, não conseguirá agradar a plateia, pois ouvir músicas sem articulações é o mesmo que ter que ouvir uma palestra ministrada por uma voz monótona – um tédio.

Para compreender a importância da articulação, experimente tocar um trecho da melodia de "Camptown Races" usando marcas de articulação (veja a Figura 15-5). Toque depois sem as articulações – ignore-as. Com certeza você perceberá que a versão com articulações possui mais alma e personalidade que a versão que não as possui.

Figura 15-5: Caracterizando de maneira única uma melodia, através de articulações

Se uma determinada peça musical não possui articulações, escolha aquelas que acha que irão se encaixar na música e use-as. Escreva suas próprias articulações e veja se a música soa bem do seu jeito. Não se preocupe, não estará mudando a melodia, somente o estilo. Claro, seguir as instruções originais do compositor (quando existirem) para as articulações ainda é a melhor escolha para se atingir o som e o estilo que ele pretendia.

Para tocar agora a versão completa de "Camptown Races", com mais articulações, vá direto para a seção "Ornamente Suas Canções", ao final deste capítulo.

Controle o Andamento

Assim como se pode variar a música com dinâmicas, pode-se também produzir variações sutis no seu andamento. O Capítulo 7 diz que a marcação de andamento no início de uma canção mostra a velocidade em que a música deve ser executada. Como regra geral, o seu objetivo deve ser sempre o de manter a música num andamento regular, sem acelerar ou desacelerar o ritmo, pelo menos não intencionalmente (o Capítulo 7 também fala sobre metrônomos e como eles podem ajudar a manter as batidas no tempo certo). No entanto, há vezes em que queremos aumentar ou diminuir a velocidade *de fato*. O tempo na música é flexível da seguinte maneira: pode-se mudar o andamento muito sutilmente ou muito dramaticamente quando a música pede por isso.

Não é nenhuma surpresa que as palavras e símbolos usados na música dizem exatamente o que fazer e o quanto fazê-lo. Assim como as marcações de dinâmica, as palavras são em italiano. As três indicações mais importantes que precisamos saber são:

- **Accelerando**: quando o compositor quiser um pouco mais de velocidade no andamento, veremos esta palavra ou sua abreviação, *accel.*, que significa "pé na tábua!".

- **Ritardando**: quando o compositor quiser que o intérprete reduza a velocidade, veremos esta palavra ou sua abreviação, *rit.*

- ⌒: este símbolo se refere a uma *fermata*, que significa que devemos pausar ou sustentar a(s) nota(s) sob ela e parar de contar o tempo. Não há nenhuma lei sobre quanto tempo se deve sustentar uma fermata – o compositor, de propósito, deixa isso a cargo do intérprete. Um bom ponto de partida é sustentar as notas sob a fermata por duas vezes seu valor escrito.

A Figura 15-6 traz a melodia de "For He's a Jolly Good Fellow", que ilustra essas mudanças de andamento. Em uma interpretação convencional dessa canção, o intérprete naturalmente desacelera e sustenta a nota mais alta, talvez acelerando no fim da frase.

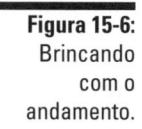

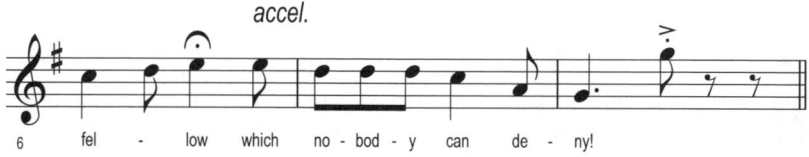

Figura 15-6:
Brincando com o andamento.

O Poder do Pedal

No Capítulo 5, eu falo sobre o número e tipos de pedais que vêm com pianos acústicos e digitais. Esta seção fala um pouco mais sobre como usá-los para auxiliar nas dinâmicas e articulações quando estiver tocando, adicionados às formas de se ornamentar a música.

Utilizando o pedal sustain

Quando os pianistas falam em usar o pedal, eles geralmente estão se referindo ao *pedal sustain*, o da direita de quem senta ao piano. O pedal sustain impede a ação dos abafadores que bloqueiam o som das notas.

Há diferentes formas de indicar quando se deve pressionar um pedal, quando soltá-lo e quando se deve fazer uma breve mudança na pressão do pedal. Conforme mostra a Figura 15-7 abaixo, a abreviação *Ped.* diz quando pressioná-lo. Pise fundo até o asterisco ou até que veja o colchete final na linha do pedal. Uma espécie de acento circunflexo na linha indica mudança de pressão no pedal. Erga o pé o suficiente para permitir que o pedal fique livre e depois pressione-o novamente.

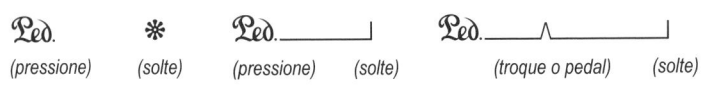

Figura 15-7: Indicações de pedais.

Ped.	✻	*Ped.*⎯⎯⎯⎯⎯⎯⎯⏌	*Ped.*⎯⎯⎯⎯⌃⎯⎯⎯⎯⏌
(pressione)	(solte)	(pressione) (solte)	(troque o pedal) (solte)

A melhor maneira de aprender como usar o pedal é utilizá-lo gradualmente enquanto toca. Embora todos os pedais sustain tenham a mesma função, cada instrumento tem o pedal com própria personalidade, e da mesma forma que se pega o jeito do sistema de acelerador e freio de um carro, deve-se usar o pedal sustain para sentir como ele funciona.

LEMBRE-SE: O mais importante sobre o pedal é não usá-lo demais. As coisas se confundem quando estamos com pressa e para quem está ouvindo, música muito "pedalada" é o equivalente auditivo a uma maquiagem malfeita. Ouça atentamente à música enquanto toca, para ouvi-la como os outros a ouvem.

A função básica do pedal sustain é conectar uma nota melódica ou acorde ao seguinte. Toque a Figura 15-8 e use o pedal para ligar a primeira nota da melodia à segunda, e assim por diante. Toque o trecho depois mais uma vez sem o pedal. Você verá que os versos de duas notas não soam nem de perto tão suaves como na primeira versão. Isso porque você tem que levantar as mãos para se mover para a próxima nota, resultando em quebras entre as notas dentro de um legato.

DICA: Use o pedal para suavizar sua música *(legato)*, sustente a nota ou acorde por um longo tempo, ou dê a ela uma característica mais ressonante.

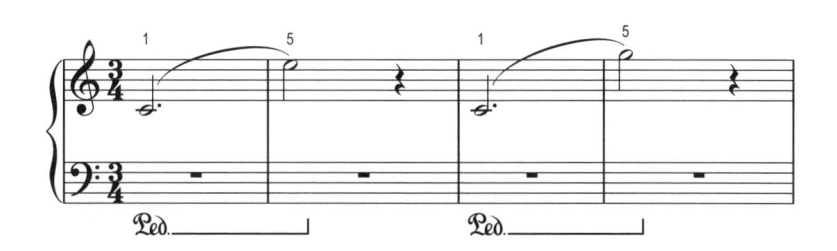

Figura 15-8: Use o pedal sustain para conectar notas melodicamente.

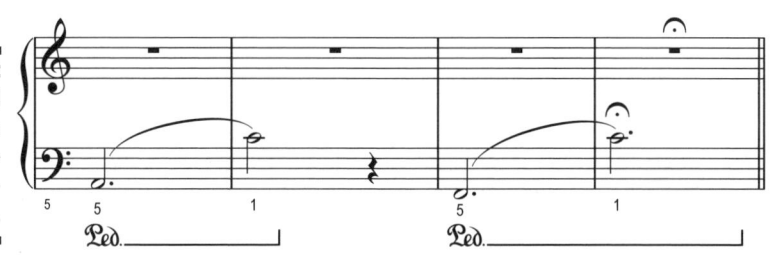

Fatos concretos sobre o pedal una corda

Quando o compositor quer que usemos o *pedal una corda* ou *suave*, na extrema esquerda, veremos a indicação *una corda* (o Capítulo 5 explica como o pedal *una corda* funciona). Quando atingimos a indicação *tre corda*, devemos soltar o pedal.

Pode-se usar o pedal una corda sempre que quiser, claro, para tocar suavemente ou para criar um clima de música bem baixa, mais íntimo. Experimente a canção de ninar "All Through the Night", na Figura 15-9.

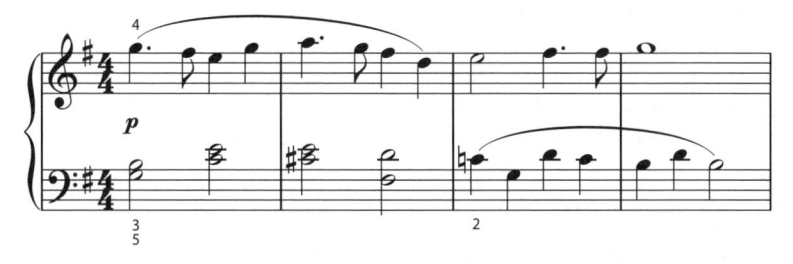

Figura 15-9: Suavize o som com o pedal una corda.

O pedal central

Dependendo do tipo de piano que possuir, o pedal central pode ter duas funções diferentes:

- **O pedal tonal ou sostenuto**: o piano tradicional de cauda possui um pedal que atua como um sustain *somente para a nota ou notas que seus dedos estiverem tocando quando pressionar esse pedal*. Por exemplo, se estiver tocando uma nota grave longa, pressione o pedal central e depois toque algum staccato bastante rebuscado, com a nota grave ressoando ao longo do processo, graças ao pedal sostenuto.

- **O pedal de estudo**: muitos pianos verticais possuem um pedal de estudo entre os pedais una corda e sustain. Este pedal "emudece" as cordas, permitindo ouvir o que é tocado, mas muito suavemente. O pedal de estudo possui uma trava em que é possível prender o pedal enquanto o trecho de notas mudas é tocado.

Falando sobre Apogiaturas

O termo *apogiatura* soa muito chique, mas na verdade é um efeito bastante simples que pode tornar sua música mais rebuscada. Uma apogiatura é uma nota que se toca ligeiramente antes de uma nota real. Em minha opinião, deveria ser renomeada *apoie e pule*, pois é justamente isso o que o seu dedo faz nela antes de tocar a nota seguinte.

As apogiaturas são escritas de diversas maneiras. A Figura 15-10 mostra os tipos mais comuns. Uma apogiatura simples se parece com uma pequena colcheia, com uma pequena barra cortando-a ao meio. Pense nessa barra como se significasse "cancele o valor rítmico". Apogiaturas múltiplas se parecem com pequenas semicolcheias e também são tocadas bem rapidamente; soará como se você estivesse correndo para entrar na nota principal.

Figura 15-10: As incríveis apogiaturas, como seu som é belo.

Não é necessário tocar as apogiaturas sempre muito rapidamente. Sua personalidade e efeito são determinados pelo andamento e estilo da música. A ideia é usar esse efeito para dar um pequeno realce na nota principal.

Para ouvir algumas apogiaturas em ação, ouça a faixa 61 enquanto segue a partitura com a clássica canção "Pop! Goes the Weasel", que está repleta desses ornamentos (veja a Figura 15-11).

Faixa 61

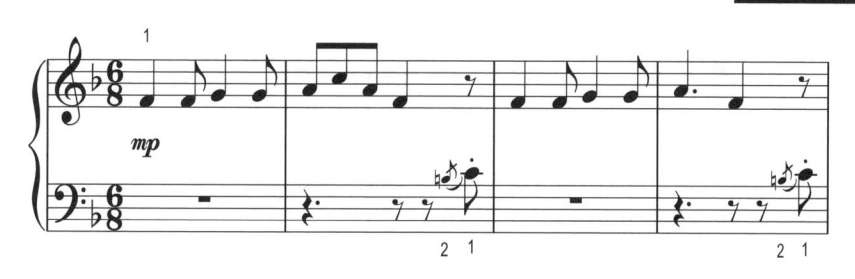

Figura 15-11: A doninha salta com a ajuda de algumas apogiaturas.

As apogiaturas são uma característica típica do blues, jazz, country e estilos de piano clássico, sobre ao qual poderá ler mais no Capítulo 17. Ora, elas podem ser usadas onde bem quisermos. As melhores apogiaturas são aquelas que estão a um semitom ou a um tom de distância de uma nota melódica completa, mas fique à vontade para tentar aquelas que estão mais distantes. Outra ideia excelente é iniciar uma canção com uma apogiatura, especialmente se for um jazz ou um blues.

Treinando o Trinado

Se já ouviu o assovio de um flautim, bem mais alto que o resto da banda em uma marcha de John Philip Sousa, já ouviu o efeito de um *trinado*. O que soa como um truque bem elaborado, para o flautinista é, na verdade, uma alternância rápida entre duas notas, realizada de maneira bem simples. O mesmo acontece com os trinados na música para piano.

Como é o som de um trinado? (A metáfora do flautim não foi clara o suficiente?) Um trinado soa como se fosse um monte de fusas ou semifusas, como mostra a Figura 15-12 (para mais informações sobre fusas e semifusas, leia o Capítulo 7). Os trinados acrescentam uma certa finesse clássica ao seu estilo de tocar (o Capítulo 17 diz tudo sobre o estilo clássico de música).

Figura 15-12: Como um trinado soa aos ouvidos.

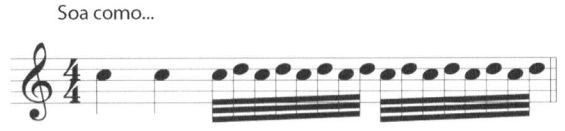

Soa como...

Para poupar o tempo e a tinta necessários para escrever todas aquelas notinhas, os compositores criaram uma abreviação para os trinados: um *tr* acima das notas trinadas. É, isso mesmo, "tr", as duas primeiras letras da palavra "trinado". E tem gente que acha música complicado.

De maneira geral, uma nota é trinada para um tom acima da nota principal. No entanto, um compositor às vezes quer um trinado abaixo, ou um semitom abaixo dela; então, dá as notas específicas a serem usadas no trinado, de uma ou várias formas (veja a Figura 15-13).

Além da abreviação *tr*, o compositor pode escrever um sinal de sustenido ou bemol, que diz que o trinado deve ser feito com o sustenido ou bemol daquela nota. Outra forma de anotar o trinado é escrever a nota em questão com um tamanho bem pequeno, sem haste e entre parênteses, ao lado da nota original.

Figura 15-13: O mestre mandou trinar esta nota.

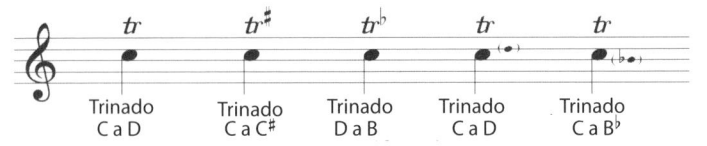

Trinado C a D   Trinado C a C#   Trinado D a B   Trinado C a D   Trinado C a B♭

Para tocar trinados, pule para a seção "Ornamente suas Canções", ao final deste capítulo, e toque "Trumpet Voluntary".

Não espere até que o compositor ordene fazer o trinado, use sua criatividade. Encontre uma nota que soaria bem com um trinado e escreva *tr* sobre ela. Mínimas e semibreves são normalmente as melhores para trinar, porque são longas o suficiente para dar tempo dos dedos dançarem sobre o teclado. Experimente com tons e semitons em diferentes sentidos.

Analisando o Glissando

Um *glissando* (plural *glissandi* - também conhecido como *gliss*, na preguiçosa indústria fonográfica) é um rápido deslizar de dedos sobre várias teclas no teclado. Não há nada comparado a se iniciar ou terminar uma canção com esse efeito. Eu garanto que anima qualquer plateia.

Para tentar um gliss com a mão direita, coloque o polegar numa nota aguda Dó e arraste-o sobre as teclas rapidamente até o final do teclado. Legal, não?

A Figura 15-14 mostra como os compositores anotam esse efeito, que é simbolizado por uma linha ondulada e a abreviação *gliss.* – indo da nota inicial em direção ao glissando. Por exemplo, se vir uma linha ondulada subindo a partir de Dó, toque-a e deslize o dedo teclado acima. Às vezes, a nota final é mostrada na outra ponta da linha ondulada; outras vezes, fica a seu critério onde parar.

Figura 15-14: Repassando o gloss, digo o gliss.

(Deslize rapidamente de Dó a Dó)
(Deslize rapidamente de Fá a Fá)
(Deslize rapidamente de Dó a uma nota de sua escolha)

Quando o compositor especificar as notas iniciais *e* finais do glissando, a única coisa que posso sugerir é: pratique, pratique, pratique. Começar em uma nota específica é fácil, mas parar na nota certa é como parar um carro sobre uma moeda. Às vezes pode-se usar a outra mão para tocar a nota final, isso se ela não estiver ocupada fazendo outra coisa.

Dependendo da direção do glissando e da mão que estiver usando, dedos diferentes fazem o mesmo trabalho. A Figura 15-15 mostra as posições corretas de mãos para cada um deles:

- **Descendo com a mão direita:** desça com a unha do polegar (MD 1), conforme mostra a Figura 15-15a;

- **Subindo com a mão direita:** suba com a unha do dedo do meio (MD 3) e talvez, com uma pequena ajuda do MD 4, conforme mostra a Figura 15-15b;

- **Descendo com a mão esquerda:** desça com a unha do dedo do meio (ME 3) e talvez, com uma pequena ajuda do ME 4, conforme mostra a Figura 15-15c;

- **Subindo com a mão esquerda:** suba com a unha do polegar (ME 1), conforme mostra a Figura 15-15d.

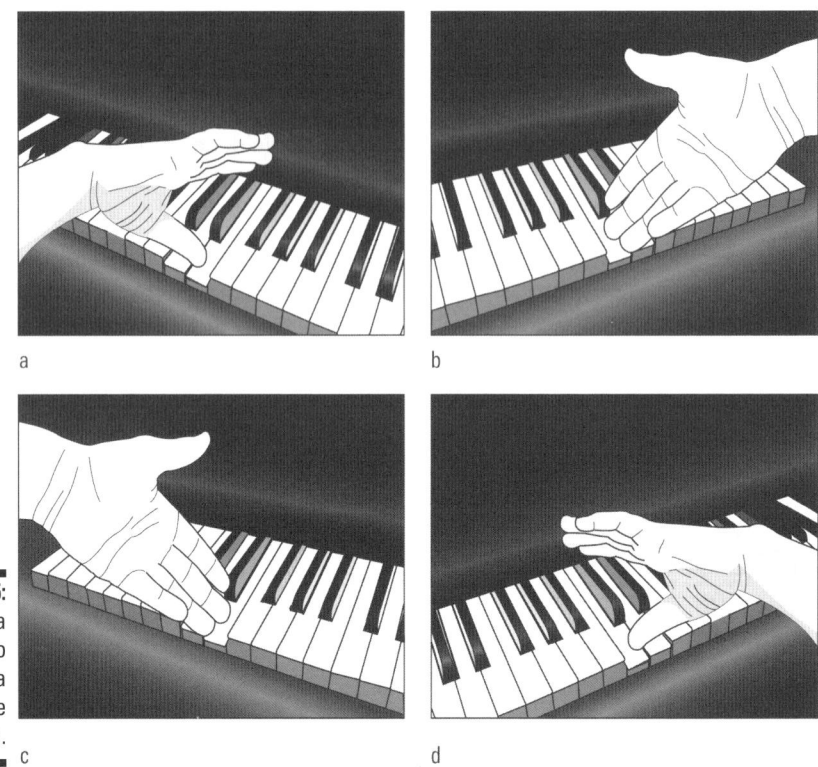

Figura 15-15:
Suba e desça com glissando usando a mão direita e esquerda.

a   b   c   d

Depois de algum tempo percorrendo o teclado com os dedos, talvez você comece a me xingar quando eles começarem a doer. Não é minha culpa! Talvez esteja usando a parte errada dos dedos, pois quando feito corretamente, um glissando não machuca. Assegure-se de que está usando *a unha*, e o mais importante: não toque um glissando com as pontas dos dedos, porque além de causar bolhas (ai!), o som esganiçado é pior do que as unhas raspando uma lousa!

Tente tocar um dos glissandi, da Figura 15-16, descendo ou subindo, um número inspirado em Jerry Lee Lewis. O efeito de um glissando consegue ser ao mesmo tempo, poderoso, cheio de energia e simplesmente contagiante!

Figura 15-16: Use a MD para iniciar e terminar a canção com um glissando.

Tremolos Trêmulos

Conforme expliquei no início do capítulo, um trinado ocorre quando você dedilha rapidamente entre duas notas que estão bem próximas, a apenas um tom ou semitom de distância. Mas como devemos chamar esse dedilhado quando as notas estão distantes uma da outra? Pode chamar do que quiser, mas no mundo da música isso é chamado de *tremolo*.

Para tocar um tremolo, escolha um intervalo – qualquer um, desde que seja maior do que um tom – e alterne tocar essas duas notas o mais rápido que puder (o Capítulo 12 fala sobre intervalos). Assim como um trinado, um tremolo soa como se estivesse tocando um monte de fusas ou semifusas. Mas, diferente da notação de um trinado, que coloca as letras *tr* à frente da nota, a notação de um tremolo mostra as duas notas que seus dedos atingirão.

Na Figura 15-17, você verá que as duas notas de um tremolo têm a mesma duração. À primeira vista, essa notação parece ter muitas batidas em cada compasso, mas as três linhas diagonais entre o sinal das notas mostram que isso é um tremolo, logo, as duas notas partilham a mesma duração. É só contar as batidas da primeira nota.

Figura 15-17: Notação do tremolo.

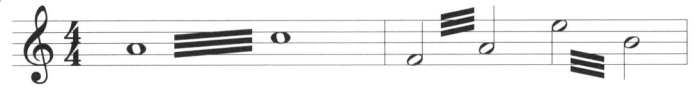

Também é possível tocar acordes de tremolos. É só quebrar o acorde em duas partes: a nota inferior e as notas superiores restantes. Dê uma "chacoalhada" no acorde e transforme-o num tremolo, alternando entre as duas partes o mais rápido que conseguir. Acordes de tremolos podem parecer ameaçadores de início, mas se você consegue tocar o acorde, fazer um tremolo é fácil (o Capítulo 14 lhe apresenta os acordes).

A Figura 15-18 permite tocar alguns acordes de tremolos. No primeiro compasso, coloque a mão na posição de Sol e movimente seus dedos entre as notas superiores (Si e Ré) e a inferior (Sol) bem rapidamente. Mova para o próximo compasso e faça o mesmo com uma segunda inversão do acorde em Dó, e assim por diante.

Trabalhando embaixo do capô

No século XX, muitos compositores e pianistas ficaram entediados com os sons tradicionais do piano. Insatisfeitos com os efeitos de trinados, glissandi e tremolos, esses corajosos (e incompreendidos) pioneiros começaram a se aventurar sob a tampa do piano.

Tente você mesmo. Abra a tampa do piano e toque as cordas com os dedos, como em um violão. Agora tente um glissando com todas as cordas enquanto pisa no pedal sustain. O som é ao mesmo tempo misterioso e lúgubre.

Compositores como Henry Cowell e John Cage não pararam por aí não! Eles começaram a escrever peças que incorporavam esses sons, pedindo ao intérprete que tocasse determinadas notas diretamente nas cordas do piano. E você achando que tocar teclas brancas e pretas era difícil, hein? Tentando quebrar limites, um fenômeno chamado *piano preparado* se tornou bastante popular (e ainda é) com compositores modernos. Uma infinidade de novos sons foi criada com a inserção de inúmeros objetos entre as cordas do piano: parafusos, barbante, travesseiros e assim por diante.

Não recomendo que você prepare um piano em casa devido aos danos que podem ser causados pelos materiais inseridos no seu caro instrumento. Mas se estiver realmente interessado em experimentar esses sons da maneira correta, ouça antes as seguintes gravações:

- *The Banshee,* **Henry Cowell**: entre outras coisas, você ouvirá cordas de piano sendo arranhadas e dedilhadas.
- *Airplane Sonata*, **George Antheil**: uma variedade de estranhos efeitos no piano, evidentes nesta peça eclética.
- *Tabula Rasa*, **Arvo Pärt**: a parte do piano é preparada com parafusos entre as cordas.
- *Trilha Sonora de A Firma*, **Dave Grusin**: esta peça usa todo tipo de coisas no piano, incluindo um arco de violino tocando as cordas.

Figura 15-18: Acordes de tremolos.

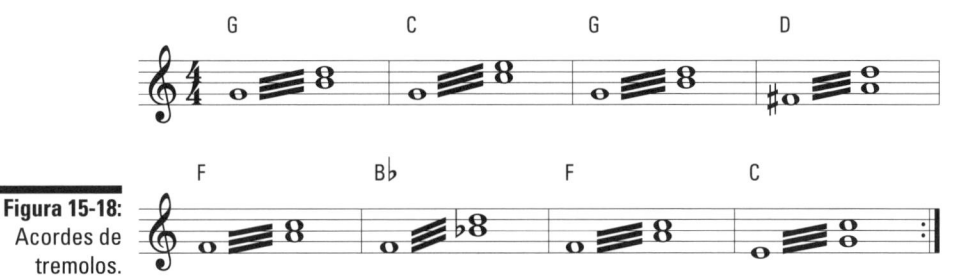

Acordes de tremolos vêm bem a calhar quando se toca rock and roll, principalmente em uma banda. O tremolo faz com que acordes simples tornem-se altamente rítmicos.

Para tocar uma canção com tremolos agora, pule para a próxima seção e toque "Also Sprach Zarathustra".

Ornamente Suas Canções

Esta seção permite que você se liberte com as dinâmicas, articulações, ornamentações e outras técnicas chiques que dão um novo aspecto à sua música. Para cada uma delas, eu anotei algumas dicas e as técnicas que usam.

- **"Polovtsian Dance":** esta melodia assombrosa de Alexander Borodin é perfeita para adicionar variações dinâmicas. Siga as indicações de volume e os hairpins, e tire dos *pianos* e dos *fortes* tudo o que conseguir. Capriche!

- **"Camptown Races":** enlouqueça com as marcas de articulação nesta canção. Defina cada staccato, tenuto e acentos para dar um aspecto mais robusto à canção.

- **"Trumpet Voluntary":** ouça esta famosa canção de Jeremiah Clarke na faixa 64 para ter uma boa ideia de como ela deve ser executada. Depois, tente você mesmo. Cada trinado começa com a nota Ré, tocada com o MD 2 e sobe até Mi (o tom mais alto, na sequência da escala), tocada com o MD 3. Alterne rapidamente entre essas duas notas enquanto conta o número de batidas requeridas para o trinado, uma semínima pontuada. A linha esquisita após o *tr* mostra por quanto tempo deverá trinar.

- **"Also Sprach Zarathustra":** tremolos de qualquer tamanho soam ótimos tocados por ambas as mãos. O tremolo mais popular para a mão esquerda talvez seja o de oitava. Estique a mão até uma oitava de Dó e deixe esse intervalo trazer a melodia familiar. Talvez você reconheça esta peça como o tema do filme *2001: Uma Odisseia no Espaço*.

264 Parte V: Técnica É Essencial

✔ **"Quiet Sunset":** siga as indicações do pedal sustain quando tocar esta peça para criar conexões suaves entre as notas melódicas e entre acordes sucessivos. "Pedale" de uma nota para a seguinte durante os versos melódicos, e de um acorde ao seguinte durante os versos de acordes, e ouça as linhas suaves e completas.

▶ Faixa 62

Polovtsian Dance

Capítulo 15: Ornamente Sua Música **265**

Camptown Races

Moderadamente Rápido

Parte V: Técnica É Essencial

Faixa 64

Trumpet Voluntary

Moderado

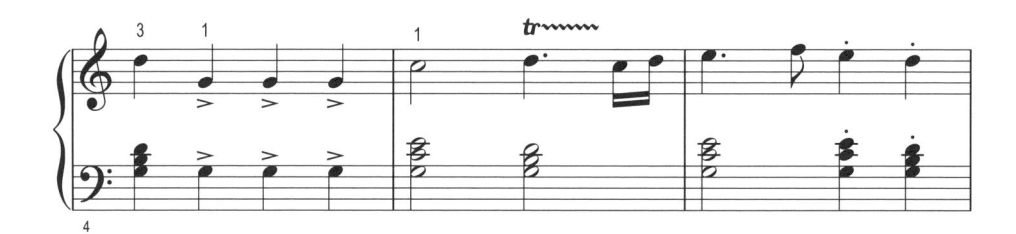

Capítulo 15: Ornamente Sua Música

Faixa 65

Also Sprach Zarathustra

Moderadamente Lento

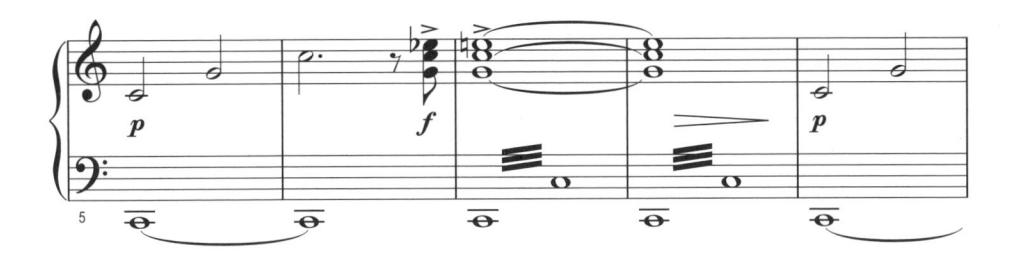

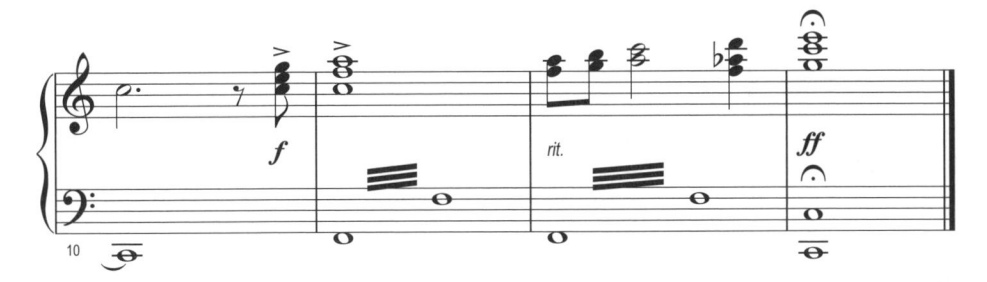

268 Parte V: Técnica É Essencial

Faixa 66

Quiet Sunset

Capítulo 16
Grandes Grooves

Neste Capítulo

▶ Aperfeiçoe padrões de acompanhamento para a mão esquerda
▶ Encontre novas formas de iniciar e finalizar uma obra

Quer transformar uma canção simples como "Row, Row, Row Your Boat" num sucesso em qualquer show? Este é o capítulo certo para isso! Este capítulo o ajudará a aplicar uma série de pequenos truques e técnicas em praticamente todas as canções que tocar. Não importa se é uma introdução ou finalização que prendem a atenção da plateia, um padrão interessante de acompanhamento ou apenas um pequeno floreio no meio da canção, os truques que mostrarei neste capítulo o ajudarão a temperar sua música.

Se você sentir que precisa de ainda mais ferramentas e dicas depois da leitura, o Capítulo 17 mostra tudo sobre como tocar canções em diferentes estilos, incluindo música clássica, rock, blues e jazz.

Grandes Padrões de Acompanhamento para a Mão Esquerda

Um dos truques mais importantes da sua cartola é ter uma grande variedade de padrões de acompanhamento para a mão esquerda. A qualquer momento que encontrar somente acordes, ou tocar melodias de um livro de improvisação (fake book), você contará apenas com a sua bagagem musical para implementar interessantes linhas de baixo (veja o Capítulo 19 para saber mais sobre fake books).

Não tema. Não invente moda. Jogue fora os antiácidos. Aqui estou para ajudar! Esta seção lhe dará excelentes padrões de acompanhamento de sonoridade profissionais e aplicáveis a quase todas as canções que você tocar, pois além da versatilidade, estes padrões são bem fáceis. Além disso eu mostro a hora certa de aplicá-los tanto no compasso 3/4 quanto no 4/4.

É importante praticar estes padrões várias vezes para aperfeiçoar as notas corretas e a forma com que cada padrão se "acomoda" sob seus dedos. Entretanto, depois de um tempo, você poderá ignorar a música impressa e tentar sentir o padrão: a distância entre os intervalos, a forma do acorde, o ritmo e assim por diante. Quanto mais confortável estiver com o padrão, mais fácil será aplicá-lo em qualquer tom, qualquer acorde e qualquer escala.

Um concerto de acordes quebrados

Os acompanhamentos mais fáceis para a mão esquerda são os acordes, sejam eles os simples ou arpejos (volte ao Capítulo 14 para saber mais sobre acordes e arpejos).

Comece com os acordes básicos e procure por inversões que funcionem bem sem que precise usar a mão esquerda para subir e descer no teclado (o Capítulo 14 fala sobre inversões). Você ainda pode experimentar os vários padrões rítmicos. Por exemplo, tente tocar acordes de semínimas em vez de acordes de semibreves, ou padrões de semínimas pontuadas e padrões de colcheias.

Na Figura 16-1, a mão esquerda toca uma progressão de acorde simples com vários e diferentes padrões rítmicos. Toque cada um algumas vezes e decida qual deles soa, funciona e se adapta melhor a você.

Você pode até mudar a textura e adicionar alguma variedade com um padrão arpejado constante para a mão esquerda. Para cada símbolo de acorde na Figura 16-2, use as notas fundamental, quinta e oitava da escala do acorde para formar um padrão que sobe e desce ao longo da canção. Este padrão funciona tanto para as canções lentas como para as rápidas.

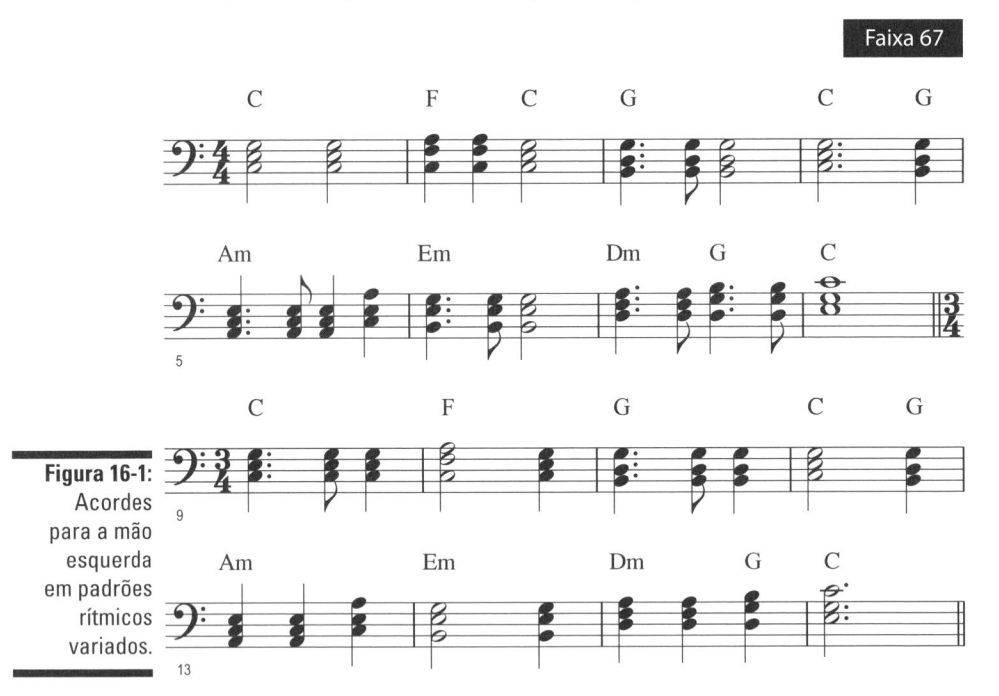

Figura 16-1: Acordes para a mão esquerda em padrões rítmicos variados.

Capítulo 16: Grandes Grooves 271

Faixa 68

Figura 16-2: Padrões de fundamental, quinta e oitava são fáceis de tocar e soam super bem.

Para tocar agora uma música usando o acompanhamento para a mão esquerda da Figura 16-2, pule para o final deste capítulo e toque "Love Me Like You Used To", na seção "Toque Músicas com Grooves para a Mão Esquerda".

Quebrando um acorde

A *quebra de acorde* para a mão esquerda é um estilo mais apropriado à música country (sobre a qual você poderá ler mais no Capítulo 17). Mas mesmo que não seja fã do gênero, você poderá aplicar este padrão em qualquer música de seu gosto.

O Capítulo 14 mostra que a maioria dos acordes são feitos de uma nota fundamental, um intervalo de terceira e um de quinta. É necessário conhecer estes três elementos para quebrar os acordes corretamente.

Para tocar este padrão, quebre o acorde em duas unidades: a fundamental e duas notas superiores. Toque a fundamental na batida 1 e as duas notas superiores juntas na batida 2. Para que o som fique ainda mais interessante, faça algo um pouco diferente na batida 3: toque a quinta do acorde sozinha, mas uma oitava mais grave, como mostra a Figura 16-3, assim como quatro compassos para este padrão, com quatro acordes diferentes.

Figura 16-3: Pratique a quebra de acordes com quatro acordes diferentes.

Agora tente tocar este padrão na peça "Picking and Grinning" (veja a Figura 16-4). Depois de pegar o jeito deste padrão rítmico dançante, você não precisará sequer olhar para as mãos. O seu dedo mindinho encontrará as duas notas alternadas do baixo, pois elas estão sempre à mesma distância da fundamental.

Martelando as oitavas

Este groove fácil (e nada cansativo) para a mão esquerda é realmente divertido e fácil de executar se a sua mão direita estiver apenas fazendo acordes. Mas se você estiver tocando alguma melodia ou algo mais complicado, este padrão pode não ser uma escolha prática.

Capítulo 16: Grandes Grooves 273

Faixa 69

Figura 16-4: Quebra de acorde para a mão esquerda na canção "Picking and Grinning".

Para martelar algumas oitavas, é só preparar a mão esquerda numa *posição aberta de oitava* com os dedos mínimo e polegar prontos sobre as duas notas, assegurando-se de que o pulso está relaxado o suficiente para uma leve dança no ritmo apropriado. Quando o acorde mudar, mantenha a mão na posição enquanto a move diretamente para o próximo grupo de oitavas. Você poderá tocar as notas usando qualquer ritmo a seu gosto – tente semibreves, mínimas, até colcheias, dependendo do caráter rítmico da canção.

Veja a Figura 16-5 com "Octaves in the Left", que permite brincar com algumas oitavas.

Faixa 70

Figura 16-5: Martele as oitavas com "Octaves in the Left".

Enquanto se familiariza com a harmonia, poderá adicionar a estes padrões de oitava para a mão esquerda mais oitavas construídas sobre as notas do acorde. Por exemplo, as oitavas de "Jumping Octaves" (veja a Figura 16-6) vão da fundamental à nota do intervalo de terceira e, em seguida, do intervalo de quinta para cada acorde com a mão direita.

Capítulo 16: Grandes Grooves 275

Faixa 71

Figura 16-6: Construa oitavas em diferentes notas de acordes em "Jumping Octaves".

Padrões animados para rock

Além de martelar as oitavas, um padrão de baixo com uma sonoridade bem rock and roll pode usar outros intervalos tirados de escalas musicais (o Capítulo 12 explica os intervalos detalhadamente).

Pode-se criar um excelente padrão de baixo usando um intervalo de oitava, de quinta e de sexta de cada acorde. Tente este acompanhamento super dançante junto com "Rockin' Intervals" (veja a Figura 16-7). Você pode até mudar o padrão de acompanhamento para que padrões de um ou dois compassos se encaixem em uma métrica 4/4. Após treinar algumas vezes, suas mãos saberão o que fazer e você poderá aplicar estes padrões em qualquer acorde maior.

Faixa 72

Figura 16-7: Um padrão animado para a mão esquerda com intervalos de oitava, quinta e sexta, em "Rockin' Intervals".

O grande Chuck Berry fez com que os padrões estilo "locomotiva" se tornassem extremamente populares com a guitarra (mostrado na canção "Berry-Style Blues", na Figura 16-8). Era apenas uma questão de tempo até que algum pianista pioneiro adaptasse este padrão da guitarra para o piano. A única coisa que precisa ser feita é a alternância entre tocar uma quinta e uma sexta aberta em cada batida.

Faixa 73

Figura 16-8: Intervalos abertos que seguem o trilho ao longo de "Berry-Style Blues".

Linhas para baixo melódicas

Alguns padrões para a mão esquerda são usados com tanta frequência que acabaram ficando mais famosos que as melodias que acompanham. "Bum-ba-di-da" (veja a Figura 16-9) é um destes padrões, que se tornou famoso com Roy Rogers na canção "Happy Trails", sempre usada para finalizar seus shows. As únicas coisas de que precisa são as três notas de cada escala de acorde: fundamental, quinta e sexta. Toque-as continuamente.

Figura 16-9: Mexa-se juntamente com o padrão bum-ba-di-da.

Para tocar uma canção com a linha para baixo bum-ba-di-da agora, pule para a seção "Toque Músicas com Grooves para a Mão Esquerda", ao final deste capítulo, e toque "Country Riffin'".

Outro padrão melódico para a mão esquerda tocado por todos os pianistas – do calouro ao profissional – é a linha para baixo "boogie-woogie". Ela nem ao menos requer uma melodia. Esta linha usa notas de uma escala maior, mas diminui a sétima nota da escala em um semitom (também chamado de *sétima bemolizada*) para dar aquele sonzinho de blues.

Para cada novo acorde na boogie-woogie (veja a Figura 16-10), pode-se tocar a escala de notas a seguir, aumentando e depois diminuindo o tom: fundamental, terceira, quinta, sexta e sétima bemolizada.

Faixa 75

Figura 16-10: Um padrão boogie-woogie que nunca sai de moda.

Aplicando Fantásticas Introduções e Finalizações

Um bom pianista deve ser sempre capaz de começar e terminar uma peça de forma interessante. Você pode se juntar ao rol dos bons pianistas, se adicionar algumas introduções e finalizações (às vezes chamadas de *desfechos*), que podem ser aplicadas em qualquer peça e a qualquer momento. Introduções e finalizações representam o seu momento de brilhar, logo, aproveite cada segundo.

Em minha humilde opinião, poucas coisas são tão legais quanto tocar uma introdução ou finalização de canções. Algumas delas são tão fantásticas que nem precisam acompanhar uma música.

A maioria das introduções e finalizações nesta seção são direcionadas à música popular. Quando falamos de música clássica, o próprio compositor define um início e final adequados. Mas, se quiser incendiar a *Valsa do Minuto*, de Chopin, poderá tranquilamente usar uma destas introduções.

As introduções e finalizações desta seção podem ser adicionadas a praticamente qualquer obra musical. É só seguir estes passos:

1. **Verifique o estilo da canção.**

   Cada introdução ou finalização possui um estilo ou som diferente. Considere o estilo da canção que for tocar e escolha uma introdução que se encaixe bem nela. Por exemplo, uma introdução típica de rock and roll não soará bem se for ligada a uma balada country. Mas, como sempre, qualquer coisa é possível na música (o Capítulo 17 traz toda a orientação sobre os diversos estilos musicais).

2. **Verifique o tom da canção.**

   Todas as introduções e finalizações encontradas neste livro foram escritas em tom de Dó. Se a música que deseja tocar também estiver no tom de Dó, ótimo. Se não, ajuste as notas e acordes da introdução ou finalização que escolheu, para que esta corresponda ao tom da música, usando as dicas úteis mostradas com cada introdução ou finalização.

3. **Verifique o primeiro acorde da canção.**

   Em todas as introduções que apresento a seguir, mostro a transição mais fácil para os primeiros acordes ou notas de uma canção, contanto que ela comece com um acorde construído no primeiro tom de uma escala (o Capítulo 14 explica os tipos de acordes). Por exemplo, se a canção que está tocando está em tom de Dó e começa com um acorde em Dó maior, todas as introduções aqui apresentadas se encaixarão perfeitamente, porque também foram escritas em tom de Dó. Se a sua canção se inicia com um acorde diferente, use as dicas encontradas em cada introdução para ajustá-la corretamente.

4. **Verifique o último acorde da canção.**

   Assim como as introduções, todas as finalizações que eu apresento neste livro podem ser aplicadas se a canção terminar com um acorde construído no primeiro tom da escala (a maioria das canções é assim). Por exemplo, se a canção selecionada está em tom de Dó e termina num acorde de Dó maior, você não terá problemas com as finalizações propostas, pois todas são escritas em tom de Dó. Mas se ela terminar com algum acorde diferente, é só ajustar a finalização para o tom adequado.

Ajustar tanto introduções quanto finalizações requer muita transposição. Se você ainda está começando com o piano, use estas introduções e finalizações em tom de Dó mesmo (este livro inclui muitas outras canções). Quando se sentir pronto para aplicá-las em outros tons, verifique em qual nota da escala ela começa e tente combinar os padrões de intervalos no novo tom.

A entrada triunfal

Quando um cantor precisa de uma boa introdução, quem irá tocá-la? O baterista? Claro que não, será você! Não pode ser uma introdução qualquer – ela precisa ser boa. A plateia tem a tendência de bater papo entre as canções, logo, é sua tarefa fazer com que fiquem quietos e anunciar o início da canção seguinte. Tocar algumas notas de uma canção totalmente original ou muito popular prende a atenção do público e os deixa implorando por mais.

A introdução "Get Ready, Here We Go"

A introdução mostrada na Figura 16-11 é certeira para agarrar a atenção dos ouvintes. Tem sido usada em quase todos os estilos musicais, de Vaudeville ao Ragtime, até mesmo musicais da Broadway. É só ouvi-la uma vez e jamais se esquecerá dela. Toque-a e ficará viciado nela. É só continuar repetindo os compassos entre os sinais de repetição, ou até que esteja pronto para iniciar a melodia (o Capítulo 6 fala sobre sinais de repetição e o que eles fazem).

Figura 16-11: Introdução nº 1.

A introdução "Rockin' Jam"

Você pode arrasar com uma introdução de rock and roll, como a mostrada na Figura 16-12. As tercinas são complicadas, mas você pode tocar esta introdução de forma rápida ou lenta. A versão em andamento mais lento funciona bem com um blues, enquanto uma versão mais rápida cai bem com um eletrizante rock. Esta introdução também possui apogiaturas, detalhadas no capítulo 15.

Figura 16-12: Introdução nº 2.

A introdução "Sweet Ballad"

Quando uma balada lenta é a próxima da lista, a introdução na Figura 16-13 funciona muito bem. A parte da mão esquerda estabelece um padrão de fundamental-quinta-oitava introduzido na seção anterior "Um concerto de acordes quebrados". A parte da mão direita faz uso de sextas paralelas, movendo-se docemente pela escala.

A introdução "Killing Time"

Às vezes, é necessário repetir uma introdução por várias e várias vezes. Talvez você tenha esquecido a melodia, ou talvez esteja esperando por alguma inspiração divina, ou ainda esteja esperando até que o cantor decida começar a trabalhar. Não importa o caso, é perfeitamente possível repetir uma introdução como a da Figura 16-14 até que chegue o momento de seguir adiante. É só tocar os primeiros quatro compassos e repeti-los até o momento em que estiver pronto. Repita um acorde G7; isso o levará (e ao preocupadíssimo cantor) ao tom de Dó quando ambos estiverem prontos.

Capítulo 16: Grandes Grooves 283

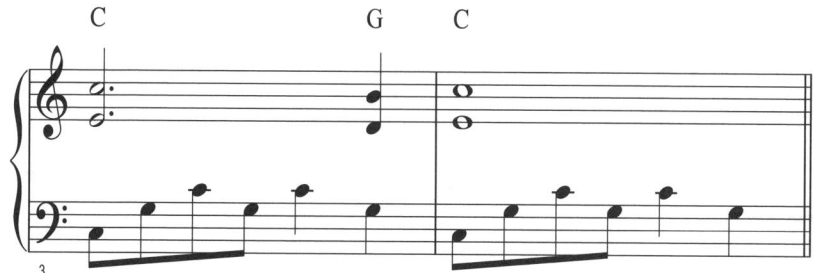

Faixa 78

Figura 16-13: Introdução nº 3.

A introdução "Saloon Salutations"

Quando estiver só de brincadeira em algum piano bar, talvez as únicas coisas de que precise são alguns acordes de piano no estilo honky-tonk, como os que eu mostro na Figura 16-15. Repare como as apogiaturas (compasso 1) e os tremolos (compasso 2) são eficientes nesta introdução (o Capítulo 15 fala tudo sobre apogiaturas e tremolos).

Faixa 79

Figura 16-14: Introdução nº 4.

Figura 16-15: Introdução nº 5.

Saída, pela esquerda do palco

A banda está chegando ao último acorde e o momento do *grand finale* se aproxima. O cantor entoa o último verso e cabe a você terminar o número. Rápido! Aplique uma das finalizações a seguir e eu garanto que a plateia irá pedir bis.

A finalização "I Loved You, You Left Me"

A finalização mostrada na Figura 16-16 é um desfecho simples, mas muito eficiente, talvez até meio melosa quando o toque certo de emoção é aplicado. Você, obviamente, não poderá tocá-la como final de uma música de rock como "Burning Down the House", mas ela se encaixa perfeitamente com qualquer balada em tom maior (como a que foi apresentada na introdução nº 3, na Figura 16-13).

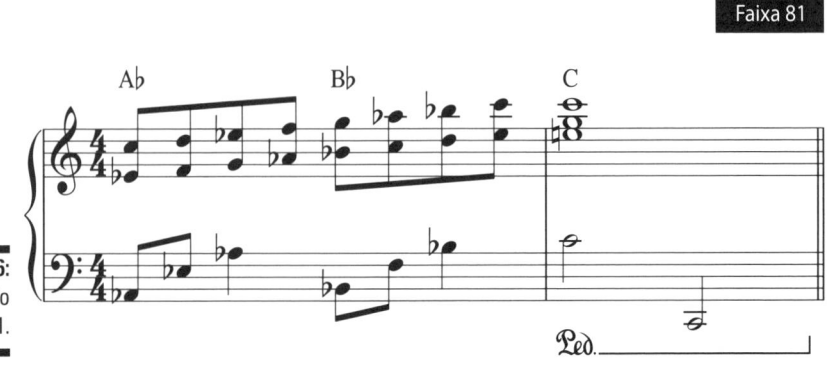

Figura 16-16: Finalização nº 1.

A finalização "Let's Load Up the Bus"

Depois de uma jam session de classic rock, algo como a finalização sugerida na Figura 16-17 termina uma canção com muito charme. As tercinas o fazem descer até a escala de blues em Dó. Estas finalizações devem ser tocadas o mais suavemente possível, então, sinta-se à vontade para desacelerar o andamento até atingir o dedilhado correto. Certifique-se de realmente golpear a última nota! (O Capítulo 8 tem dicas sobre como tocar as tercinas encontradas nesta finalização e o Capítulo 10 fala mais sobre escalas de blues.)

Faixa 82

Figura 16-17: Finalização nº 2.

A finalização "Last Call"

As tercinas no final da Figura 16-18 dão a este encerramento um ar distinto que funciona muito bem com uma obra de jazz ou de blues. Ela soa como uma marcha lenta chegando ao fim.

DICA

Nesta finalização, toque as notas dos acordes Dó, C°, Dm7 e novamente Dó. É possível transpor e adicionar facilmente esta finalização a canções de qualquer tom, aplicando-se os tipos de acordes corretos e depois quebrando-os. Por exemplo, em tom de Sol, os acordes são Sol, G°, Am7 e Sol (o Capítulo 14 explica como construir acordes).

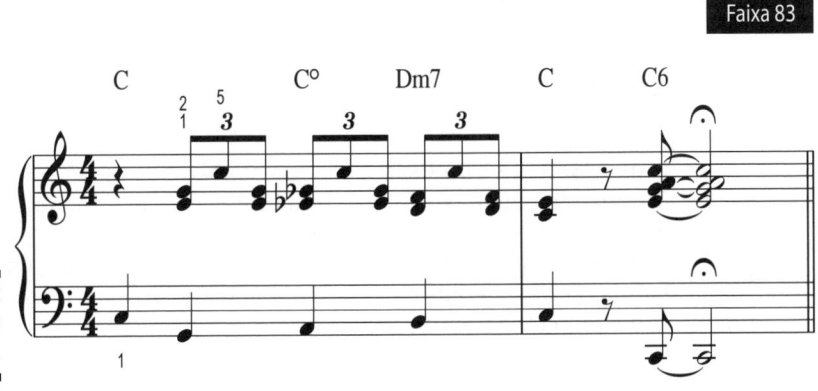

Faixa 83

Figura 16-18: Finalização nº 3.

A finalização "Shave and a Haircut"

Todos a conhecem, todos a amam, mas poucos sabem como fazer sua notação. Como eu poderia deixar de fora a tão famosa finalização "Shave and a Haircut"? A Figura 16-19 mostra este clássico de todos os tempos em toda sua glória. É possível tocar esta finalização num uníssono de intervalos de oitavas, então, eu coloquei o nome de cada nota da escala no meio da pauta principal. Com esta informação, você fará barba, cabelo e bigode – um serviço musical completo em um tom a seu gosto.

Faixa 84

Figura 16-19: Finalização nº 4.

Toque Músicas com Grooves para a Mão Esquerda

As músicas desta seção contêm as técnicas apresentadas neste capítulo: padrões de acompanhamento para a mão esquerda, introduções e finalizações. Você pode curtir as músicas como elas são realmente ou usá-las como exemplos de como aplicar estas ferramentas em suas próprias canções.

- **"Country Riffin'"**: esta pequena cantiga é muito fácil de tocar, mas ainda mais gostosa de ouvir. A linha para baixo "bum-ba-di-da" estabelece o groove e a finalização "Last Call" leva a música de volta ao tom inicial. Com um estilo levíssimo que melhora qualquer mau humor, esta canção agrada sempre.

- **"Love Me Like You Used To"**: esta canção combina padrões de acompanhamento para a mão esquerda mostrados anteriormente neste capítulo, com uma introdução e uma finalização. A parte da mão esquerda estabelece um padrão arpejado de fundamental-quinta-oitava e depois um groove de andamento mais lento que acompanha toda a canção.

Capítulo 16: Grandes Grooves — **287**

Country Riffin'

Love Me Like You Used To

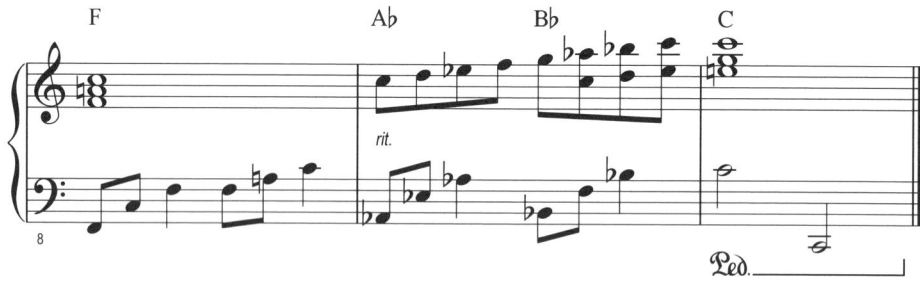

Moderadamente Lento

Capítulo 17
Percorrendo a Trilha do Estilo

Neste Capítulo

▶ Aprenda as características da música clássica, blues e rock

▶ Experimente os elementos da música country e do pop

▶ Encontre o groove certo para soul e jazz ao piano

Durante uma recente pesquisa na Internet, me deparei com inúmeras versões individuais da clássica canção "Stardust", cada uma delas gravada por intérpretes diferentes: Willie Nelson, Hoagy Carmichael, Louis Armstrong, Bing Crosby, Rod Stewart, Melissa Manchester, John Coltrane – e a lista era enorme. Cada um deles pegou a mesma canção e a gravou em maneiras próprias, fazendo com que ela ficasse completamente diferente em cada gravação. Isso mostra que há – literalmente – centenas de formas diferentes de interpretar uma mesma obra musical, cada uma delas com próprio som e personalidade. Estes são os *estilos musicais*.

Neste capítulo, eu apresento os muitos estilos de música ao piano e o que cada um tem a oferecer. Depois disso, eu mostro como aplicar cada um deles numa canção. Quando você absorvê-los, tente aplicá-los em suas canções favoritas. Talvez seja o primeiro artista a gravar "Stardust" ao piano com um groove hip-hop ou cha-cha-cha.

Classicamente Treinado

Muitas pessoas pensam que a *música clássica* é velha, intelectual e às vezes chata, escrita por um bando de gente morta que usava peruca. Isso até pode ser verdade (tirando a palavra "chata"), mas o som e a personalidade da música clássica são ímpares. E você também pode aplicar esse som e personalidade em sua própria música, mesmo naquelas escritas neste século.

Aqui vai uma lista de ferramentas musicais que você precisa para adicionar um toque clássico na sua música:

✔ Trinados (veja o Capítulo 15)

✔ Arpejos (veja o Capítulo 14)

- Escalas (veja o Capítulo 10)
- Oitavas (veja o Capítulo 12)
- Uma peruca branca, longa e cacheada (para se parecer com Mozart)

A Figura 17-1 traz um trecho da obra clássica de piano *Sonata em Dó Maior*, de Mozart. Repare no uso dos arpejos para a mão esquerda e nos trinados espalhados ao longo da parte da mão direita. Depois, após introduzir uma pequena e bela melodia, o que Mozart nos traz? Escalas!

Nem toda música clássica é doce e suave. Compositores como Liszt e Grieg criaram algumas músicas para piano que são bastante dramáticas e altas. Por exemplo, os acordes iniciais do monumental *Concerto para Piano*, de Grieg, são compostos de oitavas descendentes com dinâmica alta, mostradas na Figura 17-2 (esta obra faz um importante uso de dinâmicas, sobre as quais poderá ler mais no Capítulo 15).

Mas os compositores clássicos também sabiam ser doces e suaves; uma forma de suavizar e adocicar suas obras era *rolando os acordes*. Liszt, por exemplo, adorava terminar suas odes com um acorde simples e belo, rolado suavemente da nota inferior à mais alta. A linha ondulada ao lado dos acordes na Figura 17-3 ajuda você a rolar as notas.

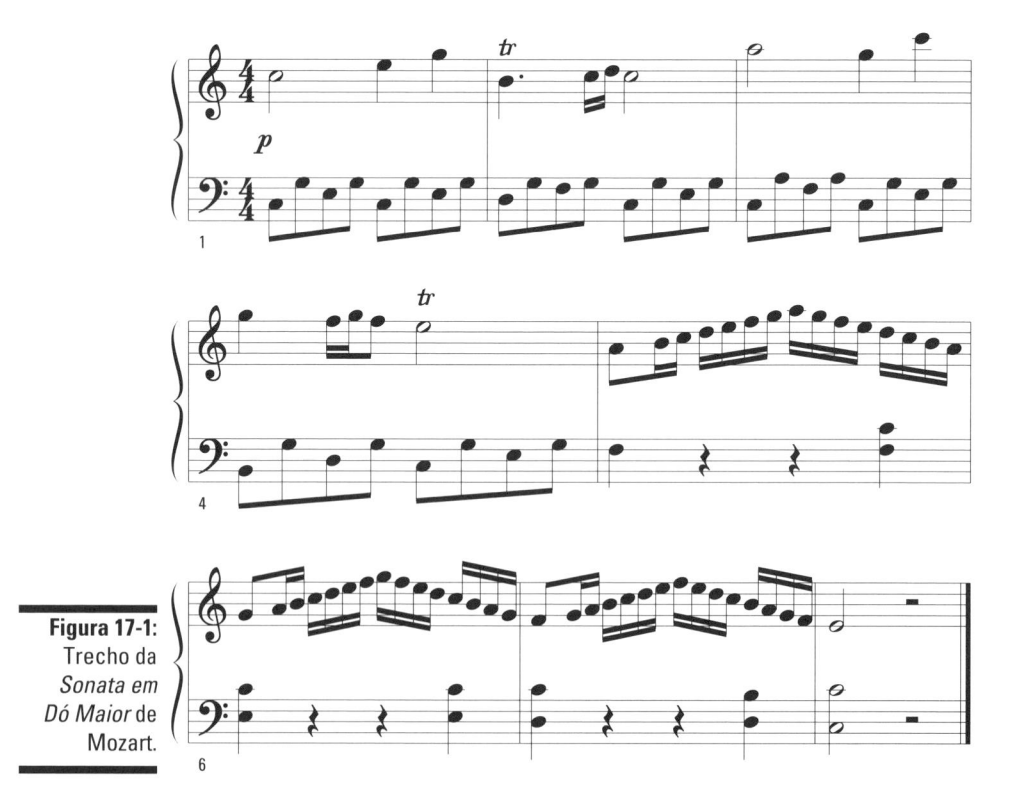

Figura 17-1: Trecho da *Sonata em Dó Maior* de Mozart.

Dê uma olhada nestes pianistas clássicos

Pianistas lendários da música clássica: Vladimir Horowitz, Alicia de Larrocha, Artur Rubinstein.

Pianistas clássicos da atualidade: Martha Argerich, Evgeny Kissin, Lang Lang.

(8va significa que as notas precisam ser tocadas uma oitava acima do tom convencional.)

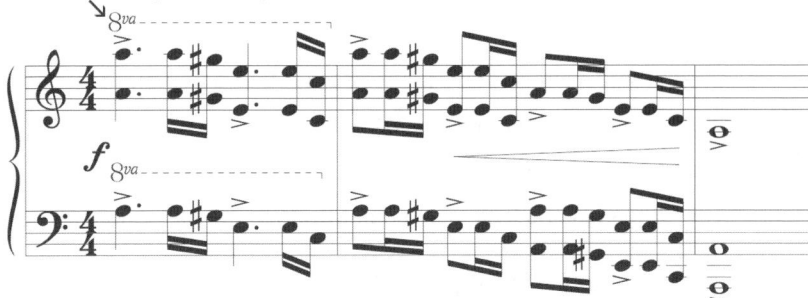

Figura 17-2: Trecho do *Concerto para Piano*, de Grieg.

Linhas onduladas de "acorde rolado" *Tocados assim:*

Figura 17-3: O desenrolar de um desfecho romântico.

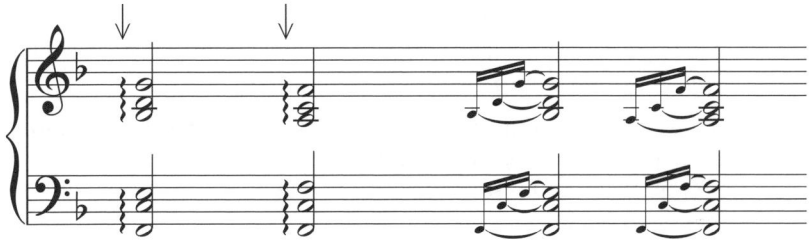

Para tocar agora uma peça de Liszt com acordes rolados, pule para a seção "Toque Melodias em Seus Estilos Favoritos", ao final do capítulo, e toque "Album Leaf".

Tocando Blues

O *Blues* é um estilo musical com características próprias que tem até sua própria escala (sobre a qual poderá ler mais no Capítulo 10). Nesta seção, você não aplicará o estilo blues a uma canção já existente, mas em vez disso, mostrarei como criar o seu próprio blues desde o início! Isso mesmo, meu amigo: você será um compositor.

Você poderá tocar blues mais rápidos, mais lentos, mais alegres e mais tristes. Não importa se o seu cachorro o abandonou ou se o seu chefe fez algo de errado, tocar blues é tão fácil quanto contar até 12.

Dicas para o blues

Dois elementos importantes na música do blues são a forma e o ritmo. Uma vez que compreenda os dois, é só adicionar algumas musicalidades essenciais, como apogiaturas ou tremolos. A partir daí, você poderá fazer com que qualquer canção sua seja como o blues.

Para tocar blues, use os seguintes elementos:

- Formato de 12 compassos (veja a seção seguinte "Melodias de doze compassos")
- Ritmo suingue ou de improvisação (veja o Capítulo 8)
- Acordes de sétima (veja o Capítulo 14)
- Tremolos (veja o Capítulo 15)
- Uma história triste para contar (todo mundo tem uma)

Melodias de doze compassos

Grande parte das músicas de blues utiliza um formato bastante conhecido, chamado *formato de 12 compassos*, um nome muito apropriado porque cada verso da música possui 12 compassos. O blues de 12 compassos possui uma sequência de acordes que se repete sempre, normalmente com versos diferentes e, talvez, alguma variação melódica, até que você genuinamente sinta pena do compositor.

Notas melódicas, ritmos e letras podem ser diferentes de uma frase de 12 compassos para a seguinte, mas os acordes são geralmente os mesmos. Os acordes mais usados no formato de 12 compassos são os de sétima, como descritos abaixo:

- **O acorde de I7:** acorde com a primeira nota da escala como fundamental
- **O acorde IV7:** acorde com a quarta nota da escala como fundamental
- **O acorde V7:** acorde com a quinta nota da escala como fundamental

Estes três acordes aparecem na mesma ordem e pelo mesmo número de compassos, sempre que a frase de 12 compassos for repetida (acordes de sétima são apresentados no Capítulo 14).

Para tocar o seu próprio blues de 12 compassos, é só seguir estas instruções simples, tocando com uma ou ambas as mãos. Quando memorizar a progressão dos acordes, execute-os com a mão esquerda enquanto a direita toca uma melodia simples, um riff[1] ou uma escala de blues.

---

1   Riff é um termo originário do jazz amplamente empregado na música popular de vários países, em geral com referência à um padrão rítmico e melódico recorrente, às vezes modulando harmonicamente e atingindo por progressão tonalidades vizinhas ou afastadas.

1. Toque um acorde I7 por quatro compassos.

2. Toque um acorde IV7 por dois compassos.

3. Toque um acorde I7 por dois compassos.

4. Toque um acorde V7 por um compasso.

5. Toque um acorde IV7 por um compasso.

6. Toque um acorde I7 por dois compassos.

7. Repita os passos 1 a 6 até que a plateia comece a cantar junto.

A Figura 17-4 mostra um exemplo de um blues de 12 compassos que usa somente acordes. Tudo bem, podem ser somente acordes, mas você tem que tocá-los com convicção.

Faixa 87

Figura 17-4: Blues de 12 compassos.

Para variar

Todos os intérpretes de blues sabem que usar os mesmos acordes, um atrás do outro, pode ficar repetitivo (tanto para a plateia quanto para o músico), assim, eles substituem alguns acordes dentro do formato de 12 compassos. Por exemplo, use um acorde IV no compasso 2 e toque o acorde V7 no compasso 12, como se fosse uma reviravolta, conforme mostra a Figura 17-5.

Para tocar blues agora, vá direto à seção "Toque Melodias em Seus Estilos Favoritos", ao final deste capítulo, e toque – o que mais poderia ser? – "Playin' the Blues".

Figura 17-5: Substituições de acorde para o blues.

Rock and Roll com o Teclado

Entre em sua máquina do tempo e volte à época em que Elvis ainda era o rei, os Beatles ainda não tinham se aventurado em carreiras solo e o verde abacate era a cor da moda. O *rock and roll* explodia na música dos anos 50 e 60 com um par de quadris irrequietos e multidões de adolescentes histéricas.

Os maiores nomes do rock reconheceram humildemente suas inspirações em artistas de blues. O rock and roll não teria sido possível sem o blues de 12 compassos, que deu a grade estrutural de muitas canções famosas dos anos 50, 60 e além.

Ingredientes que sacodem

Pegue a sua cartola mágica e tire dela os seguintes ingredientes musicais para criar qualquer canção de rock:

- Intervalos dançantes (veja o Capítulo 16)
- Glissandos (veja o Capítulo 15)
- Acordes (veja o Capítulo 14)
- Muita pirotecnia para elaborar os shows no palco (mais as luzes, maquiagem, cabelo grande, máquina de fumaça, enfim, todas as necessidades)

Botando para quebrar

Jerry Lee Lewis praticamente inventou o som do classic rock ao piano. Para esse estilo, a única coisa de que precisa é de um glissando de abertura, acordes rápidos e muita energia.

Adicione esses elementos no formato de 12 compassos do blues e pronto: já pode "botar pra quebrar". A Figura 17-6 mostra algumas linhas do baixo para o rock que seguem um acorde progressivo típico de blues em tom de Dó (veja a seção anterior "Tocando Blues" para mais acordes desse estilo).

Dê uma olhada nestes grandes pianistas do rock

Pianistas lendários do rock: Keith Emerson, Billy Joel, Elton John.

Pianistas de rock da atualidade: Bruce Hornsby, Tori Amos, Ben Folds.

Figura 17-6: A mão esquerda dá a linha do baixo para o rock.

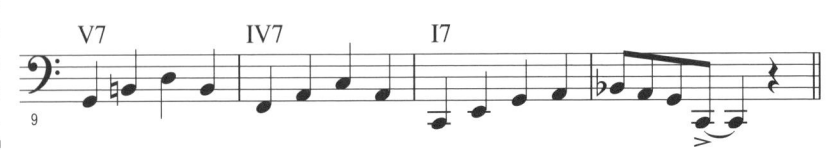

Para tocar um acorde rápido e vibrante de rock and roll agora mesmo, pule para a seção "Toque Melodias em Seus Estilos Favoritos", ao final deste capítulo, e toque "Classic R&R".

Um Pouco de Country

Antes de existir o rock and roll, existia o *country*. Esse estilo normalmente é visto como relaxado, lírico, simples e rural, mas se precisar, faz tanto estardalhaço quanto o rock. Artistas como Keith Urban, Carrie Underwood, Shania Twain e outros usam todos os tipos de influências musicais em seu country, como elementos de rock, blues e até jazz. Influências à parte, o country possui identidade e sonoridade única, principalmente para o pessoal de Nashville.

Culinária country

Para incrementar o prato musical com um tempero Country ao piano, adicione alguns destes ingredientes:

- Intervalos (veja o Capítulo 12)
- Apogiaturas (veja o Capítulo 15)
- Tremolos (veja o Capítulo 15)
- Linha de baixo "bum-ba-di-da" (veja o Capítulo 16)
- Um chapéu de cowboy, botas de couro e talvez um cinto largo com fivela bem reluzente

Ingredientes escolhidos a dedo

A Figura 17-7 traz uma "porção" do agradável e relaxante estilo da música country. Os intervalos de mão direita são únicos - as notas da melodia estão em posição inferior, enquanto as notas superiores permanecem as mesmas. As apogiaturas e os tremolos temperam a canção toda, dando ao exemplo um ar de saloon do Velho Oeste.

O padrão de acompanhamento de mão esquerda é de um nível razoável de dificuldade, assim, sugiro que pratique a parte de cada mão separadamente, até que se sinta confiante para colocá-las juntas. Depois desta inspiradora melodia, é bem capaz que você queira selar sua banqueta e laçar seu piano.

Figura 17-7: A boa e velha música country.

> **Dê uma olhada nestes tecladistas country**
>
> **Pianistas lendários do country:** Ray Charles, Floyd Cramer, Jerry Lee Lewis.
>
> **Pianistas de country da atualidade:** Jimmy Nichols, Michael Rojas, Catherine Styron Marx.

O Piano é Pop!

Indiscutivelmente, todas as canções do rádio são *populares* porque poucas emissoras tocam músicas que os ouvintes não gostam. Country, rock, rap, latina e muitos outros estilos de música são populares para uma ou outra plateia. Mas a maioria sabe que o termo *pop* (abreviação da palavra "popular") é a categoria das 40 músicas mais populares ou de super estrelas tais como Beyoncé, Black Eyed Peas, Celine Dion, Justin Timberlake, Prince e uma multidão de outros.

A música pop pode ser rítmica, romântica, nostálgica, engraçada, triste e cerca de mais 13 outros adjetivos. Nesta seção, nos concentramos no estilo que mais se adapta ao piano: as baladas pop, lentas e suaves.

Escolhas populares

Para tocar uma balada pop, você precisará de um pequeno arsenal de ornamentações musicais, incluindo as seguintes:

- Intervalos para a mão direita (veja o Capítulo 12)
- Acordes arpejados (veja o Capítulo 14)
- Pedal sustain (veja o Capítulo 15)
- Interruptor com regulagem de luminosidade (para dar o clima certo)

No topo das paradas

Para adicionar um pouco de romance pop a qualquer canção, pegue uma melodia simples e adicione o sempre doce intervalo de sexta abaixo de cada nota melódica de mão direita (o Capítulo 12 esclarece tudo sobre intervalos). A nova linha melódica ficará semelhante à apresentada na Figura 17-8. Por algum motivo completamente desconhecido a todos os respeitados – e frustrados – musicólogos, o intervalo de sexta adiciona um elemento romântico à melodia.

> ### Dê uma olhada nestas personalidades populares do piano pop
>
> **Pianistas lendários do pop:** Billy Joel, Elton John, Laura Nyro.
>
> **Pianistas pop da atualidade:** Vanessa Carlton, Enya, Norah Jones.

DICA

O truque de adicionar o intervalo de sexta pode parecer difícil, mas não é. A única coisa a fazer é encontrar o intervalo de sexta abaixo da primeira nota da melodia e congelar sua mão naquela posição. O seu dedo mindinho sempre tocará a nota superior e o polegar sempre tocará a nota inferior do intervalo. E enquanto subir e descer na melodia, a sua mão sempre cairá no intervalo correto.

Figura 17-8: Dando um pouco de romance à melodia com um intervalo de sexta.

Em Busca do Soul

Agora sim, uma categoria musical! O *soul* pode abranger qualquer coisa desde *R&B* (rhythm & blues) a *gospel, hip-hop* e *rap*. Esses estilos cheios de suingue se tornaram populares com cantores tais como Stevie Wonder, Aretha Franklin e Otis Redding, e podem apresentar uma variação fantástica de música de piano. Além disso é muito bom para dançar, embora eu não recomende rebolar muito enquanto estiver ao piano.

Salve o seu soul

A contagiante música soul requer ritmos dançantes. Desse modo devem estar presentes no seu repertório os seguintes conceitos rítmicos antes de começar a trabalhar no teclado:

- Síncope (veja o Capítulo 8)
- Intervalos para a mão direita (veja o Capítulo 12)
- Padrões de colcheias e semicolcheias pontuadas (veja o Capítulo 8)
- Um globo de espelhos (alugue na loja de artigos para festas mais próxima)

O som da Motown

Nos anos 60, a Motown Records tinha uma equipe fixa de artistas especializados em R&B. Esses artistas eram tão populares que seu estilo ficou conhecido como o *som da Motown*. Mas não pense que os anos 60 ficaram enterrados no passado: você pode agregar o som da Motown a qualquer uma de suas músicas favoritas.

Usando um padrão para a mão esquerda com um ritmo sincopado, toque a Figura 17-9. Dentro em breve, você ouvirá os Temptations fazendo backing vocal para você.

Faixa 89

Figura 17-9: Síncope da Motown.

> ### Dê uma olhada nestes pianistas de R&B
>
> **Pianistas lendários do soul:** Herbie Hancock, Billy Preston, Stevie Wonder.
>
> **Pianistas de R&B da atualidade:** Alicia Keys, John Legend, Brenda Russell.

Sons "sinistros" que estão por aí

Tanto o soul quanto o R&B incorporam com frequência elementos do *funk* – você sabe, artistas como James Brown, Chaka Khan ou George Clinton. A síncope pesada aliada a padrões rítmicos de colcheias e semicolcheias pontuadas dão a estes sons o suingue característico. Toque a Figura 17-10 para ter uma ideia.

Figura 17-10: Padrões cheios de suingue.

Para tocar agora uma canção cheia de suingue e de síncope, vá direto à última seção deste capítulo e toque "Motown Is My Town".

O Jazz Não Pode Parar

Se há um estilo musical específico que abrange tudo o que o piano pode fazer, este estilo é o *jazz*. Celebrado por muitos como a maior forma de expressão artística norte-americana, o jazz impera quando se fala de acordes harmônicos interessantes, mudança de ritmos e improvisação. Os pianistas que são lendas no jazz incluem Bill Evans, Art Tatum, Bud Powell e muitos outros que pegaram esses elementos e adicionaram a canções clássicas para deixá-las com um pouco mais de ginga.

Dando uma animada

Todos os pianistas lendários do jazz usaram truques musicais consagrados para dar uma renovada de vez em quando. Use-os você mesmo:

- Substituições de acordes (veja a seção "Substituindo acordes" mais adiante, neste mesmo capítulo)
- Ritmo de suingue (veja o Capítulo 8)
- Síncope (veja o Capítulo 8)
- Conhecimento sobre escalas (veja o Capítulo 10)
- Conhecimento sobre acordes (veja o Capítulo 14)
- Um apelido como Duke, Bird, ou Cool Cat

Agora é com você

Chegou o momento de ser criativo. A improvisação é, talvez, o elemento mais importante do jazz. Pode ser uma *improvisação literal*, onde você (o intérprete) inventa seus próprios ritmos e riffs, ou uma *improvisação implícita*, onde a música é escrita originalmente de uma maneira que dê a impressão de que foi improvisada.

A maneira mais fácil de improvisar é mudando o ritmo da melodia. Por exemplo, a melodia simples de semínimas de "Yankee Doodle" pode ser transformada em um jazz suingado, adicionando uma melodia de suingue de colcheias, uma síncope e uma pausa aqui e ali para manter um ritmo gostoso (veja o resultado na Figura 17-11).

Faixa 90

Figura 17-11: "Yankee Doodle" em ritmo de jazz.

> ## Dê uma olhada nestes grandes intérpretes do jazz
>
> **Pianistas lendários do jazz:** Bill Evans, Thelonius Monk, Art Tatum.
>
> **Pianistas pioneiros do jazz:** Dave Brubeck, Chick Corea, Keith Jarrett.
>
> **Heróis anônimos do jazz no piano:** Ahmad Jamal, Marian McPartland, Billy Strayhorn.
>
> **Pianistas de jazz da atualidade:** Gerri Allen, Brad Meldau, Marcus Roberts.

Substituindo acordes

Poucas composições de jazz usam o padrão de acordes maiores e menores de ponta a ponta numa canção. Na verdade, poucos pianistas de jazz usam os acordes originais de uma obra. Em vez disso, eles quebram todas as regras e os substituem por novos acordes para dar uma "vitaminada" numa melodia simples.

A Figura 17-12 traz a cantiga infantil "Merrily We Roll Along". Enquanto a toca, repare na progressão simples do acorde C-G7-Dó.

Figura 17-12: A canção "Merrily" com acordes-padrão.

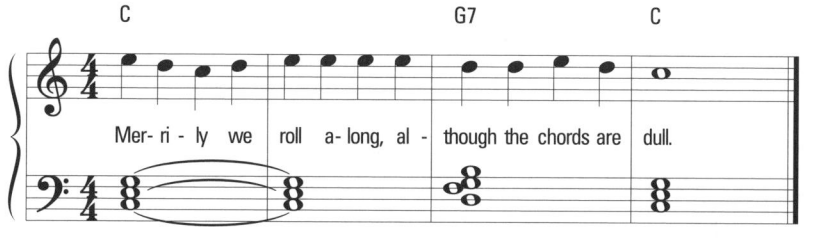

Mas mesmo "Merrily We Roll Along" pode ficar com um estilo menos infantil com as *substituições de acorde*. A ideia é encontrar uma progressão de acordes mais interessante, de I a V7, e de volta a I. Para isso, tente algumas destas opções:

- ✔ **Use tons de escalas maiores para as fundamentais do acorde:** suba na escala, partindo de C a G7, construindo tríades em cada nota sucessiva de escala, como mostra a Figura 17-13.

- ✔ **Use tanto teclas brancas quanto pretas para as novas fundamentais do acorde:** suba semitons, construindo acordes a cada nova nota fundamental, conforme mostra a Figura 17-14.

- ✔ **Suba em intervalos de quarta:** comece um padrão de acorde no compasso 2 tocando um Em7, depois suba um intervalo de quarta e construa um acorde de sétima em cada nova nota fundamental, conforme mostra a Figura 17-15.

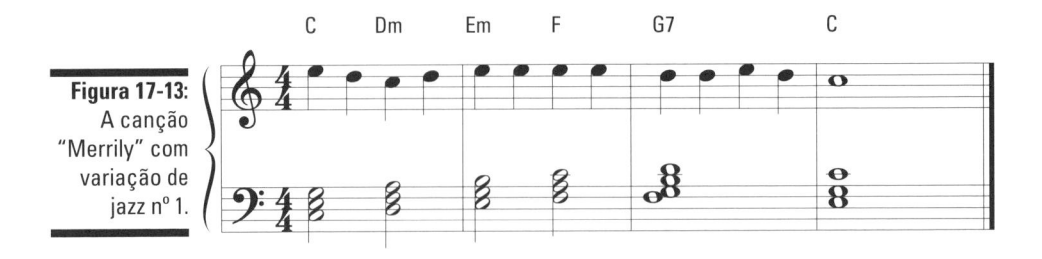

Figura 17-13: A canção "Merrily" com variação de jazz nº 1.

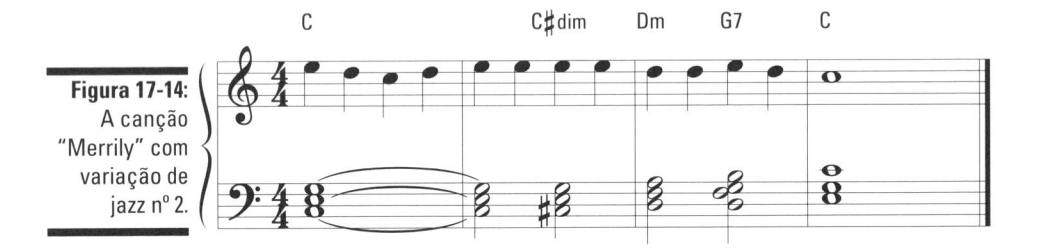

Figura 17-14: A canção "Merrily" com variação de jazz nº 2.

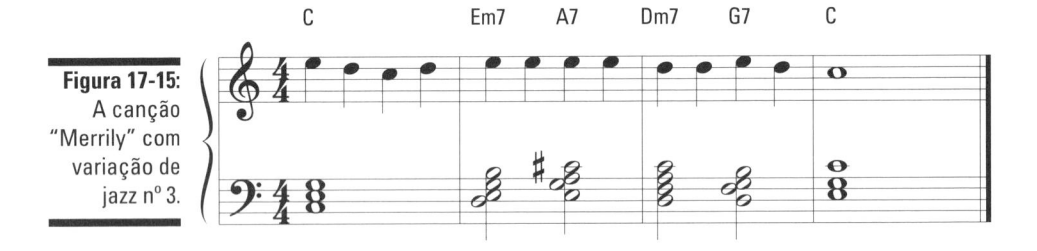

Figura 17-15: A canção "Merrily" com variação de jazz nº 3.

Para tocar agora uma melodia em jazz com substituições de ritmo e acorde, siga para a seção seguinte e toque "Billy Boy Swings".

Toque Melodias em Seus Estilos Favoritos

Chame alguns amigos para sua casa uma noite dessas e ofereça a eles um show particular do qual nunca irão se esquecer! Esta seção oferece melodias suficientes para agradar qualquer amante de música, não importa a sua preferência. Quem é que não gosta do som de um piano, que sempre diverte a todos?

Veja abaixo dicas para cada canção, com as características de estilo que cada uma delas traz:

- **"Album Leaf":** comece com esta bela obra para o piano para prender a atenção da plateia quando você subir ao palco – ou quando surgir de trás da cortina da sala. Esta peça tem belíssimos acordes rolados: use o tempo que precisar para fazer isso, e use um pouco o pedal para ressaltar a ressonância de cada um deles.

- **"Playin' the Blues":** esta canção segue a estrutura de 12 compassos e apresenta acordes de sétima de blues e um tremolo de duas notas ao fim. Toque bem devagar, jogue um suingue nas colcheias e sinta o ritmo tranquilo enquanto a mão esquerda marca as batidas.

- **"Classic R&R":** toque esta canção com total espontaneidade e acreditarão que você nasceu tocando piano. Há um *riff* específico para a mão esquerda, e os acordes fortes da mão direita são igualmente importantes para o som de maneira geral. Esta peça oferece um excelente solo de piano, mas você também pode tocá-la com o seu amigo guitarrista que acabou de ler *Guitarra Para Leigos*, 2ª Edição Revisada (Alta Books), de Mark Phillips e Jon Chappell.

- **"Motown Is My Town":** chegou a hora de mostrar seu suingue! Não se surpreenda se a sua plateia começar a dançar com o ritmo que mostrar. Esta canção usa muitas síncopes; dê uma revisada em seus ritmos sincopados e articulações nos Capítulos 8 e 15.

- **"Billy Boy Swings":** esta canção bastante conhecida traz uma melodia rítmica bem própria do jazz e permite substituições de acorde que farão com que você se sinta um jazzista pronto para shows de grande porte. Não se esqueça de manter a contagem e dê a todos os ritmos articulações bem definidas.

306 Parte V: Técnica É Essencial

Faixa 91

Album Leaf

Lento

Capítulo 17: Percorrendo a Trilha do Estilo

Faixa 92

Playin' the Blues

Moderadamente Lento

308 Parte V: Técnica É Essencial

Faixa 93

Classic R&R

Moderadamente Rápido

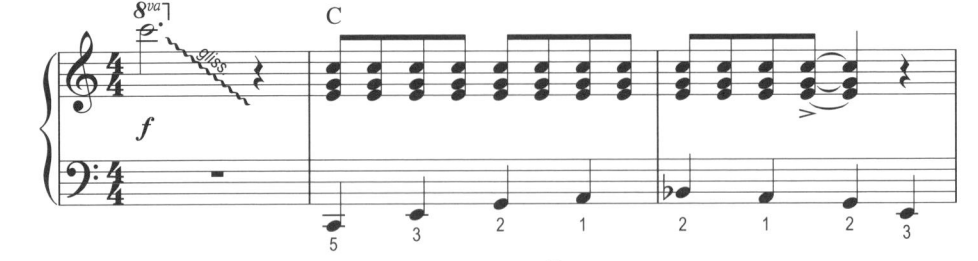

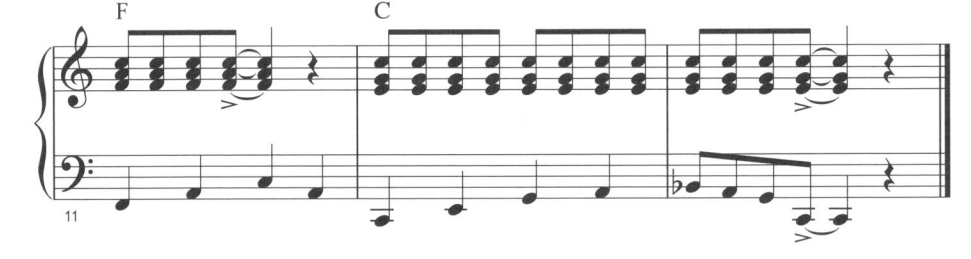

Capítulo 17: Percorrendo a Trilha do Estilo **309**

Faixa 94

Motown Is My Town

Moderadamente Rápido

310 Parte V: Técnica É Essencial

Parte VI
A Parte dos Dez

A 5ª Onda Por Rich Tennant

> Escola Liberace de Piano Clássico
>
> "Muito bem, Martin, só que depois da parte tocada ardentemente, você está se esquecendo de virar para a plateia, sorrir e dar uma piscadela."

Nesta parte...

Não há absolutamente nada difícil nesta parte. A Parte VI é a parte da leitura leve, onde você encontrará dicas de como tirar o melhor proveito de suas horas de prática e informações úteis sobre apresentações. Lerá sobre como explorar o mundo do piano fora deste livro, encontrar música em novos lugares e partilhar a sua música com outros. Como bônus (mesmo que tenha pago por elas), você receberá minhas 10 perguntas complementares para ajudá-lo em sua busca pelo professor ideal.

Afaste-se do seu instrumento por um tempo, arrume um lugar confortável e curta o descanso enquanto lê esta parte. Você merece, afinal de contas, já está tocando há um tempão!

Capítulo 18
Dez Maneiras de Melhorar Sua Prática e Apresentação

Neste Capítulo

▹ Crie o ambiente ideal para as suas horas de estudo
▹ Reserve um tempo proveitoso para o seu piano
▹ Faça um ensaio de uma possível apresentação real
▹ Prepare-se psicologicamente para uma boa apresentação

Neste capítulo, você se afastará um pouco do teclado para ter uma perspectiva saudável do seu tempo para a prática. Como pode tirar melhor proveito dele? O que faz com que o aprendizado e progresso sejam agradáveis? Aqui, eu respondo a essas e a outras perguntas. Se surgir a vontade de se apresentar para seus amigos e parentes, ou para o mundo inteiro, eu ofereço algumas ideias de como se preparar para quando estiver sob os holofotes.

Sinta-se Confortável em Todos os Momentos

Antes de começar a praticar, gaste alguns segundos para verificar se tudo à sua volta está bem. Ajuste a cadeira ou banqueta, de forma que fique confortável e posicionado na altura correta. Certifique-se de que tem espaço para mover os braços livremente. Verifique se há luz suficiente para iluminar as partituras (ou este livro) à sua frente. Faça quaisquer outros ajustes para deixar suas horas de prática mais confortáveis. Se estiver tocando um teclado digital, verifique se o volume está ajustado de modo a simular a altura de um piano acústico.

Ler música e concentrar-se nos movimentos de mãos e dedos realmente prende sua atenção – tanto é que talvez não note a tensão muscular se alastrando pelo corpo. Sempre verifique suas condições de saúde enquanto pratica. Não há nada ardendo ou dolorido? Ótimo. Faça pequenos intervalos, levante-se da banqueta e caminhe um pouco. Exercite-se com pequenos alongamentos e saia da postura ao piano para dar um descanso a seu corpo.

Livre-se de Todas as Distrações

Vivemos na era da distração, o que significa que você muito provavelmente é uma pessoa muito atarefada e superdotada. Entretanto, faça um favor a si mesmo e reserve tempo e espaço para se concentrar em sua música, e em nada mais. Use o cérebro, olhos, ouvidos, mãos e pés quando estiver ao piano, sem contar o coração e a alma que devem estar incluídos neste processo.

Se as distrações vierem de outras fontes (como colegas de quarto, vizinhos, ou insetos voadores), procure formas de minimizá-las. Talvez exista algum período durante o dia em que você consiga se isolar para praticar quando estiver sozinho em casa e os vizinhos ainda não tenham chegado. Talvez exista um novo inseticida no mercado.

Organize um Cronograma e uma Lista

Quando já tiver encontrado o melhor momento para se exercitar, coloque-o no seu cronograma semanal de forma que esse horário não seja comprometido por tarefas ou outras obrigações. Seja egoísta: esse tempo é exclusivamente seu.

Faça uma relação das coisas que está trabalhando em termos musicais e do que gostaria de cumprir. Divida o seu tempo de maneira que consiga fazer tudo o que estiver na lista, permitindo alguma flexibilidade para ajustes. Você vai se surpreender com o quanto pode alcançar com o pouco tempo que dedicar às habilidades e obras que precisam de sua atenção.

Praticar o mesmo exercício horas e horas a fio nem sempre é a melhor escolha. Praticar os mesmos erros só irá reforçá-los na sua mente e músculos. Treine coisas diferentes e siga adiante quando estiver cansado ou então começará a errar por descuido. Sempre se pode praticar mais no dia seguinte.

Mergulhe na Desconstrução

Quando tiver a sensação de que não está fazendo nenhum progresso na peça que está praticando, faça uma pausa para dar uma olhada nela e identificar suas diferentes seções. Muitas delas são separadas por barras de compasso duplas, repetições e mudanças de tom. Encontre os versos repetidos e imagine uma outra forma de tocar para dar mais personalidade à canção. Encontre mudanças importantes no andamento ou na dinâmica que poderiam ser ressaltadas ou reforçadas.

Desconstruir uma canção pode ser muito divertido! Identifique cada seção com um número, letra ou nome criativo e observe a estrutura da composição musical. Toque mentalmente essa canção desconstruída e dê um descanso às suas mãos enquanto renova o desejo de tocar.

Use um Metrônomo

Esta é uma dica simples que você ouvirá de todo e qualquer professor. Todo mundo tem tendência a acelerar ou diminuir o andamento quando está aprendendo alguma peça que contenha passagens mais difíceis. Use um metrônomo para ajudá-lo a se manter dentro do andamento. Toque junto com ele e localize os versos onde o andamento se dispersa – é exatamente ali que precisa praticar mais.

Seja criativo ao usar o metrônomo. Não o deixe ligado o tempo todo e não toque *somente* com ele. Use-o de início para estabelecer o andamento que funciona numa peça completa ou na seção em que estiver trabalhando. Regule-o para mais rápido ou mais lento para desafiar a si mesmo. Toque uma canção com o aparelho ligado – a princípio – e depois o desligue. O metrônomo é uma excelente ferramenta.

Ensaie os Seus Ensaios

A cada vez que se apresentar, mesmo para a mais informal das plateias, monte um ensaio geral. Ensaiar sua programação permitirá que planeje o processo do início ao fim e que descubra coisas que nunca tinha pensado durante as horas regulares de exercícios. Como parte do ensaio, pense o que irá vestir, levando em consideração a temperatura, o local e o seu conforto. Assegure-se de que terá bastante energia e deixe separada uma garrafa de água ou duas, se precisar. Pratique sua entrada e saída, assim como o agradecimento à plateia de forma adequada.

Toque todas as peças na sequência planejada. Talvez encontre transições que sejam mais fáceis ou mais difíceis devido à esta ordem. Leve o tempo que for preciso para se preparar entre as peças, se possível, amarre alguém a uma cadeira para assistir ao ensaio e lhe dar uma opinião.

Conheça o Piano da Sua Apresentação

Se não usar o seu próprio piano, encontre uma maneira de ensaiar as peças no piano com o qual irá se apresentar. Diferentes sons, ação de teclas, a banqueta, e até o ambiente, podem representar distrações quando estiver tentando se concentrar para mostrar o que sabe.

Se usar um piano digital, faça antes a checagem de som. Tenha todo o equipamento necessário: certifique-se de que cabos, amplificadores e alto-falantes estejam em pleno funcionamento. Peça que alguém se sente onde a plateia estará para se assegurar de que o volume e o som estejam confortáveis e claros. Ajuste todas as partes técnicas *antes* de sua apresentação, pois assim estará confiante de que o seu equipamento estará em condições tão boas quanto você.

Se Você Memorizar...

Não há necessidade de memorizar a música se não quiser. A maioria dos ouvintes já fica bastante impressionada ao ver que você consegue ler e tocar música ao mesmo tempo. Mas se memorizá-la, não tem problema – teste o poder da sua memória. A maioria dos intérpretes irá dizer que uma falha de memória é a primeira coisa que eles querem evitar. Toque as suas peças memorizadas para quem quiser ouvir, em diferentes pianos e lugares diferentes. Execute-as um pouco mais lentamente ou mais rápido do que planeja tocar na apresentação em si. Se encontrar pontos fracos, dê a eles um pouco mais de atenção antes do grande show.

Antecipe Sua Síndrome Pós-Apresentação

Você tem todo o direito de se sentir orgulhoso e satisfeito depois de se apresentar. Assegure-se de que isso irá acontecer programando a si mesmo para o sucesso. Saiba o parâmetro real do seu desempenho (do melhor ao pior). Confie que a sua performance estará em algum ponto dentro desse escopo – muito provavelmente no meio dele – e que isso significará uma apresentação bem sucedida. Se ensaiar e fizer ensaios gerais, você evitará o pior dos cenários porque terá melhorado muito nas áreas problemáticas.

Se tiver momentos durante sua prática em que acha que está indo muito bem, entenda que talvez não se sinta assim após uma apresentação. Prepare-se para um resultado realista, pois assim poderá se sentir orgulhoso e seguir adiante para atingir o nível seguinte de aprendizado.

Sorria e Cumprimente a Plateia

Parabéns! Você conseguiu algo que muitos somente sonhavam e deu à sua plateia o presente da música. Sorria para si mesmo e sorria para eles. Saúde-os, dê um pulo e um soco no ar, apresente o restante da banda, jogue o cachecol para a plateia, desça por trás do palco ou suma numa nuvem de fumaça. Você é uma estrela do piano!

Capítulo 19
Dez Maneiras de Ir Além Deste Livro

Neste Capítulo

▷ Dê uma olhada nos livros de métodos e de referência

▷ Toque bem com outras pessoas

▷ Ouça todos os tipos de música, seja ao vivo ou gravada

▷ Explore o vasto mundo do piano

*E*mbora este livro dê uma noção básica sobre o funcionamento de um piano e de como começar a tocá-lo, tenho que admitir que, individualmente, ele não pode dizer tudo o que você precisa saber sobre o instrumento.

Em sua eterna busca pela perfeição ao piano você pensará: "E agora?". Este capítulo propicia algumas ideias do que fazer a partir daqui, com uma grande exceção: contratar um professor. Este é um assunto tão importante que dediquei o Capítulo 20 inteiramente a ele.

Trabalhando com Livros de Métodos

Se você ainda não se acha pronto para contratar um professor, uma excelente fonte para iniciantes é o que a indústria chama de *livros de métodos*.

Um livro de métodos é um livro – ou série de livros – instrucional, projetado para ensinar como tocar determinado instrumento musical de maneira estratégica, testada e *metódica*. Há infinitos volumes nesse estilo, cada um apresentando estilo próprio – métodos conservadores ou modernos.

Assim como em qualquer série de livros que ensinam algo, os métodos para piano vêm em todas as formas, tamanhos e níveis de habilidade – do iniciante ao avançado. Depois de ler *Piano Para Leigos*, Tradução da 2ª Edição, você pode se considerar apto para seguir o nível intermediário de qualquer método.

Você poderá encontrar métodos de rock, de música clássica, jazz, country – a lista é imensa. Escolha um que seja adequado a você e, mais importante, um que lhe pareça divertido e interessante.

Embora nenhum livro possa substituir um professor de carne e osso, eu certamente recomendo os livros de métodos como uma opção viável e barata para dar continuidade ao aperfeiçoamento de suas habilidades. Para iniciar, os seguintes livros de métodos e de exercícios são uma boa escolha para análise:

- *FastTrack Keyboard Songbook 1 and 2*, de Blake Neely (sou eu) e Gary Meisner (Hal Leonard).
- *Francis Clark Library for Piano Students*, de Francis Clark (Warner Bros.).
- *Hal Leonard Student Piano Library*, de Barbara Kreader, Fred Kern, Phillip Keveren e Mona Rejino (Hal Leonard).
- *The Jazz Piano Book*, de Mark Levine (Sher Music Co.).
- *Piano Exercises For Dummies*, de David Pearl (Wiley).
- *You Can Teach Yourself Piano*, de Matt Dennis (Mel Bay).

Utilizando Livros de Referência

Você poderá encontrar milhares de *livros de referência em música* em lojas especializadas, bibliotecas e na Internet, muitas vezes chamados de *suplementos* sobre piano. Há livros desde os primórdios do teclado até como construir seu próprio piano (boa sorte!).

Não se engane: livros de referência não ensinam a tocar piano! Eles devem ser usados como *complementos*, e não como livros de métodos ou professores. Use esses livros para ajudar a aprofundar o seu conhecimento ou para compreender um conceito introduzido pelo seu livro de métodos ou professor. Por exemplo, quando começar a estudar acordes (veja o Capítulo 14), talvez seja uma boa comprar um dicionário de acordes.

Há livros de referência sobre teoria musical, harmonia, acordes, escalas, composição, biografias de compositores, termos musicais, orquestração, arranjos, estilos e muito mais. Minha biblioteca pessoal contém as seguintes obras, as quais recomendo:

- *1000 Keyboard Ideas*, editado por Ronald Herder (Ekay Music, Inc.).
- *The Art of the Piano*, de David Dubal (Amadeus Press).
- *The A to Z of Foreign Musical Terms*, de Christine Ammer (E.C.S. Publishing).
- *Blues Riffs for Piano*, Ed Baker (Cherry Lane Music).
- *Chord Voicing Handbook*, de Matt Harris e Jeff Jarvis (Kendor Music, Inc.).
- *Color Your Chords*, de David Pearl (Cherry Lane Music).

✔ *Complete Book of Modulations for the Pianist*, de Gail Smith (Mel Bay).

✔ *Keyboard Chords & Scales Book (FastTrack Series)*, de Blake Neely e Gary Meisner (Hal Leonard).

✔ *Five Centuries of Keyboard Music*, de John Gillespie (Dover).

✔ *The Great Pianists: From Mozart to the Present*, de Harold C. Schonberg (Simon & Schuster).

✔ *Guide to the Pianist's Repertoire*, de Maurice Hinson (Indiana University Press).

✔ *Pocket Music Dictionary* (Hal Leonard).

Adquirindo Música Impressa

Você está aprendendo piano por um motivo muito simples: para tocar música. Admita, também está nessa porque quer impressionar seus amigos, mas depois de atingir este primeiro objetivo, o segundo acontecerá naturalmente.

A menos que esteja tocando "de ouvido", precisará de músicas para ler. Mergulhe agora no conceito de *música impressa*.

Tipos de música impressa

Graças a cinco séculos de grandes compositores, temos hoje uma gama infinita de música impressa para escolha. Normalmente, ela encontra-se em três tipos de pacotes:

✔ **Partituras**: uma única obra, impressa de 2 até 12 páginas, dobradas e grampeadas.

✔ **Portfólios**: coleções de várias obras, embaladas juntas por algum motivo específico de marketing.

✔ **Livros Clássicos**: algumas obras clássicas são muito longas e requerem um livro inteiro somente para elas.

Por exemplo, suponhamos que você queira tocar "Hallelujah" de Leonard Cohen, depois de ouvir uma gravação dele com John Cale (cuja versão está na trilha sonora de *Shrek*), k.d. Lang, Jeff Buckley, ou Rufus Wainwright. Você pode comprar a versão digital da partitura da canção em sites especializados, ou a versão física, em alguma loja de partituras ou ainda comprar o portfólio das canções do filme *Shrek*.

Vale a pena comprar portfólios. Quando lançadas, as partituras podem custar até R$ 15 por canção, enquanto um portfólio pode custar R$ 70, e ter 10, 50 ou até 100 canções. Entretanto, se você estiver procurando por algum lançamento, somente irá encontrá-lo na versão individual.

Arranjos e transcrições

A música impressa, seja ela em partituras ou portfólios, vem em diferentes formas chamadas *arranjos*. Os arranjos permitem que o editor lance a obra em diferentes níveis de aprendizado e para os vários instrumentos de teclado. É a mesma canção, mas o editor adaptou as notas e acordes para se adequar às suas necessidades.

Por exemplo, digamos que queira tocar no seu teclado digital uma versão bem simples de uma canção, ou talvez queira tocar uma versão com um solo avançado em um piano de cauda, ambos os formatos estão disponíveis. E, claro, também é possível encontrar arranjos diferentes da mesma canção para os diversos instrumentos musicais e vozes.

> **DICA**
>
> Depois de aprender bem uma canção, é muito divertido tentar tocar outros arranjos dela (uma vez eu aprendi 18 arranjos diferentes da canção "Yankee Doodle", indo do mais simples até o rock and roll; ainda bem que essa fase já passou). A sua loja de partituras preferida poderá ajudá-lo a encontrar os arranjos e estilos que você quer.

Livros de improvisação ou fake books

Um livro de improvisação ou *fake book* é um livro de verdade, e não falso, como o nome sugere. Esse é o termo usado na indústria musical para um livro com música impressa – ou portfólio – que traz somente as linhas da melodia, as letras e os símbolos de acorde para uma canção. Comparado com uma partitura que tem as partes das duas mãos e todas as harmonias, o *fake book* funciona simplesmente como um mapa rodoviário da canção, permitindo ao intérprete que toque a melodia, cante a letra e crie seu próprio acompanhamento para a mão esquerda com os acordes anotados (o Capítulo 16 traz ótimas ideias de acompanhamentos para a mão esquerda).

Os pianistas profissionais adoram os *fake books*, pois eles podem ouvir um pedido de alguém na plateia, ir direto à página da canção (pois ela normalmente é impressa numa só página) e improvisar sua própria versão. Funciona ainda melhor quando o pianista está acompanhando um cantor, pois a forma simples do fake book faz com que seja fácil fazer a *transposição* (ou mudar os tons) de uma canção para que ela se encaixe com o timbre do cantor e ele possa repeti-la inteira ou parcialmente. É por isso que sempre se deve ter uma latinha para gorjetas sobre o piano!

> **DICA**
>
> Aqui vão alguns de meus livros de improvisação ou fake books favoritos, baseados em conteúdo, utilidade e preço[1]:
>
> - *The Classical Fake Book* (Hal Leonard).
> - *Fake Book of the World's Favorite Songs* (Hal Leonard).

---
1 Alguns sem títulos em Português.

- *All the Right Changes*, de Dick Hyman (Ekay Music).
- *The New Real Book Vol. 1-3* (Sher Music).
- *The Real Little Ultimate Fake Book* (Hal Leonard).

Onde comprar música impressa

Costumava ser muito fácil de encontrar música impressa em qualquer loja de música. Infelizmente, essas lojas começaram a ficar raras, algo muito triste para aqueles que têm a lembrança nostálgica de passar horas vasculhando as estantes, garimpando pilhas e pilhas de partituras na loja da vizinhança. Cada vez mais as pessoas recorrem à Internet como uma maneira fácil e rápida de comprar partituras.

Se você tem a sorte de ter uma loja especializada em instrumentos musicais perto de casa, considere dar suporte a ela, por favor. É uma instituição a ser preservada.

A Internet é uma fonte fantástica para praticamente tudo. Podem-se encontrar domínios públicos com partituras gratuitas, assim como sites para compras online. É só pesquisar o título da obra ou o nome de determinado compositor juntamente com a palavra "partitura" que, em poucos cliques do seu mouse, poderá encontrar exatamente o que deseja. Talvez queira começar a pesquisa por estes sites:

- **8notes**: www.8notes.com
- **Burt & Company Music Supply**: www.burtnco.com (conteúdo em inglês)
- **Colony Music Center:** www.colonymusic.com (conteúdo em inglês)
- **Encore Music:** www.envoremusic.com (conteúdo em inglês)
- **Frank Music Company:** www.frankmusiccompany.com (conteúdo em inglês)
- **FreeHand Systems:** www.freehandmusic.com (conteúdo em inglês)
- **Musicnotes:** www.musicnotes.com (conteúdo em inglês)
- **Public Domain Music:** www.pdinfo.com (conteúdo em inglês)
- **The Sheet Music Archive:** www.sheetmusicarchive.net (conteúdo em inglês)
- **Sheet Music Direct:** www.sheetmusicdirect.com (conteúdo em inglês)
- **Sheet Music Plus:** www.sheetmusicplus.com (conteúdo em inglês)

Pode-se ainda contatar qualquer uma das editoras abaixo para pedir catálogos ou ver as ofertas online:

- **Alfred Publishing Co., Inc.:** www.aldred.com (conteúdo em inglês)
- **Carl Fischer, Inc.:** www.carlfischer.com (conteúdo em inglês)

- **Cherry Lane Music Company:** www.cherrylane.com (conteúdo em inglês)
- **Hal Leonard Corporation:** www.halleonard.com (conteúdo em inglês)
- **Mel Bay Publishing, Inc.:** www.melbay.com (conteúdo em inglês)
- **Music Sales Corporation:** www.musicsales.com (conteúdo em inglês)
- **Sher MusicCompany:** www.shermusic.com (conteúdo em inglês)

DICA

Muitas bibliotecas de universidades oferecem suas coleções online, e tais coleções são uma fonte valiosíssima de músicas de domínio público que já não estão mais no mercado.

Apresentando-se com Terceiros

Nada ensina música melhor do que tocá-la. Depois de um tempo, você pode sentir vontade de colaborar com outros músicos. Para sua sorte existem os conceitos de duetos ao piano, conjuntos e bandas.

Em qualquer cidade, faculdade ou universidade, você pode facilmente encontrar músicos que apreciam uma diversão em conjunto. Não, não estou falando de videogames, mas de música.

Duetos para piano

Encontre um amigo, irmão, pai ou professor para partilhar o banco do piano com você e tocar a parte inferior ou superior de um dueto. Há muitas canções disponíveis para duetos, onde cada intérprete tem sua própria partitura para mostrar sua parte na música. No entanto, tocar em duetos não é uma corrida: vocês começam, tocam e param a canção juntos.

Quando encontrar alguém que queira fazer um dueto, aprecie a riqueza de materiais publicados para o piano. O repertório para duetos inclui tudo, desde Beethoven, Tchaikovsky, Schubert, Stravinsky e até música folk e popular. Há arranjos de obras de balé e sinfonias, assim como músicas para pianistas de todos os níveis de aprendizado.

Orquestras de câmara

Muitos conjuntos pedem um pianista. No mundo da música clássica, um trio de piano apresenta um piano e dois outros instrumentos, normalmente um violino e um violoncelo. No mundo do jazz, um quarteto costuma incluir um piano, uma bateria, um baixo e um saxofone. Encontre amigos que tenham um espacinho para um piano e entre nessa!

Quase todos os compositores importantes escreveram obras específicas para trios, quartetos ou outros conjuntos, logo o repertório de peças que você e seus amigos podem tocar é infinito!

Bandas

Com você ao teclado, as únicas coisas de que precisa são o baterista, o baixista, o guitarrista, talvez um vocalista, e pronto. Você já tem uma banda. Mesmo que seja só para se divertir na garagem ou de fato fazer shows, tocar numa banda pode ser muito divertido e gratificante.

Teoricamente todos os componentes da banda devem estar num mesmo nível de competência. Ter integrantes com níveis similares de proficiência que você (nem melhor, nem pior) ajuda a evitar uma possível guerra de egos.

À medida que você e sua banda ou conjunto se entrosarem, convide seus amigos para assistir aos ensaios. Toque canções que sua plateia quer ouvir, ou as escolha você mesmo. Quando tiver certeza de que são bons, comece a procurar trabalho em estabelecimentos locais – bares, restaurantes, hotéis, bingos beneficentes. Crie um site para a banda e coloque amostras de canções online. Um hobby pode facilmente se transformar em carreira, se houver empenho nisso.

Aprenda com os Grandes Mestres

Muitos dos grandes compositores das eras clássica e romântica também eram excelentes pianistas, alguns ficaram até mais conhecidos por sua habilidade ao manejar um teclado do que pelas obras que compuseram. Quer tenham usado um piano, um cravo ou um órgão de tubos, esses grandes mestres conseguiram encontrar um grupo de teclas brancas e pretas que se adequasse a seus estilos.

Johann Sebastian Bach

Tido por muitos como o pai da música ocidental – sem contar que foi, de fato, pai de inúmeros músicos – este músico alemão (1685-1750) aprendeu a tocar violino sob a tutela do pai. Depois que os pais morreram, Bach foi morar com o irmão mais velho, que lhe ensinou a tocar órgão. Quando tinha 18 anos, Bach conseguiu um emprego de organista na igreja. Não ficou muito tempo nele, pois a igreja dizia que ele improvisava muito. Aceitou um emprego numa outra igreja em Weimar, onde todo mês tinha que compor uma nova peça para o coral e o órgão. Por sorte, essa igreja não desencorajava as improvisações do rapaz, fazendo assim com que ele presenteasse o mundo com muitas obras de arte. Dentre suas obras está incluído uma coleção de dois volumes de prelúdios e fugas, chamado *O Cravo Bem Temperado*, que permanece até hoje como uma referência da música para o piano.

Ludwig van Beethoven

Um dos maiores compositores de todos os tempos, Beethoven (1770-1827) nasceu na Alemanha e foi também um grande pianista. Seu talento e obras originais para o piano foram muito solicitados durante sua carreira. Diferente de outros compositores, Beethoven foi uma celebridade enquanto vivo. Ele mudava as regras da música e chocava o público, mas mesmo assim, faziam fila para aproveitar as sonatas mais recentes do músico. Embora tenha se oposto a dar nomes a elas, seu editor insistia que ele o fizesse. Nomes como *Sonata ao Luar* e *Appassionata* faziam com que suas obras vendessem como água.

Johannes Brahms

A música de Brahms (1833-1897) pode ter sido influenciada por sua experiência em tocar nos salões de Hamburgo, Alemanha, quando jovem. Percebe-se uma conexão com o mundo real através de suas melodias e ritmos dançantes. Ele conseguia tecer numa mesma obra elementos melódicos, harmônicos e rítmicos, e a levava ao máximo da expressão artística. Mesmo suas peças "mais fáceis" são um desafio; ainda assim vale a pena serem praticadas. A música de Brahms é incrivelmente prazerosa tanto para ouvir quanto para tocar.

Frederic Chopin

Praticamente todas as obras de Chopin (1810-1849) são para piano e muitos amantes da música ao piano selecionam suas obras como as que gostariam de ter se estivessem perdidos numa ilha deserta. Ele revolucionou as possibilidades técnicas do piano sem nunca, no entanto, deixar que isso interferisse em suas sublimes melodias. É só ouvir uma única peça, que você ficará fascinado pelo repertório de Chopin, desde concertos para pianos e estudos, a mazurcas e noturnos.

Franz Liszt

O pai deste pianista húngaro ensinou-lhe a tocar e começou a explorar seus talentos artísticos quando o menino tinha apenas 9 anos de idade. Como o jovem Liszt (1811-1886) viajava constantemente a trabalho, jamais recebeu educação formal.

A reputação teatral e inspiradora de seus concertos produziu uma grande demanda por suas músicas e um imenso fã clube (sem contar num ego de tamanho condizente). Dizem as más línguas que certa vez ele tocou uma obra com tanta força que chegou a arrebentar uma das cordas do piano! A *Lisztomania* se tornou um fenômeno cultural, e embora nenhum boneco articulado com a fisionomia dele tenha sobrevivido até hoje, Liszt deixou ao mundo uma relíquia um tanto quanto bizarra: uma forma de gesso de suas mãos na ocasião de sua morte.

Wolfgang Amadeus Mozart

Talvez o mais famoso garoto prodígio, este jovem austríaco tomou lições de piano do pai. Com só cinco aninhos, Mozart (1756-1791) começou a compor, e não somente peças para o piano, mas trabalhos completos para orquestras sinfônicas. Tinha uma memória fantástica e um ouvido infalível para música, que lhe permitiam tocar sonatas inteiras após tê-las ouvido uma única vez. Seu pai orgulhosamente divulgava os talentos do filho diante da nobreza em toda a Europa, com apresentações itinerantes que duraram 14 anos. As peças para piano de Mozart são tidas hoje como as mais importantes dentro do repertório para piano.

Sergei Rachmaninoff

Este músico russo desfrutou de grande prestígio como compositor, maestro e pianista solo. Tinha também mãos enormes, mas que não prejudicaram sua técnica. Rachmaninoff (1873-1943) construiu seu próprio repertório solo escrevendo composições bastante difíceis e intrincadas. Dentre elas está o famoso *Prelúdio em Dó sustenido menor*, que foi um enorme sucesso. Muito antes do filme *Casablanca*, as plateias já pediam "Toque de novo, Sergei!" quando ele tocava esta obra. Mais tarde ele mesmo chamaria a canção de "O" prelúdio. Mesmo hoje o *Concerto para Piano nº 3* é visto como, talvez, o mais difícil concerto para piano já escrito.

Assistindo a Concertos ao Vivo

Saia um pouco e ouça música ao vivo quando for possível. Prestigie músicos e concertos locais; sem eles, a conexão mais importante de todas – entre o intérprete e a plateia – se perde. Se a sua cidade tiver uma orquestra sinfônica, vá às suas apresentações. Não sendo este o caso, vale a pena pegar o carro e ir à cidade mais próxima. A orquestra com certeza convidará pelo menos um pianista para o cargo de solista a cada temporada. Ver e ouvir um pianista ao vivo é uma experiência completamente diferente de ouvir uma gravação, e eu a recomendo totalmente.

Ouvir gravações dá a você a parte mais importante da performance, mas não do desempenho como um todo. Ao *assistir* a um pianista tocando, você consegue entender cada hábito durante a performance: a postura, destreza dos dedos, intensidade, emoções e suas habilidades gerais. Você, inconscientemente, leva esse conhecimento para casa e o aplica em sua própria técnica.

Se não gosta muito de música clássica, encontre um clube de jazz, vá a algum piano bar, ou assista ao show de alguma banda que tenha piano. Ou simplesmente encontre um pianista que se apresenta ao vivo – o seu tio Dave não vale, a não ser, claro, que o sobrenome dele seja Brubeck – e o assista tocar.

Ouvindo Gravações

Compre ou peça emprestado, mas coloque as mãos em algum CD de que goste e ouça-o várias vezes! O Capítulo 17 traz nomes de alguns pianistas que tocam os estilos de que você gosta.

Ouvir outros pianistas dá o senso crítico necessário para avaliar a qualidade de seu próprio desempenho, assim como ideias de estilo que você poderá adotar para animar a sua performance. Além disso, estar inspirado é sempre uma boa motivação.

Percorrendo lojas de discos

Antigamente, encontrava-se uma loja de discos em cada esquina das grandes avenidas das cidades, porém infelizmente hoje em dia não é mais assim. Mas algumas lojas de discos e livrarias que vendem CDs ainda sobrevivem, e sempre é uma boa ideia dar uma olhada em alguma coleção e talvez encontrar algo novo e interessante.

Vale a pena insistir que essas lojas tenham à disposição algum aparelho no qual se possa ouvir um pouco de cada CD antes de decidir tirar o cartão do bolso para comprá-lo.

Se não puder encontrar o que quer, encomende-o. Os vendedores sempre podem encomendar algo que a loja não tenha em estoque, desde que você realmente deseje comprá-lo. Eles vão adorar fazer isso para você, encontrar o que há de disponível ou que já está fora de catálogo, ou até providenciar mais informações sobre a gravação ou o pianista.

Comprando online

Evite o trânsito, fique de pijama e compre música no conforto do seu lar. Isso mesmo: a internet possui vários sites nos quais se pode comprar música sem sair de casa. Você pode comprar gravações e pedir que as enviem a você, ou pode baixá-las diretamente para o seu computador. Muitos dos sites a seguir até permitem que você ouça uma amostra das gravações antes de comprá-las:

- **Amazon**: www.amazon.com (conteúdo em inglês)
- **Barnes & Noble**: www.music.barnesandnoble.com (conteúdo em inglês)
- **CD Baby**: www.cdbaby.com (conteúdo em inglês)
- **CD Universe**: www.cduniverse.com (conteúdo em inglês)
- **DigStation**: www.digstation.com (conteúdo em inglês)

- **iTunes**: www.apple.com/itunes (conteúdo em inglês)
- **MusicStack**: www.musicstack.com (conteúdo em inglês)
- **Tower Records**: www.tower.com (conteúdo em inglês)

Visitando a biblioteca

Bibliotecas, atualmente, não tratam apenas de livros. Visite a biblioteca mais próxima e dê uma checada no acervo de CDs. Se for possível, pegue parte da coleção emprestada, pois é para isso que ela está lá.

Quando uma loja de discos não consegue localizar um CD fora de mercado, uma biblioteca é o melhor lugar para ir. Talvez não tenha permissão para retirá-los, mas ainda se pode conseguir uma sala silenciosa para ouvi-los.

Trocando músicas com amigos

Minha maneira favorita de montar uma coleção é trocar gravações com meus amigos. Com esse antigo costume, há boas chances de que, mesmo temporariamente, você consiga dobrar o número do seu acervo.

Explorando Sites Sobre Piano

Dentre os inúmeros sites específicos em música, há uma infinidade de páginas especializadas em piano e teclado. Os sites abaixo são alguns dos melhores, tanto em termos de conteúdo como em valor de entretenimento:

- **The Kennedy Center ArtsEdge**: www.artsedge.kennedy-center.org (conteúdo em inglês)
- **The Piano Education Page**: www.pianoeducation.org (conteúdo em inglês)
- **Piano Technicians Guild:** www.ptg.org (conteúdo em inglês)
- **Piano World:** www.pianoworld.com (conteúdo em inglês)

Um dos desenvolvimentos mais fantásticos dos últimos anos é poder ver as apresentações de grandes músicos em sites de compartilhamento de arquivos de vídeo, tais como o www.youtube.com. Você pode ouvir quase todos os grandes pianistas dos últimos 100 anos, observar suas técnicas e como eles se movimentam, e saborear a quase infinita variedade de interpretações de sua obra favorita.

Além das páginas da Web, muitos grupos de notícias enfocam em tópicos, tais como piano, performance, teclados digitais, material de MIDI, gravações em áudio, e muito mais. Inscreva-se em qualquer um dos sites abaixo (normalmente gratuitos) e faça amigos que também gostam do que você gosta:

- www.pianosociety.com (conteúdo em inglês)
- www.pianostreet.com (conteúdo em inglês)
- www.synthzone.com (conteúdo em inglês)

Curtindo o Piano na Telona

Hollywood já produziu muitos filmes que têm o piano ou a vida de algum pianista famoso como personagem. Pode ser uma mulher muda que fala através de um piano ou um compositor surdo que não consegue ouvir sua própria música. Os produtores sabem muito bem como tirar uma história das famosas 88 teclas.

Os filmes abaixo valem a pena serem vistos:

- ***32 Curtas Metragens Sobre Glenn Gould*** (1993): um destes filmes tem menos de um minuto de duração. Os outros 31 dão uma ideia da vida deste recluso, misterioso e virtuoso intérprete.
- ***Amadeus*** (1984): sobre aquele rapaz, Mozart.
- ***The Art of Piano***: este documentário inclui performances dos maiores pianistas do século 20, incluindo Claudio Arau, Glenn Gould, Vladimir Horowitz, Sergei Rachmaninoff e Artur Rubinstein.
- ***Art Tatum: The Art of Jazz Piano***: este documentário sobre os grandes pianistas de jazz inclui performances, entrevistas e gravações raras.
- ***Casablanca*** (1942): Humphrey Bogart não disse "Toque de novo, Sam" para um tocador de tuba!
- ***A Competição*** (1980): Amy Irving e Richard Dreyfuss são pianistas competindo pelo mesmo prêmio e acabam se apaixonando.
- ***Susie e os Baker Boys*** (1989): Jeff e Beau Bridges tocam duetos ao piano em bares e estão em busca de uma cantora. Eles encontram Michelle Pfeiffer, que consegue deslizar sobre o piano como nenhuma outra.
- ***Cada Um Vive Como Quer*** (1970): Jack Nicholson é um pianista com cinco peças fáceis para tocar.
- ***Minha Amada Imortal*** (1995): Gary Oldman é Beethoven, e aqui toca sua *Sonata ao Luar*.

- **Impromptu** (1991): este filme dramatiza a história do caso de amor entre Chopin (Hugh Grant) e o autor George Sand[1].

- **Madame Sousatzka** (1988): Shirley MacLaine é uma reclusa, porém apaixonada professora de piano em Londres.

- **O Pianista** (2003): Adrien Brody, no papel que lhe deu um Oscar, é o famoso pianista polonês Wladyslaw Szpilman, que luta para sobreviver à tirania nazista em Varsóvia durante a Segunda Guerra Mundial.

- **O Piano** (1993): Holly Hunter faz o papel de uma mulher muda, que expressa suas emoções pelo clarinete... não, espere, piano! Eu quis dizer piano!

- **Piano Grand: A Smithsonian Celebration** (2000): em 2000, o Instituto Smithsonian celebrou os 300 anos da história do piano com uma memorável exposição no museu. Este filme do evento apresenta os pianistas de primeiro escalão numa apresentação ao vivo no Instituto.

- **Brilhante** (**Shine**, 1996): Geoffrey Rush é David Helfgott, um pianista que praticou tanto os concertos de Rachmaninoff, que acabou ficando meio maluco.

- **Sonho de Amor** (**Song Without End**) (1960): de acordo com este filme, no auge da *Lisztomania*, nosso compositor Franz tem um caso com uma condessa e pensa se deve ou não parar de se apresentar. Ah, o amor!

- **Thelonious Monk: Straight, No Chaser** (1988): este documentário sobre a grande lenda do jazz traz filmagens feitas durante suas sessões e turnês no ano de 1968.

Percebendo Que Você Não Está Só

Achei que seria divertido dar uma amostra de gente famosa que também toca (ou tocava) piano. Agora você sabe que não está sozinho em sua busca da perfeição ao piano.

- Steve Allen, comediante e antigo apresentador do programa *The Tonight Show*.
- William F. Buckley, escritor.
- Clint Eastwood, ator e diretor.
- Jamie Foxx, ator, comediante e cantor.
- Jeff Goldblum, ator.

---

1 Que na verdade era o pseudônimo de Amantine Aurore Lucile Dupin, escritora francesa.

- Jack Lemmon, ator.
- Denny McLain, antigo jogador do Detroit Tigers.
- Dudley Moore, ator.
- Richard M. Nixon, ex-presidente norte-americano.
- Paul Reiser, comediante e ator.
- Condoleeza Rice, ex-Secretária de Estado dos EUA.
- Fred (Mister) Rogers, uma amada personalidade da TV infantil.
- John Tesh, artista e antigo apresentador do programa *Entertainment Tonight*.
- Harry S. Truman, ex-presidente dos EUA.

Capítulo 20
Dez Perguntas do Autor para Escolher Seu Futuro Professor

Neste Capítulo

▶ Faça perguntas sobre o histórico profissional e musical de um candidato

▶ Tenha uma ideia do estilo de ensino do professor

▶ Resolva a logística de custo e local

Depois de ter decidido contratar um professor particular de piano, seu próximo passo é encontrar um que seja *realmente* bom. Claro, você acha que é fácil, mas encontrar um leva tempo, comprometimento e paciência. Muitos pianistas mudam de professores três ou quatro vezes em sua carreira. Eu, particularmente, tive cinco professores diferentes.

Antes de assistir a uma única aula que seja, é perfeitamente aceitável e altamente recomendável, entrevistar cada candidato para saber mais sobre o seu histórico e seus pontos fortes e fracos como instrutor de piano. Não tenha vergonha de fazer perguntas. Lembre-se que você é o chefe, pois é *você* quem está contratando o professor, e não o contrário.

Use este capítulo como uma lista das perguntas corretas a fazer aos futuros professores. Se quiser, leve este livro com você em alguma entrevista.

A Quem Mais Você Já Deu Aulas?

Possíveis respostas:

✔ "Já tive diversos alunos ao longo destes anos e posso fornecer alguns nomes e telefones para você entrar em contato com eles e pedir uma opinião."

✔ "Poucos: Leonard Bernstein, Rudolf Serkin e André Watts."

✔ "Nenhum: você é meu primeiro aluno."

Separe uma lista de referências com o candidato a professor e entre em contato com todos nessa lista, se possível. Mesmo que tenha recebido uma referência deste professor por meio de algum amigo ou parente, é recomendado pedir outra referência. As referências de um professor devem incluir alunos atuais ou ex-alunos, mas também podem incluir outros professores, até mesmo o(s) professor(es) dele, se o candidato for, de certa forma, um novato.

Avalie as habilidades gerais do professor perguntando a alunos atuais e ex-alunos sobre o que eles gostaram e não gostaram e por quanto tempo fizeram aula com ele. Se conversar com colegas ou antigos professores, pergunte por que eles acham que esse candidato é uma boa escolha para um aluno do seu nível.

Há Quanto Tempo Você Toca e Leciona?

Possíveis respostas:

- "Há mais de 25 anos, e adoro!"
- "Eu me aposentei de apresentações em público há três anos e decidi lecionar."
- "Desde a hora do almoço."

Não importa se são anos de performances, estudo ou anos de magistério, a experiência é algo obrigatório em qualquer bom professor. Sem ela, os dois estarão aprendendo juntos, com a diferença de que você não será pago por hora/aula.

Talvez queira saber também onde o professor teve seus estudos musicais, que prêmios ele já ganhou ou se ele gostava de sua carreira como intérprete.

O Quanto Você Espera Que Eu Pratique?

Possíveis respostas:

- "Uma hora por dia."
- "Quinze minutos por dia."
- "Até que consiga tocar 'Rhapsody In Blue' vendado."

Capítulo 20: Dez Perguntas do Autor para Escolher Seu Futuro Professor

Esta é uma pergunta ideal para fazer a um professor em potencial, porque pode abrir portas para uma parte importantíssima desse relacionamento: a comunicação. Seja honesto em relação ao tempo disponível que dispuser para se exercitar. Se estiver confortável com a resposta que ele der à sua pergunta, é bom sinal.

Fale dos seus objetivos com ele. Há alguma peça em especial que gostaria de tocar? Algum estilo musical? Um bom professor terá a capacidade de dizer se suas metas são realistas e se ele poderá ajudá-lo a atingi-las, e delinear os passos que precisa seguir para chegarem lá juntos será mais fácil.

O quanto você precisará praticar depende de fato do que você quer extrair das aulas de piano, de quanto tempo está disposto e é capaz de se dedicar à prática do instrumento. A maioria dos professores irá adorar se você demonstrar interesse genuíno em progredir, curiosidade sobre o piano e uma paixão pela música que deseja tocar. Se tudo isso for verdadeiro para você, isso naturalmente se traduzirá em horas de – boa – prática.

LEMBRE-SE

Há uma diferença entre hora proveitosa e não proveitosa de prática. Quando você pratica sozinho, fica empolgado e entusiasmado com o progresso. Mas poderá muito bem se esquecer disso se fizer só o básico durante a aula e se exercitar com um olho na pauta e o outro no relógio.

Você Se Importaria de Tocar Algo para Mim?

Possíveis respostas:

- "Claro! Que tom você prefere?"
- "Fico muito feliz em tocar para você. Que tal um pouco de Fats Waller?"
- "Eu não toco, sou apenas professor."

Seu candidato a professor realmente toca piano bem? Peça que ele toque algo para você. Não precisa ser nada muito rebuscado, mas também nada muito fácil, talvez um Bach, Chopin ou até mesmo Scott Joplin. Seus ouvidos lhe darão a resposta. Você ficou impressionado com as habilidades do candidato ou os seus amigos também podem tocar assim?

DICA

Não saia correndo dali se obtiver a terceira resposta. Por incrível que pareça, mesmo alguém que não toca tão bem pode ser um excelente professor. Ele pode ter uma boa habilidade de audição e de correção de sua técnica como aluno, mesmo que não tenha tanta destreza para tocar. Se gostar das respostas que o candidato deu às outras perguntas deste capítulo, pode vir a ser uma boa escolha, apesar de não ter tocado tão bem.

Que Repertório Você Ensina?

Possíveis respostas:

- "Eu gosto de todo tipo de música, mas nós começaremos com os clássicos e trabalharemos até chegar no Top 10 da semana."
- "Os três 'B': Bach, Beethoven e Beatles."
- "Hã?!"

Você muito provavelmente já tem ideia de quais peças deseja tocar. É importante para todo pianista saber tocar os clássicos – Bach, Mozart, Chopin – mas, claro, eles não foram os únicos compositores. E música clássica não é o único estilo musical (o Capítulo 17 fala sobre os diversos estilos musicais).

Se quiser tocar Rockabilly, jazz, ou R&B, descubra se o seu professor gostaria de ensinar esses estilos. Em caso positivo, você terá que se esforçar para tocá-los, começando do básico. Mas à medida que progride, você vai querer um professor que permita que você escolha uma parte do repertório.

Como Você Lida com Notas Erradas, Erros e Aprendizes Lentos?

Possíveis respostas:

- "Errar é humano."
- "Os erros fazem parte do aprendizado."
- [primeiro ele bate com o punho sobre a mesa] "Eu abomino a imperfeição.".

A paciência é uma virtude e uma qualidade essencial em cada professor, não importa o que está sendo ensinado. Logo, aprender a tocar piano não é exceção. Você obviamente quer que o seu professor lhe ensine no seu ritmo e que ele esteja disposto a fazer ajustes à sua curva de aprendizado, contanto, é claro, que você se esforce. Os erros são um dos motivos para se querer fazer aulas e devem ser vistos com uma atitude positiva e desejosa de solucionar problemas.

Quais Métodos Você Usa para Ensinar Piano?

Possíveis respostas:

- "Uso um método respeitado internacionalmente."
- "Meus métodos variam de acordo com as necessidades do aluno. Nós podemos começar com..."
- "Veja bem..."

Cada professor tem seu próprio método de ensino. Pode ser uma abordagem já consolidada, refinada ao longo dos anos. Pode ser um novo método que o professor acabou de ler em um livro (leia mais sobre livros de métodos no Capítulo 19). Não importa o método, o seu professor deve ensinar piano de uma maneira que lhe deixe confortável.

História real: certa vez tive um professor que acreditava que o "tratamento de choque" poderia ser aplicado ao piano. Ao bater em meus dedos com uma vara toda vez que eu errava alguma nota, meu professor esperava que eu produzisse nada além da perfeição. O resultado foi pura intimidação, resultando em mais notas erradas, dedos vermelhos e inchados, e um novo professor. Realmente vale a pena conhecer os métodos de um candidato a professor desde o início para evitar – além de outras coisas – dedos machucados.

Onde Serão as Aulas?

Possíveis respostas:

- "Aqui mesmo, em minha sala de estar, com o meu piano Steinway."
- "Posso dar aula na sua casa, se você tiver o instrumento e se sentir mais confortável."
- "Num beco atrás do ginásio depois da meia-noite."

Assim como no setor imobiliário, localização é tudo. Você não poderá dar qualquer desculpa para matar aula. E, acredite, naqueles dias quentes de verão quando só de pensar em enfrentar o trânsito você fica cansado, você conseguirá inventar um milhão de desculpas para não ir à aula. Não permita que o local seja uma delas.

Embora ter as aulas em sua casa seja aparentemente mais conveniente, é preciso considerar algumas desvantagens. Quando o horário da aula se aproxima, será de sua responsabilidade minimizar interrupções (animais de estimação, colegas de quarto, família, telefone e tarefas domésticas), e providenciar uma área apropriada para as aulas. As interrupções e distrações podem sabotar sua aula e aborrecer o professor. A casa ou o estúdio do professor normalmente são ideais, pois poderá contar com um ambiente confortável e profissional e com um bom piano (e mude de professor se o ambiente não for adequado). E quando for à aula, você está se livrando temporariamente de todas as responsabilidades e distrações da sua casa, e dedicará uma parte especial do seu dia para a prática. Se não conhecer o local da aula quando estiver fazendo entrevistas, ou se, por quaisquer motivos, estiver muito preocupado com isso, peça para fazer uma aula-teste antes de tomar a decisão.

Quanto Você Cobra?

Possíveis respostas:

- "Cobro R$ 80 a R$ 100 por hora/aula. As aulas são uma vez por semana e peço que me avise com antecedência se tiver que cancelá-las."
- "Agendamos quatro aulas por mês e você me paga de R$ 320 a R$ 400 todo mês."
- "Você dá preço à Arte?"

Em média, a maioria dos professores cobra de R$ 40 a R$ 70 a hora/aula. No entanto, dependendo de fatores econômicos, incluindo a notoriedade e demanda, um professor pode cobrar até R$ 150 por hora.

Você Promove Recitais de Alunos?

Possíveis respostas:

- "Sim. Eu alugo o salão de concertos da faculdade e promovo um recital para todos os meus alunos. Você pode convidar quantas pessoas quiser e há um pequeno coquetel durante o intervalo."
- "Não, mas é uma ideia excelente para este ano."
- "Até posso, se o meu pai me deixar usar o celeiro."

Fazer um show é divertido e, para muitos, o motivo principal de tocar piano. Um professor pode ajudá-lo a aumentar sua plateia (e coragem) por meio de apresentações públicas anuais ou semestrais, que são chamadas de *recitais*. O professor deve planejar o recital, encontrar o local, divulgar a apresentação e preparar os alunos para os holofotes (se há holofotes de verdade é outra história). Sem um professor, ficará a seu encargo arranjar e promover a sua estreia em público.

Apêndice
Sobre o CD

*E*ste apêndice proporciona uma lista bastante útil do que está no CD que acompanha este livro.

Nota: As faixas de áudio que acompanhavam este livro em formato de CD-Room, agora estão disponíveis exclusivamente para download no site da editora: www.altabooks.com.br (busque pelo título desta obra).

O Que Você Vai Encontrar no CD

A lista abaixo descreve as faixas do CD que acompanha este livro.

Faixa	Capítulo	Figura nº	Descrição
1	2		Som de um piano acústico
2	2		Som de um cravo
3	2		Som de um órgão de tubos
4	2		Som de sintetizadores
5	7	7-5	Misturando todas as notas
6	7		Mesma batida, valores diferentes das notas
7	7	7-14	Contando pausas de semínimas e de colcheias
8	7		"A Hot Time in the Old Town Tonight"
9	7		"O Danúbio Azul"
10	7		"Can Can"
11	7		"Lavender Blue"
12	8	8-3	Ligaduras, que unem notas de um mesmo timbre
13	8	8-8	Prática de notas pontuadas
14	8	8-10	Contando tercinas
15	8	8-11	Prática com tercinas
16	8	8-12	Colocando suingue nas colcheias

(continua)

Faixa	Capítulo	Figura nº	Descrição
17	8	8-15	"After You've Gone"
18	8		"When the Saints Go Marching In"
19	8		"Oh, Susannah"
20	8		"Scheherezade"
21	8		"Swanee River"
22	8		"By the Light of the silvery Moon"
23	8		"I've Been Working on the Railroad"
24	8		"Limehouse Blues"
25	9	9-3	Melodia de "Frère Jacques"
26	9	9-5	"Skip to My Lou"
27	9	9-7	"Chiapanecas"
28	9		"Ode à Alegria"
29	9		"Outono"
30	9		"Oranges and Lemons"
31	9		"Simple Melody"
32	10	10-5	Um trecho de "Joy to The World"
33	10	10-6	"The Farmer in the Dell"
34	10		"Danny Boy"
35	10		"House of the Rising Sun"
36	10		"Greensleeves"
37	11	11-4	"Swing Low, Sweet Chariot"
38	11	11-5	"Little Brown Jug"
39	11	11-15	"When Johnny Comes Marching Home"
40	11	11-16	"Uma Piada Musical"
41	11	11-17	"On Top of Old Smoky"
42	11		"The Sidewalks of New York"
43	11		"Stars and Stripes Forever"
44	12		"I'm Called Little Buttercup"
45	12		"Marianne"
46	12		"Aura Lee"
47	12		"Shenandoah"
48	12		"Auld Lang Syne"
49	13	13-1	"Good Night, Ladies", em tom de Dó (maior)
50	13	13-2	"Good Night, Ladies", em tom de Fá (maior)
51	13	13-10	Um trecho de "After the Ball"

Faixa	Capítulo	Figura nº	Descrição
52	13		"Worried Man Blues"
53	13		"After the Ball"
54	14	14-10	Uma pequena tensão na suspensão
55	14	14-12	"Bingo"
56	14		"Down by the Station"
57	14		"Sometimes I Feel Like a Motherless Child"
58	14		"Lullaby"
59	14		"Scarborough Fair"
60	14		"Red River Valley"
61	15	15-11	"Pop! Goes the Weasel"
62	15		"Polovtsian Dance"
63	15		"Camptown Races"
64	15		"Trumpet Voluntary"
65	15		"Also Sprach Zarathustra"
66	15		"Quiet Sunset"
67	16	16-1	Acordes para a mão esquerda em padrões rítmicos variados
68	16	16-2	Padrões de fundamental-quinta-oitava
69	16	16-4	"Picking and Grinning"
70	16	16-5	"Octaves in the Left"
71	16	16-6	"Jumping Octaves"
72	16	16-7	"Rockin' Intervals"
73	16	16-8	"Berry-Style Blues"
74	16	16-9	Padrão "bum-ba-di-da" para o baixo
75	16	16-10	Linha de baixo "boogie-woogie"
76	16	16-11	Introdução nº 1
77	16	16-12	Introdução nº 2
78	16	16-13	Introdução nº 3
79	16	16-14	Introdução nº 4
80	16	16-15	Introdução nº 5
81	16	16-16	Finalização nº 1
82	16	16-17	Finalização nº 2
83	16	16-18	Finalização nº 3
84	16	16-19	Finalização nº 4

(*continua*)

Faixa	Capítulo	Figura nº	Descrição
85	16		"Country Riffin'"
86	16		"Love me Like You Used To"
87	17	17-4	Progressão de 12 compassos do blues
88	17	17-6	Linha do baixo para o rock
89	17	17-9	Síncope da Motown
90	17	17-11	Suingues de "Yankee Doodle"
91	17		"Album Leaf"
92	17		"Playin' the Blues"
93	17		"Classic R&R"
94	17		"Motown Is My Town"
95	17		"Billy Boy Swings"

Índice

• Símbolos •

"3 Gymnopédies" (CD Faixa 1), 21
8va, tocar uma oitava acima, 89–90
8vb, tocar uma oitava abaixo, 89–90

• A •

Ação do martelo, 35, 40
Accelerando (*accel.*), 253
Acidentes, 85
Acordes, canções que apresentam
    "Bingo" (CD Faixa 55), 234
    "Down by the Station"
        (CD Faixa 56), 239, 240
    "Lullaby" (CD Faixa 58), 239, 242
    "Red River Valley" (CD Faixa 60), 239, 243
    "Scarborough Fair"
        (CD Faixa 59), 239, 243
    "Sometimes I Feel Like a Motherless
        Child" (CD Faixa 57), 239, 242
Acordes de sétima
    Blues de 12 compassos, no, 292–293
    Descrição, 232–233
Acordes maiores, 227–228
Acordes menores, 228–229
Acordes quebrados, 272–273
Acordes rolados
    "Album Leaf" (CD Faixa 91), 305–306
    sobre, 291
Acordes suspensos
    Descrição, 231
    Exemplo (CD Faixa 54), 232
Acordes (veja também harmonia)
    Aumentados e diminutos, 229–230
    Construção, 235
    De quatro notas, 232–233
    Descrição, 225–227
    De sétima, 232–233, 292–293
    Inversões, 236–239
    Maiores, 227–228
    Menores, 228–229
    Nota fundamental, 226
    Posição fundamental, 236, 237
    Primeira inversão, 237
    Quebra, 272–273
    Quebra de acorde, 272
    Rolado, 291
    Segunda inversão, 238
    Símbolos, 179, 233–235
    Substituições, 303–304
    Suspensos, 231–232
    Terceira inversão, 238
    Tremolo, 262–263
Adagio, 94
Afinação de teclados acústicos, 56–57
"After the Ball"
    (CD Faixas 51 e 53), 221–222, 224
"After You've Gone" (CD Faixa 17), 125
Agendando sessões de prática, 314
Airplane Sonata (Antheil), 262
"Album Leaf" (CD Faixa 91), 305, 306
Alesis Studio Electronics, 45
Alfred Brendel Plays Schubert (Philips), 21
Allegro, 94
"All Through the Night", 255
"Also Sprach Zarathustra"
    (CD Faixa 65), 263, 267
Alto-falantes embutidos, 43
"Amazing Grace", 197
"America, the Beautiful", 205–206
Amplitude, vibrato, 74
Anacruses, 115–116, 125
Andamento
    Batida (CD Faixa 6), 100
    Descrição, 108
    Indicações de, 94–95
    Marcações de metrônomo para, 94
    Mudando o, 252–253
Andante, 94
Antheil, George (*Airplane Sonata*), 262
Apogiaturas
    Descrição, 256–257
    Na música country, 297
    "Pop! Goes the Weasel"
        (CD Faixa 61), 257
Apoio Técnico ao Produto Wiley, 340
Apresentações
    Apresentações em vídeo de grandes
        músicos, 327

Apresentando-se com Terceiros, 322–323
Conforto durante as, 313
Ensaios gerais, 315
Memorizando música, 316
Praticando a apresentação
    ao piano, 315–316
Recitais, 336
Síndrome de pós-apresentação, 316
Sorria e saúde a plateia, 316
Armaduras de Clave, canções
  que apresentam
    "After the Ball" (CD Faixas 51 e 53),
      221–222, 224
    "Worried Man Blues" (CD Faixa 52),
      217–218, 222, 223
Armaduras de Clave (veja também
  tons musicais)
    Círculo de Quintas, 218–219
    Com bemóis, 220–221
    Com sustenidos, 219–220
    Descrição, 216
    Fórmulas mnemônicas, 221
    Leitura, 216–221
Arpejos, 176–180
    Arpejo maior, 178
    Arpejo menor, 178
Arranjadores
    Descrição, 41
    Marcas Recomendadas, 45–46
Arranjos, 320
Articulação, 252–254
A to Z of Pianists (Naxos), 21
"Auld Lang Syne" (CD Faixa 48), 207, 212
"Aura Lee" (CD Faixa 46), 203, 207, 210
Autocrítica, 13

• *B* •

Bach, Johann Sebastian
    Concertos Completos para Cravo
      (CD Faixa 2), 25
    Gavota da *Suíte Francesa nº 4*
      (CD Faixa 1), 21
    "Minueto" *do Pequeno Livro de Anna
      Magdelena Bach*, 145–146, 199
    "O Cravo Bem Temperado"
      (CD Faixa 2), 25, 323
    Sobre, 323
    Tocata e Fuga em Ré Menor
      (CD Faixa 3), 26–27

Baixo, linhas
    "Boogie-woogie" (CD Faixa 75), 278–279
Baixo, padrões do
    "Bum-ba-di-da" (CD Faixa 74), 278
Baldwin Piano & Organ Company, 39
Bandas, tocar em, 323
Bandeirolas em notas, 100
Banquetas, 67–68
"Barba, Cabelo e Bigode" (CD Faixa 84), 286
Barra de compasso dupla, 91
Barra de compasso simples, 91
Barras, 100
Barras de compasso, 90–91
    De início de repetição, 91
    De término de repetição, 91
Batida de suingue, 122–123
Batidas (veja também ritmo; fórmula
  de compasso)
    Agrupando as batidas em
      compassos, 95–96
    Batidas fortes, 124
    Batidas fracas, 124
    Descrição, 93
    Indicações de andamento, 94–95
Beethoven, Ludwig van
    "Für Elise", 196
    "Ode à Alegria", 138–139, 148
    "Ode à Alegria" (CD Faixa 28), 147
    Quinta Sinfonia, 65, 197
    Sobre, 324
Bemóis, 64, 85, 220–221
Berlin, Irving
    "I Love a Piano", 9
    "Simple Melody" (CD Faixa 31), 147, 151
Berry, Chuck (músico de rock), 277
"Berry-Style blues" (CD Faixa 73), 277
Biblioteca, gravações musicais de, 327
"Billy Boy Swings" (CD Faixa 95), 305, 310
"Bingo" (CD Faixa 55), 234
Blues
    Blues de 12 compassos, 292–294
    Descrição, 291–294
    Escalas de Blues, 163–164
    "Limehouse Blues"
      (CD Faixa 24), 126, 132
    "Playin' the Blues" (CD Faixa 92), 305,
      307
    "Worried Man Blues" (CD Faixa 52), 217,
      217–218, 222, 223
    "Yellow Dog Blues" (CD Faixa 1), 21

Índice

Blues de 12 compassos
    Acordes de sétima no, 292–293
    Exemplo (Faixa 87), 293
    Influência no rock and roll, 295
    "Playin' the Blues"
        (CD Faixa 92), 305, 307
    Substituições de acordes, 294
Borodin, Alexander
    ("Polovtsian Dance"), 263, 264
Brahms, Johannes
    "Lullaby" (CD Faixa 58), 239, 242
    Sobre, 324
"Brilha, Brilha, Estrelinha", 199–200
Brown, James (músico de R&B), 301
"By the Light of the Silvery Moon"
    (CD Faixa 22), 126, 130

• C •

Cadeiras, 66–67
Cage, John (compositor), 262
"Camptown Races" (CD Faixa 63), 263
"Can Can" (CD Faixa 10), 107, 109, 112
Canções e seleções contidas neste livro
    3 Gymnopédies (CD Faixa 1), 21
    Acordes Suspensos (CD Faixa 54), 231
    "After the Ball"
        (CD Faixas 51 e 53), 221–222, 224
    "After You've Gone" (CD Faixa 17), 125
    "Album Leaf" (CD Faixa 91), 305, 306
    "All Through the Night", 255
    "Also Sprach Zarathustra"
        (CD Faixa 65), 263, 267
    "Amazing Grace", 197
    "America, the Beautiful", 205–206
    "Auld Lang Syne" (CD Faixa 48), 207, 212
    "Aura Lee" (CD Faixa 46), 203, 207, 210
    "Barba, Cabelo e Bigode"
        (CD Faixa 84), 286
    Batidas e andamento (CD Faixa 6), 100
    "Berry-Style Blues" (CD Faixa 73), 277
    "Billy Boy Swings"
        (CD Faixa 95), 305, 310
    "Bingo" (CD Faixa 55), 234
    Blues de 12 de compassos, exemplo de
        (CD Faixa 87), 293
    "Boogie-woogie" (linha de baixo),
        (CD Faixa 75), 278
    "Brilha, Brilha, Estrelinha", 199–200
    "Bum-ba-di-da" (padrão para o baixo)
        (CD Faixa 74), 278

"By the Light of the Silvery Moon"
    (CD Faixa 22), 126, 130
"Camptown Races" (CD Faixa 63), 263
"Can Can" (CD Faixa 10), 107, 109, 112
Cânone em Ré Maior (Pachelbel), 155
"Chiapanecas" (CD Faixa 27), 141
"Classic R&R" (CD Faixa 93), 305, 308
Compasso 6/8 (CD Faixa 11), 108
Concerto para Piano, de Grieg, 291
Concerto para Piano nº 3
    (Rachmaninoff), 325
"Country Riffin'" (CD Faixa 85), 287
"Cravo bem temperado, O"
    (CD Faixa 2), 25, 323
"Danny Boy" (CD Faixa 34), 165, 166
"Danúbio Azul"
    (CD Faixa 9), 107, 109, 111
"Down by the Station"
    (CD Faixa 56), 239, 240
"Eu Te Amava Mas Você Me Deixou",
    final (CD Faixa 81), 284
"Frère Jacques" (CD Faixa 25), 137–138
"Für Elise", 196
Gavota da *Suíte Francesa nº 4*
    (CD Faixa 1), 21
"Get Ready, Here We Go", introdução
    (CD Faixa 76), 281
"Good Night, Ladies", (CD Faixas 49 e
    50), 214–215
"Greensleeves" (CD Faixa 36), 165, 168
"Hallelujah" (Cohen), 319
"Hot Time in the Old Town Tonight, A"
    (CD Faixa 8), 106–107, 109
"House of the Rising Sun"
    (CD Faixa 35), 165, 167
"I'm Called Little Buttercup"
    (CD Faixa 44), 207, 208
"It's Raining, It's Pouring", 197–198
"I've Been Working On
    The Railroad", 198
"Joy to the World" (CD Faixa 32), 157, 159
"Jumping Octaves", exercício com (CD
    Faixa 71), 274–275
"Killing Time", introdução
    (CD Faixa 79), 282
"Kumbaya", 140
"Last Call", finalização,
    (CD Faixa 83), 285
"Lavender Blue"
    (CD Faixa 11), 108, 109, 113

"Let's Load Up the Bus", final,
   (CD Faixa 82), 285
"Limehouse Blues"
   (CD Faixa 24), 126, 132
"Little Bo-Peep", 142–143
"Little Brown Jug" (CD Faixa 38), 173
"London Bridge", 196
"Love Me Like You Used To" (CD Faixa
   86), 271, 288
"Maple Leaf Rag" (Joplin)
   (CD Faixa 1), 21
"Marcha Nupcial" ("Here Comes
   the Bride"), 199–200
"Marianne" (CD Faixa 45), 207, 209
"Merrily We Roll Along", 303
"Minueto" *do Pequeno Livro de Anna
   Magdelena Bach*, 145–146, 199
Mistura de notas, exercício com (CD
   Faixa 5), 99
"Motown Is My Town" (CD Faixa 94), 301,
   305, 309
"My Bonnie Lies Over the Ocean", 201
"Octaves in the Left", exercício com
   (CD Faixa 70), 274
"Ode à Alegria" (CD Faixa 28), 138–139,
   147, 148
"Oh, Susannah" (CD Faixa 19), 116, 125,
   127
"On Top of Old Smoky"
   (CD Faixa 41), 183–184
"Oranges and Lemons"
   (CD Faixa 30), 147, 150
Órgão de tubos (CD Faixa 3), 26–27
"Outono", de *As Quatro Estações*
   (CD Faixa 29), 147, 149
"Over the Rainbow",
   de *O Mágico de Oz*, 202
"Piada musical, Uma"
   (CD Faixa 40), 181–183
"Picking and Grinning",
   (CD Faixa 69), 272–273
"Playin' the Blues"
   (CD Faixa 92), 305, 307
"Polovtsian Dance"
   (CD Faixa 62), 263, 264
"Pop! Goes the Weasel"
   (CD Faixa 61), 257
Progressão de Acordes para a Mão
   Esquerda (CD Faixa 67), 270
Quatro Estações, As (CD Faixa 2), 25
"Quiet Sunset" (CD Faixa 66), 264, 268

Quinta Sinfonia, 65, 197
"Red River Valley" (CD Faixa 60), 239, 244
"Rockin' Intervals", exercício com
   (CD Faixa 72), 276
"Rockin' Jam", introdução
   (CD Faixa 77), 281–282
"Saloon Salutations", introdução
   (CD Faixa 80), 283–284
"Scarborough Fair"
   (CD Faixa 59), 239, 243
Scheherazade
   (CD Faixa 20), 125–126, 128
"She'll be Coming Round
   the Mountain", 115–116
"Shenandoah" (CD Faixa 47), 207, 211
"Sidewalks of New York, The"
   (CD Faixa 42), 186, 187–188
"Simple Melody" (CD Faixa 31), 147, 151
Sinfonia Inacabada, 198–199
Som da Motown (CD Faixa 89), 300
Som de cravo (CD Faixa 2), 25
"Sometimes I Feel Like a Motherless
   Child" (CD Faixa 57), 239
"Somewhere", de *West Side Story*, 201
Sonatas (Scarlatti) (CD Faixa 2), 25
Sons de sintetizadores (CD Faixa 4), 28
"Stars and Stripes Forever"
   (CD Faixa 43), 186, 189–190
"Swanee River"
   (CD Faixa 21), 120, 126, 129
"Sweet Ballad", introdução
   (CD Faixa 78), 282
"Swing Low, Sweet Chariot"
   (CD Faixa 37), 173, 197
"The Farmer in The Dell"
   (CD Faixa 33), 157
"This Old Man", 197
Tocata e Fuga em Ré Menor
   (CD Faixa 3), 26–27
"Trumpet Voluntary"
   (CD Faixa 64), 263, 266
"When Johnny Comes Marching Home"
   (CD Faixa 39), 181–182
"When the Saints Go Marching In"
   (CD Faixa 18), 116, 125, 126
"Worried Man Blues"
   (CD Faixa 52), 217–218, 222, 223
"Yankee Doodle", 184–185, 302
"Yellow Dog Blues" (CD Faixa 1), 21
Canções Infantis
   "Brilha, Brilha, Estrelinha", 199

"Little Bo-Peep", 142–143
"London Bridge", 196
"Pop! Goes the Weasel"
(CD Faixa 61), 257
"Row, Row, Row Your Boat", 147
"The Farmer in The Dell"
(CD Faixa 33), 157
"This Old Man", 143
Cânone em Ré Maior (Pachelbel), 155
Cantigas de ninar
"All Through the Night", 255
"Lullaby" (CD Faixa 58), 239, 242
Cartões ou bibliotecas de sons,
adicionando, 43
Casio Incorporated, 45
CD que acompanha este livro
Lista de Faixas, 337–340
Serviço de Apoio ao Cliente, 340
Chappell, Jon (*Guitarra Para Leigos®*, 2ª
Edição Revisada), 305
"Chiapanecas" (CD Faixa 27), 141
Chopin, Frederic (compositor), 324
Círculo de Quintas, 218–219
Clarke, Jeremiah ("Trumpet Voluntary"), 263
Clark, Francis (*Francis Clark Library for
Piano Students*), 318
Classical Music For Dummies
(Pogue e Speck), 26
"Classic R&R" (CD Faixa 93), 305, 308
Clave
de Sol, 86
Clave de Fá
Descrição, 83–85
Ler e tocar na, 171–172
Nomes das linhas e espaços, 86
Clave de Sol, 82–83, 86
Claves
de Fá, 83–85, 86, 171–172
de Sol, 82–83
Clavicórdios, 32
Climatização, 36, 54
Clinton, George, 301
Cohen, Leonard ("Hallelujah"), 319
Colcheias
Acompanhamento
de três notas, 177–178
Arpejos de quatro notas, 180
Descrição, 100–101
Pausas, 104–105
Pontuadas, 119
Tercina de colcheia, 121

Colchetes em notas, 100, 101
Compasso 2/4 (compasso de marcha), 107
Compasso 3/4 (compasso de valsa), 107
"Danúbio Azul"
(CD Faixa 9), 107, 109, 111
Sobre, 107
Compasso 4/4 (compasso comum), 105–107
Compasso 6/8, 108
Compassos
Batidas agrupadas em, 95–96
Introdutórios, 115–116, 125
Compositores, mestres da
Música clássica, 323–325
Compositores modernos, 262
Comprando música para tocar
Arranjos e transcrições, 320
Livros de improvisação ou
fake books, 320
Música impressa, 319
Onde comprar, 321–322
Computador ligado ao teclado, 51
Concertos, 26
Concertos ao vivo, 325
Conforto enquanto toca, 313
Coordenação para tocar piano, 14
Cordas
Disposição, 22
Quebradas, 59
Vibração, 23
Cordas partidas, 59
Cowell, Henry (*The Banshee*), 262
Cravo bem temperado, O
(CD Faixa 2), 25, 323
Cristofori, Bartolommeo
(inventor do piano), 24
Custos
Afinação de piano, 57
Aulas de piano, 336
Estabilizador de voltagem, 50
Manutenção, 33
Negociando preços, 48–49
Partituras, 319
Pianos acústicos, 33, 37–38
Portfólios, 319
Teclados digitais, 34
Teclados híbridos, 35

• ♪ •

"Danny Boy" (CD Faixa 34), 165, 166
"Danúbio Azul" (CD Faixa 9), 107, 109, 111

Dedos
    Aparando as unhas, 71
    Cruzamento de dedos, 144–147
    Dedilhados, 71, 137
    Números dos dedos, 136
Desconstruindo uma peça musical, 314–315
Dinâmicas, marcações, 247–250
    Descrição, 248
    Indicando mudanças graduais
        no volume, 249
    Lista, 249
Discos, lojas de, 326
Dó central
    Escrevendo com linhas
        suplementares, 87–88
    Linhas da Pauta e, 90
    Localizando, 62–63
    Usando a posição de Dó, 137
"Down by the Station"
    (CD Faixa 56), 239, 240
Duas mãos, toque com as, 185–190
    "Sidewalks of New York, The"
        (CD Faixa 42), 186, 187–188
    "Stars and Stripes Forever"
        (CD Faixa 43), 186, 189–190
Duas notas, harmonia de
    *2001: Uma Odisseia
        no Espaço* (filme), 263
    Descrição, 207
    "Marianne" (CD Faixa 45), 207, 209
Duetos
    Banquetas para dois pianistas, 67–68
    Piano, para, 322
Duke Ellington Orchestra, 123

• E •

Editoras de músicas, websites de, 321–322
E-Mu Systems Incorporated, 45
Ensaio geral, 315
Escalas
    Construindo, 154
    De blues, 163–164
    Descrição geral, 153
    Escala de Dó maior, 154,
        156, 158, 174, 194
    Escala de Dó menor, 159, 162–163
    Escala de Fá maior, 157, 174
    Escala de Lá menor, 160, 161, 175
    Escala de Mi menor, 160, 175
    Escala de Ré menor, 160, 175
    Escala de Sol maior, 156, 174
Escalas
    Menores Harmônicas, 160–161, 175
    Experimentando com, 161
    Maiores, 155–158, 174, 194
    Para a mão esquerda, 174–175
    Pentatônicas, 16
Escalas, canções com
    "Danny Boy" (CD Faixa 34), 165, 166
    "Greensleeves" (CD Faixa 36), 165, 168
    "House of the Rising Sun"
        (CD Faixa 35), 165, 167
    "Scarborough Fair"
        (CD Faixa 59), 239, 243
    Sobre, 165
Escalas Maiores
    Descrição, 155–157
    Exercício, 158
    Medindo intervalos, 193
    Para a mão esquerda, 174
Escalas Menores
    Descrição, 158
    Exercícios, 162–163
    Harmônicas, 160–161, 175
    Melódicas, 161, 175, 278–279
    Naturais, 159–160, 175
Estilos de piano, gravações, 21
Estilos musicais
    Blues, 291–294
    Clássico, 289–290
    Country, 296–298
    Descrição geral, 17
    Gospel, 299
    Jazz, 301–304
    Pop, 298–299
    Rock and roll, 295–296
    Soul, 299–301
Evans, Bill (pianista de jazz), 301
Evitando cãibras nas mãos, 70, 72

• F •

Fantasma da Ópera, O, Musical da Broadway
    (Webber), 27
FastTrack Keyboard Songbook 1 e 2 (Neely
    e Meisner), 318
Fermata (pausar ou segurar uma nota), 253
Filmes sobre pianistas, 328–329
Finalizações. *See* (veja introduções
    e finalizações)
Firma, A trilha sonora do filme (Grusin), 262

Foles, 26
Fones de ouvido, 34
Fontes para gravações de músicas, 326–327
Fórmulas de compasso, canções com
　"Can Can" (CD Faixa 10), 107, 109, 112
　"Danúbio Azul"
　　(CD Faixa 9), 107, 109, 111
　"Hot Time in the Old Town Tonight, A"
　　(CD Faixa 8), 106–107, 109, 110
　"Lavender Blue"
　　(CD Faixa 11), 108, 109, 113
Fórmulas de compasso (veja ritmo)
　Compasso 6/8, 108
　Compasso de marcha (2/4), 107
　Compasso de valsa (3/4), 107
　Comum (4/4), 106–108
　Descrição, 106–107
Fórmulas mnemônicas
　Para armadura de clave, 221
　Para linhas e espaços, 86
Fortissimo (muito alto), 248
Foster, Stephen (compositor)
　"Old Folks at Home", 230
　"Swanee River"
　　(CD Faixa 14 e 21), 120, 126
　"Swanee River" (CD Faixa 21), 129
Francis Clark Library for Piano Students
　(Clark), 318
"Frère Jacques", 137–138
Frustração, 12
Fundamental, nota, 226

• G •

Generalmusic Corporation, 46
Gente famosa que toca piano, 329–330
Glissando, 259–261
"Good Night, Ladies",
　(CD Faixas 49 e 50), 214–215
Gospel, 299
Grandes compositores
　de Música clássica, 323–325
Gravação e sequenciamento, 51
Gravações
　Características, teclados digitais, 44
　Recursos para, 326–327
Gravadores digitais, 51
Gravando sua música, 50–52
"Greensleeves" (CD Faixa 36), 165, 168
Grieg, Edvard (*Concerto para Piano*), 291
Grupos de Câmara, 322

Grusin, Dave (*A Firma*, Trilha Sonora), 262
Guitarra Para Leigos, 2ª Edição Revisada
　(Phillips e Chappell), 305

• H •

Habilidades em matemática,
　melhorando as, 12
"Hallelujah" (Cohen), 319
Hal Leonard Student Piano Library (Kreader,
　Kern, Keveren e Rejino), 318
Handy, W.C. ("Yellow Dog Blues"), 21
Harmonia, canções que apresentam
　"America, the Beautiful", 205–206
　"Auld Lang Syne" (CD Faixa 48), 207, 212
　"I'm Called Little Buttercup"
　　(CD Faixa 44), 207, 208
　"Marianne" (CD Faixa 45), 207, 209
Harmonia de quatro partes
　"Auld Lang Syne" (CD Faixa 48), 207, 212
　Exemplo, 206
　Sobre, 207
Harmonia (veja também acordes
　e intervalos)
　Adicionando intervalos à melodia, 203
　De duas notas, 207, 209
　De quatro partes, 206, 207, 212
　Toque com a mão esquerda, 204–206
Harmônio, 32
hip hop, música, 299
"Hot Time in the Old Town Tonight, A"
　(CD Faixa 8), 106–107, 109, 110
"House of the Rising Sun"
　(CD Faixa 35), 165, 167
"Humoresque", 79–81

• I •

"I Love a Piano" (Berlin), 9
Iluminação, 54
"I'm Called Little Buttercup"
　(CD Faixa 44), 207, 208
Improvisação, jazz, 302
Intervalos, canções que apresentam
　"Amazing Grace", 197
　"Brilha, Brilha, Estrelinha", 199–200
　"Für Elise", 196
　"It's Raining, It's Pouring", 197–198
　"I've Been Working
　　On The Railroad", 198
　"London Bridge", 196

Marcha Nupcial
  (Here Comes the Bride), 199–200
"Minueto" do Pequeno Livro de Anna
  Magdelena Bach, 145–146
"Minueto", *do Pequeno Livro de Anna
  Magdelena Bach*, 199–200
"My Bonnie Lies Over the Ocean", 201
"Over the Rainbow", de
  O Mágico de Oz, 202
Quinta Sinfonia, (Beethoven), 65, 197
Sinfonia Inacabada, 198–199
"Somewhere", de *West Side Story*, 201
"Swing Low, Sweet Chariot"
  (CD Faixa 37), 173, 197
"This Old Man", 197–198
Intervalos (veja harmonia e oitavas)
  Abreviaturas para, 195
  Acordes feitos de intervalos, 227, 228
  Adicionando intervalos
    à melodia, 203–204
  Ascendentes e descendentes, 195
  Aumentados e diminutos, 195
  Consoantes e dissonantes, 204
  De quarta e de quinta, 198–200
  de segunda, 196
  De sétima, 201
  De sexta, 201, 299
  De terceira, 197–198
  Maiores, menores e justos, 195
  Tocando duas notas juntas, 202
Introduções e finalizações
  Adicionado, 280–281
  "Get Ready, Here We Go"
    (CD Faixa 76), 281
  "I Loved You, You Left Me"
    (CD Faixa 81), 284
  "Killing Time" (CD Faixa 79), 282
  "Last Call" (CD Faixa 83), 285
  "Let's Load Up the Bus"
    (CD Faixa 82), 285
  "Rockin' Jam"
    (CD Faixa 77), 281–282, 282–283
  "Saloon Salutations"
    (CD Faixa 80), 283–284
  "Shave and a Haircut" (CD Faixa 84), 286
Inversões de acordes, 236–239
  Primeira inversão, 237
  Segunda inversão, 238
  Terceira inversão, 238
"I've Been Working On The Railroad", 198

• J •

Jazz
  "Billy Boy Swings"
    (CD Faixa 95), 305, 310
  Descrição, 301–304
  "Maple Leaf Rag" (CD Faixa 1), 21
  Pianistas, 303
  "Yankee Doodle" em ritmo de suingue
    (CD Faixa 90), 302
Joplin, Scott
  ("Maple Leaf Rag", CD Faixa 1), 21
"Joy to the World" (CD Faixa 32), 157, 159
"Jumping Octaves", exercício com (CD
  Faixa 71), 274–275

• K •

Kawai America Corporation, 39, 45
Kennedy Center ArtsEdge, The, 327
Kern, Fred (*Hal Leonard Student Piano
  Library*), 318
Keveren, Phillip (*Hal Leonard Student Piano
  Library*), 318
Korg USA, Inc., 45, 46
Kreader, Barbara (*Hal Leonard Student
  Piano Library*), 318
"Kumbaya", 140
Kurzweil Music Systems, 46

• L •

Largo, 94
"Lavender Blue" (CD Faixa 11), 108, 109, 113
L. Bösendorfer Klavier, 39
Legato (suave), 254
Lendo música (veja também
  notação musical)
  Da esquerda para a direita, 91–92
  Descrição, 14–16
  Indicações de andamento, 94
Levine, Mark (*The Jazz Book*), 318
Lewis, Jerry Lee (pianista de rock), 295
Ligaduras, notas com, 117, 118
"Limehouse Blues" (CD Faixa 24), 126, 132
Linguagem da música. Veja leitura
  de música
Linhas e espaços, 79, 81, 86
Linhas suplementares, 87–90
Líquidos no teclado, 59
Liszt, Franz

(pianista e compositor clássico), 324
"Little Bo-Peep", 142–143
"Little Brown Jug" (CD Faixa 38), 173
Livre-se de todas as distrações, 314
Livros
    Clássicos, 319
    De improvisação ou *fake books*, 179, 320
    De Métodos, 317–318
    De Referência, 318–319
Local para aulas de piano, 335–336
Local para o teclado, 53–54
Lohengrin (Wagner), 200
"London Bridge", 196
"Love Me Like You Used To"
    (CD Faixa 86), 271, 288
Luz do sol, cuidados com a, 53

• M •

Mager, Jörg (inventor), 29
Manutenção e consertos (veja também teclado, cuidados e limpeza)
    Afinação de teclados acústicos, 56
    Limpador para piano, criando o seu próprio, 56
    Limpando o teclado, 54–56
    Movendo um piano acústico, 59–60
    Piano acústico, 33
    Problemas sérios, 59–60
Mão direita
    Adicionando a mão esquerda à, 181–185
    Posição de Dó
        (primeira posição), 137–141
        Rimsky-Korsakov (*Sheherezade*, CD Faixa 20), 125–126, 128
    Toque Melodias com a, 147–151
Mão esquerda
    Adicionando-a à mão direita, 181–185
    Escalas para, 174–175
    Fortalecimento, 171
    Harmonizando com a, 204–206
    Melodia, 172–173
    Posição de Dó (primeira posição), 170
    Posição de Sol, 171
Mão Esquerda, acompanhamento para a (veja padrões de acompanhamento)
    Acordes quebrados, 272–273
    "Country Riffin'" (CD Faixa 85), 287
    Descrição, 176–180
    Escalas menores melódicas, 278–279

Linha de baixo
    "boogie-woogie", 278–279
"Love Me Like You Used To"
    (CD Faixa 86), 271, 288
Martelando as oitavas, 272–275
Padrão de rock and roll, 275–277
"Picking and Grinning",
    (CD Faixa 69), 272–273
Progressão de acordes
    (CD Faixa 67), 270
"Maple Leaf Rag" (Joplin) (CD Faixa 1), 21
Marcha Nupcial
    (Here Comes the Bride), 199–200
"Marianne" (CD Faixa 45), 207, 209
Mason & Hamlin World Headquarters, 39
Meisner, Gary (*FastTrack Keyboard Songbook 1 e 2*), 318
Melodia
    Adicionando intervalos a, 203–204
    Com acompanhamento de uma única nota, 181–183
    Cruzamento de dedos, 144–147
    De mão direita, 147–151
    De mão esquerda, 172–173
    De oitavas em uníssono, 184–185
    Linhas melódicas do baixo, 278–279
    Mais acompanhamento de três notas, 183–184
    Passando entre as mãos, 181
    Tocando na posição de Dó, 137–141
    Tocando na posição de Sol, 142–144
Memória para teclados elétricos, 42
Memorizando música, 316
"Merrily We Roll Along", 303–304
Métrica. *See* veja fórmulas de compasso
Metrônomo
    Benefícios do, 95
    Marcações de andamento, 94
    Para sessões de prática, 315
Mezzo (médio), 248
MIDI (*Musical Instrument Digital Interface*), 40, 44, 49–52
Modelos de mostruário, 38
Moog Music Incorporated, 46
"Motown Is My Town"
    (CD Faixa 94), 301, 305, 309
Mozart, Wolfgang Amadeus
    Sobre, 325
    "Uma Piada Musical"
        (CD Faixa 40), 181–183

Música clássica
　Descrição, 289–290
　Grandes compositores, 323–325
Música clássica, seleções de
　"3 Gymnopédies" (CD Faixa 1), 21
　"Also Sprach Zarathustra"
　　(CD Faixa 65), 263, 267
　"Can Can" (CD Faixa 10), 107, 109, 112
　"Danúbio Azul"
　　(CD Faixa 9), 107, 109, 111
　"Für Elise", 196
　Gavota da *Suíte Francesa nº 4*
　　(CD Faixa 1), 21
　"Humoresque", 79–81
　"Minueto" do *Pequeno Livro de Anna Magdelena Bach*, 145–146
　"Ode à Alegria", 138
　"Ode à Alegria" (CD Faixa 28), 147, 148
　"Polovtsian Dance"
　　(CD Faixa 62), 263, 264
　Quinta Sinfonia (Beethoven), 65, 197
　Som de cravo (CD Faixa 2), 25
　Sons de órgão de tubos (CD Faixa 3), 26
　Tocata e Fuga em Ré Menor
　　(CD Faixa 3), 26–27
　"Trumpet Voluntary"
　　(CD Faixa 64), 263, 266
　"Uma Piada Musical"
　　(CD Faixa 40), 181–183
Música country
　Acordes quebrados, 272–273
　Descrição, 296–298
Música country, seleções de
　"Country Riffin'" (CD Faixa 85), 287
　"On Top of Old Smoky"
　　(CD Faixa 41), 183–184
　"Picking and Grinning",
　　(CD Faixa 69), 272–273
　"She'll be Coming Round
　　the Mountain", 115–116
　"Shenandoah" (CD Faixa 47), 207, 211
Música escrita. *See* veja notação musical
Música impressa
　Arranjos e transcrições, 320
　Editores, 321
　Livros clássicos, 319
　Livros de improvisação
　　ou *fake books*, 179, 320
　Partituras, 319, 321
　Portfólios, 319
Música, lojas de, 321
"My Bonnie Lies Over the Ocean", 201

• N •

Neely, Blake (*FastTrack Keyboard Songbook 1 e 2*), 318
Negociando preços, 48–49
Nord Keyboards, 45
Notação musical
　8va, tocar uma oitava acima, 89–90
　8vb, tocar uma oitava abaixo, 89–90
　Abreviações de intervalos, 195
　Acidentes, 85
　Amostra de pauta para pianoAmostra de pauta para piano, 80
　Barras de compasso, 90–91
　Claves, 82–86
　Compassos, 95–96
　Fermata (pausar ou
　　segurar uma nota), 253
　Ler da esquerda para a direita, 91–92
　Ligaduras, notas com, 117, 118
　Linhas de oitavas, 89–90
　Linhas e espaços, 79, 81, 86
　Notas, 79
　Notas pontuadas, 117–120
　Pauta e pautas, 81, 86–90
　Programas de software, 52
　Símbolos de acordes, 179, 233–235
　Sistema e linhas suplementares, 87–90
　Sustenidos e bemóis, 85
Nota introdutórias (ou anacruses), 115–116
Notas
　Bandeirolas, 100
　Barras, 100
　Blues, 164
　com ligaduras, 117, 118
　Descrição, 96
　Exercício de mistura de (CD Faixa 5), 99
　Fundamental, 226
　Hastes, 98
　Iniciais, 213
　Mínimas, 97–98
　Na Clave de Fá, 84
　Na Clave de Sol, 82
　Nomes das, 17, 100

No sistema, 89
Nota introdutórias
    (ou anacruses), 115–116
Oitavas, 100–101
Pausar ou segurar (fermata), 253
Pontuadas, 117–120
Semibreves, 98
Semicolcheias, 101–102
Semínimas, 97
Notas de blues, 164
Notas mínimas
    Descrição, 97–98
Notas pontuadas, 117–120
    Colcheias, 119
    Mínimas, 118–119
    Semínimas, 119
Now playing: Movie Themes – Solo Piano,
    Dave Grusin (GRP Records), 21

• *O* •

Obsolescência, evitando a, 35, 42–43
"Ode à Alegria"
    CD Faixa, 147, 148
    Melodia de introdução, 138–139
Offenbach, Jacques ("Can Can", CD Faixa
    10), 107, 109, 112
"Oh, Susannah" (CD Faixa 19), 116, 125, 127
Oitavas
    Agrupamentos, 62, 64
    Descrição, 201–202
    "Jumping Octaves", exercício com
        (CD Faixa 71), 274–275
    Linhas (*8va* e *8vb*), 89–90
    Martelando as, 272–275
    Melodia em uníssono de, 184–185
    "Octaves in the Left", exercício com
        (CD Faixa 70), 274
    Posição das mãos para, 274
"Old Folks at Home" (Foster), 230
"On Top of Old Smoky" (CD Faixa 41),
    183–184
"Oranges and Lemons" (CD Faixa 30), 147,
    150
Órgãos
    De tubos, 25–27, 73
    Digitais, 41
"Outono", de *As Quatro Estações*
    (CD Faixa 29), 147
"Outono", de As Quatro
    Estações de Vivaldi, 149
"Over the Rainbow", de *O Mágico de Oz*, 202

• *P* •

Pachelbel, *Cânone em Ré Maior*, 155
Padrões de acompanhamento
    Melodia mais oitavas
        em uníssono, 184–185
    Melodia mais três notas, 183–184
    Padrão automático no teclado digital, 29
    Para a mão esquerda (CD Faixa 67), 270
    Quatro notas, 178–180
Padrões de acompanhamento de três notas
    Descrição, 176–178
    "On Top of Old Smoky"
        (CD Faixa 41), 183–184
Pärt, Arvo (*Tabula rasa*), 262
Partitura musical, 319, 321
Partituras grátis, 321
Pausar ou segurar nota (fermata), 253
Pausas
    Colcheias, de, 104–105
    Com pontos (pontuadas), 117
    Contando (CD Faixa 7), 105
    Descrição, 102–103
    Músicas que começam com, 115
    Semibreves e mínimas, 103–104
    Semicolcheias, 104
    Semínimas, de, 104–105
Pauta e pautas
    Descrição, 81
    Lendo da esquerda para a direita, 91–92
    Sistema e linhas suplementares, 87–90
Pearl, David (*Piano Exercises
    For Dummies*), 144
Pearl River Piano Group America Ltd, 39
Peck, Scott (*Classical Music
    for Dummies*), 26
Pedais
    Abafador (central ou sostenuto), 74, 256
    Órgãos de tubos, em, 73
    Pianos, em, 73–74
    Sustain (de sustentação), 73–74
    Teclados digitais, em, 74–75
    Volume, de, 74

Pedal de exercício, 74, 256
Pedal surdina (*una corda*), 74, 255
Pedal vibrato, 74
Phillips, Mark (*Guitarra Para Leigos*, 2ª Edição Revisada), 305
Pianissimo (muito baixo), 248
Pianistas
    Clássicos, 291
    Country, 298
    Jazz, 303
    Jazz, de, 301
    Lendas do soul, 301
    Pop, 299
    R&B, de, 301
    Rock and roll, de, 295
Piano de cauda
    Descrição, 20
    Digital, 41
    Tampo, 22
PianoDisc World Headquarters, 39
Piano Education Page, website, 327
Piano Exercises For Dummies (Pearl), 144, 318
Pianoforte, 24
Piano preparado, 262
Pianos de palco, 41–42
Pianos saltérios, 32
Piano Starts Here, Art Tatum (Sony), 21
Piano Technicians Guild, 327
Piano, técnico de
    Afinação e conserto de teclados acústicos, 56–57
    Contratando-o para avaliar um piano, 37–38
Piano (veja também teclados)
    Ação realista do, 43
    Compra, 32–33, 35–38
    Conhecendo o, 13–14
    De Cauda, 20
    Digital, 41
    Disposição das cordas, 22
    Filmes sobre, 328–329
    Gente famosa que toca, 329–330
    Híbrido, 13
    Inventor do, 24
    Marcas, recomendações de, 38–39
    Número de série, localização

    online do, 36
    Pedais do, 73–74
    Preparado, 262
    Prós e contras, 33
    Razões para aprender a tocá-lo, 11–12
    Singularidade do, 9–11
    Sistemas de piano, 35–36
    Som realístico de, 43
    Tábua harmônica quebrada, 36, 58
    Tampo, 22
Piano vertical
    Descrição, 20
    Digital, 41
    Movendo o, 60
    Pedais do, 37, 74, 256
    Usado, 37
Piano World, 327
"Picking and Grinning", (CD Faixa 69), 272–273
"Playin' the Blues" (CD Faixa 92), 305, 307
Pogue, David (*Classical Music For Dummies*), 26
Polegar
    Cruzando por sobre o, 145–146
    Passando por baixo do, 146–147
Polifonia de 32 notas, 43
Polifonia de 128 notas, 43
Polifonia multinotas, 43
"Polovtsian Dance" (CD Faixa 62), 263, 264
"Pop! Goes the Weasel" (CD Faixa 61), 257
Pop, música, 298–299
Posição de Dó (primeira posição), 137–141, 170
Posição de mãos e dedos
    Cruzamento de dedos, 144–147
    Dedilhados, 71, 137
    Descrição, 70–71
    Tocando com as duas mãos, 185–190
    Troca, 144
Posição de Sol, 142–143, 171
Posições das mãos, canções que apresentam
    "Chiapanecas" (CD Faixa 27), 141
    "Frère Jacques" (CD Faixa 25), 138
    "Ode à Alegria" (CD Faixa 28), 147
    "Oranges and Lemons" (CD Faixa 30), 150
    "Outono", de As Quatro

Estações (CD Faixa 29), 147
"Outono", de As Quatro Estações de Vivaldi, 149
"Simple Melody" (CD Faixa 31), 151
"Skip to My Lou" (CD Faixa 26), 139
Postura, 65–66, 72
  Em pé, 65
  Sentada, 65–66
Powell, Bud (pianista de jazz), 301
Presley, Elvis (cantor), 207
Presto, 94
Professores de piano, entrevistando, 331–336
Programas de software
  Gravação e sequenciamento, 51
  Notação musical, 52
Pulsos, dor nos, 72

• Q •

Quatro Estações de Vivaldi, As (CD Faixas 2), 25
"Quiet Sunset" (CD Faixa 66), 264, 268

• R •

Rachmaninoff, Sergei
  (*Concerto para Piano nº 3*), 325
Rack de efeitos, 69
Racks e suportes, 69
Rap, música, 299
R&B ("rhythm and blues"), música, 299, 300, 301
Recitais de alunos, 336
"Red River Valley" (CD Faixa 60), 239, 244
Registro de técnicos de piano, 57
Rejino, Mona (*Hal Leonard Student Piano Library*), 318
Ritardando (*rit.*), 253
Ritmo, canções que apresentam
  "After You've Gone" (CD Faixa 17), 125
  "By the Light of the Silvery Moon" (CD Faixa 22), 126, 130
  "I've Been Working on the Railroad" (CD Faixa 23), 126, 131, 198
  "Limehouse Blues" (CD Faixa 24), 126, 132
  "Oh, Susannah" (CD Faixa 19), 116, 125, 127
  Scheherazade
    (CD Faixa 20), 125–126, 128
  "Swanee River" (CD Faixa 21), 120, 126, 129
  "When the Saints Go Marching In" (CD Faixa 18), 116, 125, 126
Ritmo (veja também batidas; notas; fórmulas de compasso)
  Andamento, 94–95
  Batida de suingue, 122–123
  Batidas e compassos introdutórios (anacruses), 115–116
  Compassos, 95–96
  Descrição, 108
  fora da batida, 120–121
  Improvisação, 123
  Notas com ligaduras, 117–118
  Notas pontuadas, 117–120
  síncope, 124–125
  Tercinas, 121–122
  Valores das notas, 96–99
Rock and roll
  Descrição, 295–296
  Padrão de baixo, 275–277
  Pianistas de, 295
  "Rockin' Intervals", exercício com (CD Faixa 72), 276
  "Rockin' Jam", introdução (CD Faixa 77), 281–282
Rogers, Roy (cantor e ator), 278
Roland Corporation U.S., 45, 46
"Row, Row, Row Your Boat", 147

• S •

Saint-Saëns, Camille (*Sinfonia nº 3 para Órgão*), 27
"Saloon Salutations" (introdução) (CD Faixa 80), 283–284
Samick Music Corporation, 39
Satie, Erik ("3 Gymnopédies", CD Faixa 1), 21
Scarlatti, Domenico
  (*Sonatas, CD Faixa 2*), 25
Scheherazade (CD Faixa 20), 125–126, 128
Schimmel Piano Company, 39
Schubert, Franz
  Alfred Brendel Plays Schubert (Philips), 21
  Sinfonia Inacabada, 198–199

Semibreves
  Notas, 98
  Pausas de, 103–104
Semicolcheias
  Notas, 101–102
  Pausas de, 104–105
Semínimas
  Arpejos de quatro notas, 180
  Arpejos de três notas, 179
  Contando e tocando, 97
  Padrões de acompanhamento de três notas, 177
  Pausas de, 104–105
  Pontuadas, 119
Semitom, 154, 155
Sessões de prática
  Agendando horário para as, 314
  Com apresentações ao piano, 315–316
  Conforto durante as, 313
  Criando tempo para as, 12
  Desconstruindo uma peça musical, 314–315
  Dicas para as, 16
  Ensaios gerais, 315
  Lista do que está trabalhando, 314
  Livre-se de todas as distrações, 314
  Memorizando música, 316
  Tempo investido em, 332–333
  Usando metrônomo, 315
Sétima bemolizada, 278–279
"She'll be Coming Round the Mountain", 115–116
"Shenandoah" (CD Faixa 47), 207, 211
Shrek (filme), 319
"Sidewalks of New York, The" (CD Faixa 42), 186, 187–188
Símbolo de natural, 85
"Simple Melody" (CD Faixa 31), 147, 151
Síncope
  "After You've Gone" (CD Faixa 17), 125
  Descrição, 124
  "Limehouse Blues" (CD Faixa 24), 126, 132
  Sons da Motown (CD Faixa 89), 300
Síndrome de pós-apresentação, 316
Sinfonia Inacabada (Schubert), 198–199
Sinfonia nº 3 para Órgão (Saint Saëns), 27
Sintetizadores
  Comprando, 42
  Descrição, 27–28
  Gravações de, 28
  Marcas recomendadas, 45–46
  Monofônicos, 44
  Sons de, (CD Faixa 4), 28
Sistema e linhas suplementares, 87–90
"Skip to My Lou" (CD Faixa 26), 139
Som da Motown (CD Faixa 89), 300
Som, efeitos de, 44
"Sometimes I Feel Like a Motherless Child" (CD Faixa 57), 239, 241
"Somewhere", de West Side Story, 201
Som multitimbre, 44
Som, qualidade
  Piano acústico, 33, 38
  Teclado digital, 35, 43
Sonata, 26
Sonatas (Scarlatti) (CD Faixa 2), 25
Sons "sinistros"
  "Motown is My Town" (CD Faixa 94), 305
  "Motown Is My Town" (CD Faixa 94), 301, 309
  Sobre, 301
Soul, música, 299–301
"Stars and Stripes Forever" (CD Faixa 43), 186, 189–190
Steinway & Sons, 39
Story & Clark, 39
Strauss, Johann ("Danúbio Azul", CD Faixa 9), 107, 109, 111
Suave (legato), 254
Sustenidos
  Armaduras de clave com, 219–220
  Descrição, 64, 85
"Swanee River" (CD Faixa 21), 120, 126, 129
"Sweet Ballad", introdução, (CD Faixa 78), 282
"Swing Low, Sweet Chariot" (CD Faixa 37), 173, 197

• T •

Tábua harmônica quebrada, 36, 58
Tabula rasa (Pärt), 262
Tampo do piano acústico, 22
Tatum, Art (pianista de jazz), 301
Teclado, comprando um

Índice

Aparatos musicais para o, 49–52
Comprando online, 49, 326
Evitando trambiques, 37–38
Negociando preços, 48–49
Pianos acústicos, 32–33
Pianos usados, 37–38
Recomendações
  de marcas, 38–39, 44–46
Reconhecendo o momento certo da
  compra, 32
Teclado digital, 33–35
Teclado híbrido, 35–36
Teclados digitais, 40–46
Teclados híbridos, 13
Testando o teclado, 47–48
Teclado, cuidados e limpeza do (veja também manutenção e consertos)
  Afinação de teclados acústicos, 56–57
  Estabilizador de voltagem, 50
  Ferramentas para limpeza, 55
  Limpeza, 54–56
  Local para o teclado, 53–54
  Mover um piano acústico, 59–60
  Tirando a poeira de um teclado, 55
Teclado, escolhendo um
  Aparatos musicais para o, 49–52
  Descrição, 31–32
  Evitando trambiques, 37–38
  Negociando preços, 48–49
  Pianos acústicos, 32–33
  Recomendações
    de marcas, 38–39, 44–46
  Reconhecendo o momento certo da
    compra, 32
  Teclado digital, 33–35
  Teclado híbrido, 35–36
  Teclados digitais, 40–46
  Teclados híbridos, 13
  Testando o teclado, 47–48
Teclados acústicos (veja também piano)
  Cravo, 23–25
  Descrição, 19–20
  Martelos, 23, 59
  Órgão de tubos, 25–27, 73
  Prós e contras, 33
Teclados digitais (veja também teclados elétricos)
  Alto-falantes embutidos, 43

Arranjadores, 41, 45–46
autoacompanhamento, 29
Características, 29, 43–44
Compra, 33–35, 40–46
Derramamento de líquidos, 59
Descrição, 28–30
Eletricidade, 35
Evitando a obsolescência, 35, 42–43
Fazendo um upgrade, 42–43
Manutenção e reparos, 34, 58–59
Modelo simples, 46
O teclado não liga!, 59
Pedais, 74–75
Pianos de palco, 41–42
Pianos e órgãos, 41
Portáteis, 41
Problemas com, 59
Problemas no display de LCD, 59
Recomendações de marcas, 44–46
Vantagens dos, 29
Verticais e de cauda, 41
Workstations, 34, 42
Teclados elétricos (veja também
  teclados digitais)
  Descrição, 27
  Sintetizadores, 27–28, 42, 44, 45–46
Teclado sensível ao toque, 29
Teclados híbridos, 13, 35–36
Teclados, marcas de
  Arranjadores, 45
  Pianos acústicos, 38–39
  Sintetizadores e workstations, 45–46
  Teclados digitais, 44–46
Teclados portáteis, 41
Teclas
  Bemóis, 64
  Brancas, 62–63
  Jeito Blake de Achar as Teclas, 61–66
  Número total de, 17
  Pretas, 63–65
  Sistema de nomes das notas, Lá-Si-Dó-Ré-Mi-Fá-Sol, 61–62
  Substituindo as, 59
  Sustenidos, 64
Teclas, peso das, 29
Técnico de piano
  Afinação e conserto de teclados
    acústicos, 56–57

Contratando-o para avaliar um piano, 37
Temperatura, mudanças na, 54
Tercinas, 121–122
"The Farmer in The Dell" (CD Faixa 33), 157
The Jazz Book (Levine), 318
"This Old Man", 143, 197–198
Timbre
  Modulação de, 44
  Variações de, 22
Tocar um teclado, veja também apresentações; sessões de prática
  Apresentando-se com terceiros, 322–323
  Encontrando um professor, 331–336
  Indo além deste livro, 327–330
  Postura para, 65–66, 72
Tocata e Fuga em Ré Menor (Bach)
  (CD Faixa 3), 26–27
Tom central, 214
Tom e semitom, 154, 155
Tom inicial, deixando e
  retornando ao, 221–222
Tommy Dorsey Orchestra, 123
Tonalizados, instrumentos, 22
Tons musicais
  Armaduras de clave, 216–221
  Círculo de Quintas, 218–219
  Como encontrar, 213–214
  Fórmulas mnemônicas para, 221
  "Good Night, Ladies"
    (CD Faixas 49 e 50), 214–215
  Reconhecendo e lendo, 215–216
  Símbolo de natural, 85, 222
  Tom inicial, deixando e
    retornando ao, 221–222
Transcrições, 320
Transposições, 320
Tremolos
  Música country, na, 297
  Toque, 261–263
Tríades, 226–227
Trilhas sonoras
  2001: Uma Odisseia no Espaço, 263
  Firma, A, 262
  Shrek, 319
  Tubarão, 65, 196
Trinados, 257–258
Trocando música com amigos, 327
"Trumpet Voluntary"
  (CD Faixa 64), 263, 266

• *U* •

Umidade, 54
Una corda (pedal surdina), 74, 255

• *V* •

Ventilação, 54
Vídeo, apresentações de grandes
  músicos em, 327
Virginais, 32
Vivaldi, Antonio
  "Outono", de *As Quatro Estações*, 147,
    149
  Quatro Estações, As (CD Faixa 2), 25
Vizinhos, considerações quanto
  ao barulho de, 54
Volume, 248–250

• *W* •

Wagner, Richard (*Lohengrin*), 200
Webber, Andrew Lloyd (*Fantasma da Ópera,
  O Álbum da Broadway*), 27
Websites, grupos de notícias, 328
"When Johnny Comes Marching Home" (CD
  Faixa 39), 181, 182
"When the Saints Go Marching In" (CD Faixa
  18), 116, 125, 126
Williams, John (tema de *Tubarão*), 196
Workstations
  Complexidade das, 34
  Descrição, 42
  Recomendações de marcas, 45–46
"Worried Man Blues"
  (CD Faixa 52), 217–218, 222, 223

• *Y* •

Yamaha Corporation of America, 39, 45, 46
Yamaha Disklavier, 36
"Yankee Doodle", 184–185, 204, 302
  Com oitavas em uníssono, 184–185
  Com tom de suingue de jazz
    (CD Faixa 90), 302
  Harmonizando, 204
"Yellow Dog Blues" (CD Faixa 1), 21